発明アドバイザーが教える

「特許の手続き」の教科書

松野泰明 著

C&R研究所

■権利について
- 本書に記述されている社名・製品名などは、一般に各社の商標または登録商標です。
- 本書では™、©、®は割愛しています。

■本書の内容について
- 本書は著者・編集者が実際に調査した結果を慎重に検討し、著述・編集しています。ただし、本書の記述内容に関わる運用結果にまつわるあらゆる損害・障害につきましては、責任を負いませんのであらかじめご了承ください。
- 本書で紹介するホームページの画面は、Windows 7とInternet Explorer 10がインストールされたパソコンで検索した場合の例を紹介しております。お使いのパソコンの環境によっては、画面の一部が異なる場合もあります。また、ホームページのリニューアルなどにより、本書で紹介する画面が、実際のホームページ画面と変わる場合がありますので、あらかじめご了承ください。
- 特許情報検索サイト「特許電子図書館(IPDL)」が2015年3月20日に廃止されました。これに伴い、2015年3月23日より、新たなサイト「特許情報プラットフォーム(J-PlatPat)」による特許情報検索サービスが開始されました。本書は新サイト「特許情報プラットフォーム(J-PlatPat)」による検索方法に対応した内容となっております。
- 本書では紙面の都合上、各種書類様式の解説にあたり、文字の大きさ、前後左右の余白、縦横の文字数などが施行規則どおりになっていません。また、用紙下部に余白がある場合も、紙面の関係で、大きくカットしてしまっていますので、あらかじめご了承ください。
- 本書は2016年4月時点での情報をもとに記述しています。なお、法改正などにより、様式や手続き、各種費用など、本書の内容と変わる場合がありますので、あらかじめご了承ください。特許庁への出願前には、必ず「特許庁ホームページ」にて、最新情報をご確認ください。

●本書の内容についてのお問い合わせについて

この度はC&R研究所の書籍をお買い上げいただきましてありがとうございます。本書の内容に関するお問い合わせは、「書名」「該当するページ番号」「返信先」を必ず明記の上、C&R研究所のホームページ(http://www.c-r.com)の右上の「お問い合わせ」をクリックし、専用フォームからお送りいただくか、FAXまたは郵送で次の宛先までお送りください。お電話でのお問い合わせや、個人的な発明相談、本書の内容とは直接的に関係のない事柄に関するご質問にはお答えできませんので、あらかじめご了承ください。

〒950-3122 新潟県新潟市北区西名目所4083-6　株式会社 C&R研究所　編集部
FAX 025-258-2801
『「特許の手続き」の教科書』サポート係

はじめに

　筆者は、アイデア事業化を目指す、大衆発明家を支援する仕事を通じて、アイデア発掘や、発明相談、企業へのアイデア提案、契約の仕方、特許などの出願書類の作り方などの講義やアドバイスをしてきました。

　その経験の中で、特許庁への出願書類の作り方について、「もっと、初心者にもわかりやすい説明はないだろうか」と、思い続けてきました。

　理解している人、一度でも書いたことがある人にとっては簡単なことでも、それを知らない人、苦手とする人に対しては、どうやって説明すればいいのかは想像もつきません。

　そしていつしか、「発明家が持つ出願書類に対する不安・苦手意識をもっと引き下げるような、初心者向けの教材があればよいのに」という強い想いを持つようになっていました。

　本書は、その体験を活かし、特許庁への出願書類に初めて触れる主婦などの大衆発明家や学生でも理解しやすいように、超初心者のための参考書を目指してまとめたものです。

　特許出願書類の他、実用新案や意匠、商標の出願様式も収録しており、特許庁への出願書類の基本的な作成方法は、本書一冊でまかなうことができます。

●本書の特徴

　この本で解説している内容の1つ、「特許出願書類」は、考えたアイデアを守り、自分だけの独占権にするために必要不可欠な、特許庁に提出する書類です。同じく本書で解説している「意匠出願書類」や「商標出願書類」とは違い、独特な文章表現が必要になるため、特に苦手意識が付きまとう書類の代表です。

　特許庁をはじめとする官庁へ出す書類は、無機的な文体と格式ばった書類様式のために一般的になじみがなく、「難しい」「自分には書けない」という苦手意識を持ってしまうものです。

　そのため、ごく普通に、書類作成法を解説しただけでは、苦手意識を引きずったまま、嫌々解説を読まなければならない、という問題をかねてから感じていました。

　たとえば、特許庁のホームページでは、親切にたくさんの出願書類の様式

見本が紹介され、ダウンロードもできるようになっています。でも、苦手意識を持ったままでは、こんなに便利な様式見本ですら、うんざりしてしまうことでしょう。

●苦手意識のハードルを下げる演出

では、この特許出願書類を「作文」だと言い換えればどうでしょう。

特許出願書類は、特許庁の審査官に審査してもらうために、自分が考えたアイデアを発表する「作文」と同じです。だから、学校で習った起承転結でまとめる作文の書き方と同じ要領で書けばよいだけなのです。

そのため、本書では、「アイデア説明文の書き方」から解説し、次に、特許出願書類の文章と比較することで、「実はアイデア説明文は、特許出願書類と、構造も内容もまったく同じだった」という種明かしをする演出をしました。

これにより、「作文と文章を作る要領は同じじゃないか」と、より身近に感じることができ、初心者でも特許出願書類に対して拒絶反応を起こしにくく、文章の内容がすんなり頭の中に入ってきて、自然に理解できるようにしました。

人間は、自分が体験したことにたとえて説明されると、特に深い理解が得られます。誰でも書いたことがある作文にたとえることで、より理解が深まり、本書を読み終えたときには、出願書類に対するハードルは、ぐっと低くなるはずです。

●アイデアの調べ方などの知的財産に関するノウハウも収録

第6章では、各出願後の手続きの流れが理解しやすいように、「ゲームブック式」の道案内を入れました。また、「自分のアイデアは特許なのか実用新案なのか」「アイデアの調べ方」「強い権利になる文章の書き方」など、大衆発明家を指導してきた経験の中で、特に多く寄せられた質問を、「発明アイデアQ&A」として、第7章にまとめました。

単なる「出願書類の書き方」だけをまとめるだけではなく、発明初心者が発明の世界に対して、特に疑問に思うであろう点もまとめ、読み物としても楽しめるようにしました。

●発明は楽しい!

　自分が出したアイデアや発明を通して世の中と関われば、主体性を持って、人生を面白おかしく生きることができます。

　発明に熱心に取り組む大衆発明家たちの日々は、自分自身の発想によって生み出したアイデアを武器にして、自信とやる気に満ちています。

　自分のアイデアで、世の中に一石を投じ、世の中の主人公となって生きることほど、心豊かで、痛快で、充実する生き方はありません。

　アイデアや発明の世界をのぞけば、きっと今よりも楽しいことが増えるはず。特許庁への出願がきっかけで、夢と希望あふれる、心の富が手に入るばかりか、自分のアイデアが評価され、ロイヤリティという、金の富が得られるかもしれない。

　そんな、人生を変える、すばらしいきっかけになる力が、発明・アイデアの世界には秘められています。

　発明主婦などの大衆発明家はもとより、次のステップを目指すビジネスマンや、自社商品開発を目指す中小企業経営者の皆さま。地元の名物を利用したアイデア商品で村おこしや地方創生に取り組んでいる地方在住の皆さま。そして、未来のエンジニアを目指す学生の皆さまのよい参考になれば幸いです。

2015年1月吉日

　　　　　　　　　　　　　　　　　　　　　　　　　　松野　泰明

推薦の言葉

　本書で説明している「特許・実用新案・意匠・商標の出願書類」は、物の構造・方法の発明、商品デザイン、商品名・サービス名などを法律で保護してもらう申し込みに必要不可欠となる、特許庁へ提出する書類のことです。

　私は、特許庁勤務時代から、退官後40余年にわたって、たくさんの出願書類を見てきました。

　そして長い間、発明の業界で多くの出願書類を目にするたびに、ずっと思い続けていたことがありました。

　それは、「発明家は皆、出願書類を難しく考えすぎている」ということです。「自分で書くことなど、できるはずがない」と思ってしまっているのです。

　しかし、そんなことはありません。

　たとえば特許出願書類を書くときに大切なことは、アイデアの目的・構成・効果をそのまま書くことです。

　発明について一番理解しているのは、発明家自身です。

　自分が考えたアイデアだからこそ、自分のアイデアのよいところや工夫したところは、すべてわかっているはずです。

　大切なポイントは、わかりやすい言葉で、発明についての説明文を作ること。そして、説明の順番と方法、権利範囲に影響する文章表現のコツさえつかんでしまえば、特許出願書類は、誰でも書くことができます。

　自分では作れないと思っていた特許出願書類が、本書を読んだとたん、簡単に作れてしまいそうに感じるのは、アイデア説明文の作り方から、出願書類用の文章に変換する方法、そして特許庁が求める様式に仕上げるための一連の行程を、筆者が独自の説明と順番で、わかりやすくまとめているからです。

　誰でもわかりやすい、やさしい表現で、ゼロからの知識でも学習することができるため、初めて特許出願書類を書くことになったビジネスマンや、主婦、中小零細企業の社長さんなどの初心者はもちろんのこと、これからの時代を担う、未来のエンジニアのタマゴである、中学生や高校生、大学生にも、大変理解しやすい内容になっています。

　『自分の考えたアイデアを保護する方法』である出願書類の書き方を学ぶことは、化学者やエンジニア（特許・実用新案）、デザイナー（意匠）、コピーライター（ネーミング）のような専門職だけでなく、一般のビジネスマンを目指

す若者にとっても、特に欠かせないノウハウです。

　練習という形ではあれ、本書を読み、出願書類の書き方を学んで得た、「実際に書類を作った」と言う経験は、主婦などの発明初心者はもちろん、知的財産時代を迎える、これからの日本を支える学生の皆さんには、今後の進路や将来に影響を与える、大きな自信につながることでしょう。

　これからの日本は、素人の視点から生まれる斬新な発想を持つ、市井のアイデアマンや若い世代による次々にあふれ出るアイデア力にかかっています。

　これらのキラリと光るアイデアと、それを保護する、特許庁への出願書類が組み合わさったとき、大ヒット商品誕生の新しい可能性が見えてくるはずです。

　本書との出会いが、読者の皆さんの人生にとって、よいきっかけとなることを切に願います。

2015年1月吉日

　　　　　　　　　　　　　　　　元特許庁 出願課認証官　　岩田 元吉

CONTENTS

はじめに …………………………………………………………………… 3
推薦の言葉 ………………………………………………………………… 6

序章　ようこそアイデアの世界へ!

001　アイデアとは ………………………………………………………… 18
　　●アイデアってそもそも何? ……………………………………………18
002　イラストで見る権利の役割と保護対象 …………………………… 21
003　産業財産権とは ……………………………………………………… 22
　　●「自然法則を利用した技術的思想の創作」とは何のこと? ………23
　　●「物品」とは何のこと? ………………………………………………24
　　●商標の三大効果 ………………………………………………………25
　　●「文字、図形、記号、もしくは立体的形状、もしくはこれらの結合
　　　　　　　　　　またはこれらと色彩との結合」とは? ………26
　　●需要者の利益を守るのはすべての権利にいえること …………28
004　著作権とは …………………………………………………………… 29

第1章　特許出願書類を作ろう(準備編)

005　自分のアイデアを説明できるようになろう ……………………… 32
006　アイデア説明文を作るときのポイント …………………………… 34
007　アイデア説明文の例「消しゴム付き鉛筆」 ……………………… 36
　　●「アイデアの名前は○○です」 ………………………………………36
　　●「これは○○のようなアイデアです」 ………………………………36
　　●「今までは、△△のような不便な状態でした。
　　　　　　　　　　また、□□という似た商品がありました」 ……37
　　●「例に挙げた、似た商品の所在(掲載雑誌や、特許情報)」 ………37
　　●「不便な状態だった結果、××という欠点がありました」 ………38
　　●「私が考えたアイデアの構造は、○○です」 ………………………39
　　●「このアイデアにより、○○という効果が生まれました」 ………40
　　●「紹介する図面は、○○の状態の図面です」 ………………………41

- ●「使い方は○○のように使います」……………………………………… 42
- ●「図面で紹介した、各○○の部分の名前を説明します」………………… 42

008　アイデア説明文を作るメリット……………………………………… 44
009　定型句を使ってきれいな説明文を作ろう…………………………… 45
010　アイデア説明文を作ってみよう……………………………………… 47
011　特許出願書類の文章を見てみよう…………………………………… 51
012　見出し項目と一致するアイデア説明10テーマ……………………… 52
013　中身がわかれば不安はなくなる……………………………………… 54
014　アイデア説明文を出願書類用文章に変換しよう…………………… 55
015　定型句入り特許出願原稿用紙に記入してみよう…………………… 63

第2章　特許出願書類を作ろう（実践編）

016　特許出願に必要な書類は5種類だけ………………………………… 68
017　それぞれの書類の目的………………………………………………… 69
018　特許出願書類を作る方法……………………………………………… 71
- ●特許出願書類の様式をダウンロードしよう……………………………… 71
- ●様式のダウンロード手順…………………………………………………… 72

019　特許出願書類を作ろう………………………………………………… 77
020　「願書」様式見本と書類作成法……………………………………… 78
- ●書式について………………………………………………………………… 79
- ●特許印紙と出願費用………………………………………………………… 79
- ●【書類名】【整理番号】【提出日】の書き方…………………………… 80
- ●【あて先】【国際特許分類】の書き方…………………………………… 81
- ●【発明者】の書き方………………………………………………………… 83
- ●【特許出願人】の書き方…………………………………………………… 83
- ●【提出物件の目録】の書き方……………………………………………… 86

021　「明細書」様式見本と書類作成法…………………………………… 87
- ●書式について………………………………………………………………… 88

- ●「明細書」を書く前の予備知識 ……………………………………… 88
- ●【書類名】【発明の名称】【技術分野】の書き方 ……………………… 90
- ●【背景技術】【先行技術文献】の書き方 ………………………………… 91
- ●【発明が解決しようとする課題】の書き方 …………………………… 92
- ●【課題を解決するための手段】の書き方 ……………………………… 93
- ●【発明の効果】の書き方 …………………………………………………… 94
- ●【図面の簡単な説明】の書き方 …………………………………………… 95
- ●【発明を実施するための形態】の書き方 ……………………………… 96
- ●【符号の説明】の書き方 …………………………………………………… 97
- ●様式にある、その他の項目について ………………………………… 98

022 「特許請求の範囲」様式見本と書類作成法 ……………… 99
- ●「特許請求の範囲」の書き方 …………………………………………… 100
- ●【請求項】の書き方 ………………………………………………………… 101
- ●「特許請求の範囲」の注意点 …………………………………………… 103

023 「要約書」様式見本と書類作成法 …………………………… 104
- ●【書類名】【要約】の書き方 ……………………………………………… 104
- ●【課題】【解決手段】【選択図】の書き方 ………………………………… 105
- ●「要約書」作成の注意点 ………………………………………………… 106

024 「図面」様式見本と書類作成法 ………………………………… 107
- ●図面の描き方・施行規則の備考の抜粋 ……………………………… 108
- ●図面の描き方のポイント ……………………………………………… 108
- ●図面を描くときの注意事項 …………………………………………… 109
- ●「書類名」「図の番号」「図1」「図2」の書き方 ………………………… 110
- ●図面を描く方法 …………………………………………………………… 111

025 「消しゴム付き鉛筆」特許出願書類の完成見本 ……… 113

026 その他の特許制度 ……………………………………………………… 119
- ●出願の変更 ………………………………………………………………… 119
- ●国内優先権に基づく出願 ……………………………………………… 119

第3章 実用新案出願書類を作ろう

027 実用新案登録出願に必要な書類は5種類だけ …………… 122
028 特許出願書類との違いとは ……………………………………… 123
- ●表現が変わる ……………………………………………………………… 123
- ●願書の様式が違う ………………………………………………………… 124

- ●図面が必ず必要になる ……………………………………… 124
- ●【整理番号】の項目について ……………………………… 124

029 実用新案登録出願書類の様式をダウンロードしよう…………………… 125

第4章 意匠出願書類を作ろう

030 意匠出願に必要な書類は2種類だけ ……………………………… 128
031 六面図とは ……………………………………………………… 130
- ●六面図の描き方の練習『ブロック』 ……………………… 130

032 六面図の描き方 ………………………………………………… 132
- ●正面図の決め方 …………………………………………… 132
- ●正面図の描き方 …………………………………………… 133
- ●左側面図の描き方 ………………………………………… 134
- ●右側面図の描き方 ………………………………………… 135
- ●背面図の描き方 …………………………………………… 136
- ●平面図の描き方 …………………………………………… 137
- ●底面図の描き方 …………………………………………… 138
- ●断面図の描き方 …………………………………………… 139
- ●図面が省略できる「同一」と「対称」の違い ……………… 140

033 図面を描くときの注意事項 …………………………………… 142
- ●注意事項1 ………………………………………………… 142
- ●注意事項2 ………………………………………………… 142
- ●注意事項3 ………………………………………………… 142
- ●注意事項4 ………………………………………………… 143
- ●注意事項5 ………………………………………………… 143

034 意匠出願書類の書き方「事務用クリップ」の場合 ………………… 144
035 意匠出願書類の様式をダウンロードしよう ……………………… 146
036 意匠出願書類の「願書」の様式と書き方 ………………………… 147
- ●書式について ……………………………………………… 148
- ●特許印紙と出願費用 ……………………………………… 148
- ●【書類名】の書き方 ……………………………………… 149
- ●【整理番号】の書き方 …………………………………… 149
- ●【提出日】の書き方 ……………………………………… 150
- ●【あて先】の書き方 ……………………………………… 150

- ●【意匠に係る物品】の書き方 …………………………………… 150
- ●【意匠を創作した者】の書き方 ………………………………… 151
- ●【意匠登録出願人】の書き方 …………………………………… 152
- ●【提出物件の目録】の書き方 …………………………………… 153
- ●【意匠に係る物品の説明】の書き方 …………………………… 153
- ●【意匠の説明】の書き方 ………………………………………… 154

037 意匠出願書類の「図面」の様式と描き方 …………………………… 156

038 「事務用クリップ」意匠出願書類の完成見本 ……………………… 158

039 「図面」の代わりに「写真」でも出願できる ……………………… 161

040 「図面」の代わりに「ひな形」「見本」でも出願できる ………… 162
- ●「ひな形」「見本」による意匠出願書類見本 …………………… 162

041 その他の意匠制度 ……………………………………………………… 165
- ●組物の意匠制度 …………………………………………………… 165
- ●関連意匠制度 ……………………………………………………… 165
- ●部分意匠制度 ……………………………………………………… 166
- ●秘密意匠制度 ……………………………………………………… 167

042 意匠登録物品の区分表 ………………………………………………… 168

043 組物の意匠 ……………………………………………………………… 177

第5章 商標出願書類を作ろう

044 商標出願に必要な書類は1種類だけ ………………………………… 180
- ●書式について ……………………………………………………… 180

045 商標出願書類の様式をダウンロードしよう ………………………… 181
- ●「動き」「ホログラム」「色彩」「音」「位置」商標の出願様式について ……… 181

046 商標出願書類の「願書」の様式と書き方 …………………………… 182
- ●特許印紙と出願費用 ……………………………………………… 183
- ●【書類名】の書き方 ……………………………………………… 183
- ●【整理番号】の書き方 …………………………………………… 184
- ●【提出日】の書き方 ……………………………………………… 184
- ●【あて先】の書き方 ……………………………………………… 184
- ●【商標登録を受けようとする商標】の書き方 ………………… 184
- ●【指定商品又は指定役務並びに商品及び役務の区分】の書き方 ………… 186

	●一出願多区分制度について ………………………………………	188
	●【商標登録出願人】の書き方 ……………………………………	189
	●【提出物件の目録】【物件名】の書き方 …………………………	190
047	「肉取物語」商標出願書類の完成見本 ……………………………	191
048	その他の商標制度 …………………………………………………	192
	●団体商標制度 ………………………………………………………	192
	●地域団体商標登録制度 ……………………………………………	192
	●防護標章制度 ………………………………………………………	192
049	商標国際分類表 ……………………………………………………	193

第6章 書類の出し方と手続きの流れ

050	出願の準備 …………………………………………………………	200
	●「特許印紙」の購入 ………………………………………………	200
	●出願のときに必要となる費用 ……………………………………	201
	●特許印紙の貼り方 …………………………………………………	203
	●出願書類の綴じ方 …………………………………………………	205
	●出願のしかた ………………………………………………………	207
051	電子化手数料の納付 ………………………………………………	211
052	「特許」出願後の流れ ……………………………………………	213
053	「実用新案登録」出願後の流れ …………………………………	229
054	「意匠」出願後の流れ ……………………………………………	234
055	「商標」出願後の流れ ……………………………………………	242
056	各種中間手続書類の様式をダウンロードしよう ………………	252

第7章 発明アイデアQ&A集

057	本章について ………………………………………………………	256
058	特許庁について教えてください …………………………………	257

059	アイデアを商品化する方法を教えてください ……………………………… 260
	●アイデア商品化に必要な14階段を登ろう …………………… 260
	●発明成功の秘訣は「頑張らないこと!」 ………………………… 261
060	権利対策のタイミングを教えてください ……………………………… 263
	●図解で見る権利対策のタイミング ……………………………… 263
	●出願審査請求をする時期の判断 ………………………………… 265
061	権利化=商品化ではないのですか? ……………………………………… 267
062	既出のアイデアを調べる重要性を教えてください ……………………… 270
063	特許情報プラットフォームを使ったアイデアの調べ方を 　　　　　　　　　　　　　　　　　　　　教えてください … 271
	●特許情報プラットフォームを活用しよう ……………………… 271
	●「特許」「実用新案」を調査する方法 …………………………… 271
	●「意匠」を調査する方法 ………………………………………… 274
	●「商標」を調査する方法 ………………………………………… 277
	●検索ワードの選び方について …………………………………… 280
	●検索ワードの選び方の検証実験 ………………………………… 281
	●漏れが少ない、分類検索をする方法 …………………………… 283
	●発明のヒントを探す方法 ………………………………………… 284
	●専門用語を調べよう ……………………………………………… 285
	●公報に出てくる難しい語句について …………………………… 286
064	試作品なしで特許は取れますか? ………………………………………… 288
	●試作品を作る意味 ………………………………………………… 288
	●試作品がなくても、企業に採用される場合もある ………… 291
065	強い特許にする方法を教えてください …………………………………… 293
	●文例で見る、権利の強弱に影響する文章 ……………………… 293
	●発明の要旨を権利化しよう ……………………………………… 295
	●特許が取れやすくなる方法 ……………………………………… 296
066	権利・発明相談やアドバイスを受けるメリットを教えてください ……… 297
	●出願書類は自分で書こう ………………………………………… 297
	●権利相談をする意味と価値 ……………………………………… 297
	●特許事務所の選び方 ……………………………………………… 298
	●図面作成サービス活用法 ………………………………………… 299
	●試作品製作サービス活用法 ……………………………………… 300
	●先願調査サービス活用法 ………………………………………… 301
	●自分でやることの負担 …………………………………………… 301

067 証拠を残す権利対策法を教えてください〜先使用権の活用〜 ……… 302
- ●先使用権の主張に必要なもの …………………………………………… 303
- ●証拠を作るタイミング ……………………………………………………… 304
- ●証拠の作り方 ………………………………………………………………… 305
- ●その他の活用法1「著作権の権利主張」 ………………………………… 308
- ●その他の活用法2「ノウハウの保護」 …………………………………… 308
- ●その他の活用法3「争いを回避する」 …………………………………… 309

068 自分のアイデアは特許になるか実用新案になるかの判断方法を教えてください … 311
- ●特許の活用を選ぶ場合 ……………………………………………………… 311
- ●実用新案の活用を選ぶ場合 ………………………………………………… 313
- ●どちらを活用しても同じメリットがある〜お墨付き表示効果で付加価値UP〜 … 315
- ●どちらを活用する場合でも重要なこと〜権利侵害に要注意〜 ……… 316

069 審査請求費用がタダになる減免制度について教えてください ……… 317

付録 「アイデア説明文」と「定型句入り特許出願」の原稿用紙

070 「アイデア説明文原稿用紙」利用方法 ………………………………… 320

071 「定型句入り特許出願原稿用紙」利用方法 …………………………… 324

- あとがき ………………………………………………………………………… 328
- 参考文献・紹介商品 …………………………………………………………… 331
- 索引 ……………………………………………………………………………… 332

序章
ようこそアイデアの世界へ!

001 アイデアとは

　本書は簡単にいえば、権利を得るために必要となる特許庁という官庁へ提出する書類を作る方法をまとめた本です。特許法や商標法等の法律の力を借りれば、自分のアイデアを権利化して、独占的に利益を守ることができます。
　しかし、自分のアイデアが、いったいどんな法律で保護されるのか、わからない人が大半だと思います。
　そこで、書類の作り方の本題に入る前に、この序章では、アイデアの世界について、簡単にご紹介いたしましょう。「自分のアイデアは、どんな権利で保護されるのだろうか？」と、判断する手助けにしてください。
　さあ、それでは少しずつ説明を始めましょう。

アイデアってそもそも何？

　アイデアという言葉を辞書で調べてみると、このように説明されています（大辞泉より）。

> アイデア【idea】《「アイディア」とも》
> 1 思いつき。新奇な工夫。着想。「―が浮かぶ」

　人は新しいことを考えて、今あるものよりも、さらによい、新しいことや物を作り出すことができる能力があります。
　この考える力のことを、「アイデア力」といったり、発想が豊かな人のことを「アイデアマン」などといったりします。そして、それらの人や発想によって生まれたものが「アイデア」ということになります。
　人は、何かしらアイデア（思い付き）を持っているはずです。
　たとえば、包丁に張り付くきゅうりから、食材の張り付きを防ぐ穴あき包丁が生まれました。これは、食材が包丁に張り付く面積を減らすため、包丁と穴を組み合わせたアイデアによるものです。
　また、最近、大変面白いアイデアに関する書籍を買いました。『あたらしいみかんのむきかた』（小学館刊、岡田好弘 作・神谷圭介 絵/文）という本です。
　これは、みかんの皮を、鳥や恐竜、魚の形になるようにむく方法を紹介した工作絵本です。この本で紹介されている通りに、みかんの皮に入れられた点

線に沿ってみかんの皮をむけば、誰でもむいた後の皮が、動物の形になるのです。これもある種、方法のアイデアの1つといえます。

さてそれでは、この「アイデア」には、具体的にどんなものがあるのでしょうか。思いつくままに挙げてみましょう。

- 仕組み
- 構造
- 方法
- 組み合わせ
- 形
- 模様
- 色
- 物の名前
- 店の名前
- マーク
- 文章
- イラスト
- キャラクター
- 写真
- 映画
- 書画
- 音楽
- 植物の新品種
- 集積回路（IC）を少ないスペースにたくさん配置するレイアウト　などなど

このように、色々あるアイデアの中には、人が喜ぶもの、お金を出してでも欲しいもの、知りたいと思うものなどのように、価値があるものも存在します。

そのアイデアを保護する手段として存在するのが、アイデアを保護するために作られた知的財産権という法律です。

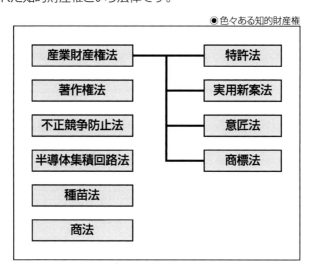

●色々ある知的財産権

001 ● アイデアとは

アイデアを保護してくれる知的財産権とはそれぞれの法律の総称であり、それらの中には、この通り色々なものがあります。

さて、これらの法律が、これだけ細分化されているのは、それぞれの法律が保護する「アイデアの対象」が違うからです。

それでは、次からは、この中でも一般的な、産業財産権と著作権について、少し詳しく説明していきましょう。

なお、参考までに、その他の権利と法律についても、簡単に説明いたしましょう。

◆ 営業秘密、商品等表示・商品形態……不正競争防止法(ふせいきょうそうぼうしほう)

人と似たものを売ったりして、混同を起こさせるようなことを防ぐ法律です。

権利期間：商品形態模倣の場合は発売開始後3年間

◆ 回路配置利用権(かいろはいちりようけん)……半導体集積回路の配置に関する法律

電子機器等の、半導体集積回路の回路配置のマネを防止する法律です。

権利期間：登録から10年

◆ 育成者権(いくせいしゃけん)……種苗法(しゅびょうほう)

「冷害に強いリンゴ」などのよい種苗品種を守る法律です。

権利期間：登録から25年(樹木の場合は30年)

◆ 商号(しょうごう)……会社法・商法

社名や屋号、店名を保護する法律です。他の人は、同じ市町村内、同じ営業分野で、登録された同じ店の名前を登記できなくなります。

序 ようこそアイデアの世界へ！

002 イラストで見る権利の役割と保護対象

たとえば、1つの商品を例に見た場合、それぞれの部分ごとに保護する権利が異なります。参考として「消しゴム付き鉛筆」という商品の例で紹介しましょう。

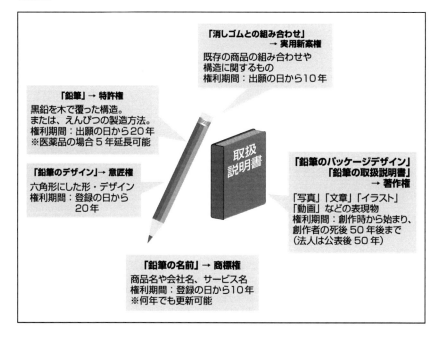

このイラストのように、アイデアの要素によって、保護してくれる法律も、アイデアが保護される状態にするために必要となる手続きや、保護される期間もそれぞれ変わります。

産業財産権とは

産業財産権は、色々あるアイデアの中でも、特に「産業の発展に役立つ、仕組み、構造、方法、組み合わせ、形、模様、色、物の名前、店の名前、マーク」を財産として保護する法律で、「特許法」「実用新案法」「意匠法」「商標法」の4法が、それぞれ「発明」「考案」「デザイン」「ネーミング」を、アイデアの種類別に保護できるように分かれています。

産業財産権	定義	権利化に必要となる条件	権利の存続期間	権利化に要する期間の目安
特許法	対象：発明 自然法則を利用した技術的思想の創作のうち高度なもの	①産業上利用できる発明 ②新規性、進歩性のある発明 ③公序良俗等を害するものを除く ④先願主義	出願日から20年 ※医薬品など、発明の種類によって5年延長可	約2年
実用新案法	対象：考案 自然法則を利用した技術的思想の創作であって、物品の形状、構造または組み合わせに係るもの	①無審査主義 ②方式と基礎的要件（左欄の定義に合うもの）の審査のみで権利付与	出願日から10年	約6カ月
意匠法	対象：意匠 物品（部品を含む）の形状、模様もしくは色彩またはこれらの結合であって視覚を通じて美感を起こさせるもの	①工業上利用できる意匠の創作 ②物品の形状、模様もしくは色彩またはこれらの組み合わせに係るもの ③美感を起こさせるもの ④新規性、創作性のある意匠 ⑤先願主義	設定登録の日から20年	約6カ月
商標法	対象：商標 文字、図形、記号、立体的形状、色彩またはこれらの結合と音であって、業として商品を生産、または役務（サービス）を提供する者が、その商品または役務について使用するもの	①文字、図形、記号、立体的形状、色彩またはこれらの結合と音 ②商品または役務に使用するもの ③識別力をもつもの ④他人の登録商標と同一または類似でないもの ⑤先願主義	設定登録の日から10年 ※ただし更新可能	約5カ月

　産業財産権（特許、実用新案、意匠、商標）は、すべて「登録主義」です。そのため、権利を得るには特許庁への「手続き」が必要です。
　本書で解説するのは、特許庁への手続きに必要となる「発明、考案、デザイン、ネーミング」を保護するための提出書類を作る方法です。

その提出書類が、「出願書類」というもので、特許庁が指定する様式、必要となる記載内容にそれぞれ違いがあります。本書では第1章〜第5章で、「特許、実用新案、意匠、商標」の出願書類作成法の解説をしています。

「自然法則を利用した技術的思想の創作」とは何のこと？

たとえば、石に糸をつけて回転させます。その石には中心から遠ざかろうとする力が働きます。これを「遠心力」といいます。これは、誰が、いつ、どこでやっても同じです。この「遠心力」は「自然法則」の1つです。この自然法則を利用して、今までにない新しい装置などを作れば発明となります。

この、遠心力という自然法則をうまく利用して生まれたのが、「遠心分離機（脱水機）」です。水にぬれた洗濯物を脱水機の金網の中に入れて高速回転させます。すると、洗濯物も水も中心から遠ざかろうとします。

ところが、洗濯物は金網にさえぎられて止まりますが、水はこの網の穴から飛び出しますので、洗濯物と水が分かれて脱水ができるのです。

特許権は、苦労して発明した「遠心分離機」のような商品を、独占的に製造販売することができる権利です。たとえば、特許権を取った遠心分離機と同じ構造のものを商売として作ったり販売したりすると、その権利期間中は、特許権を侵害する行為となり、特許法により罰せられることになります。

特許権を取得した商品には、「PAT」または「特許第〇〇〇〇〇号」などと表示されるのが一般的です。この「PAT」は、特許を意味する英語「Patent（パテント）」のことです。

また、よく見かける「PAT. P」という表示は、特許出願中を意味する英語、「Patent Pending（パテントペンディング）」を略したものです。特許出願されただけであり、特許権はまだない状態を指しています。

さて、特許法では、保護される発明の種類として、「物の発明」と「方法の発明」とに分けています。さらに方法の発明も、「物の生産を伴う方法の発明」と「物の生産を伴わない方法の発明」とに分けられています。

発明の種類と、特許権を行使できる範囲については、次ページの表をご参照ください。

なお、実用新案法では、実体のある物の考案が保護の対象となっており、実体のない方法は保護の対象になっていません。

発明の対象	具体例	特許権を行使できる範囲例
物の発明	「遠心分離機（脱水機）」のような、機械、器具、装置、医薬、化学物質など	「脱水機」を事業として作ること、売ること、使うこと
物の生産を伴う方法の発明	食品の加工方法、医薬の製造方法、植物の栽培方法など	「食品を加工する方法」を、事業として使うこと また、その加工方法によって作られた食品を、事業として売ること、使うこと
物の生産を伴わない方法の発明	空気の浄化方法、測定方法、分析方法など	「空気の浄化するための方法」を、事業として使うこと

「物品」とは何のこと？

意匠法が保護の対象としている物品を、図で説明しましょう。

● 図解で見る意匠登録の対象となる物品の範囲

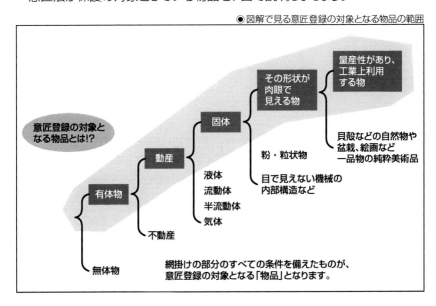

網掛けの部分のすべての条件を備えたものが、意匠登録の対象となる「物品」となります。

　このように、物品とは、有体物であり動産である物を指します。また、固体で、一定の形をとどめる定形性が必要です。元は液状でも、溶けずに固まっているときだけ、一定期間一定の形状をしているアイスクリームやあめ細工も、保護の対象です。

　これに当てはまらない、気体や液体、流動体（水あめなど）、半流動体（ジャムなど）、粉状、粒状の集合の他、きれいな打ち上げ花火やネオンサインなども、形をとどめないため、保護はされません。

　さらに意匠権では、これらの物品の形状だけでなく、模様や色彩とが組み合わさったものも、保護の対象にしています。なお、模様と色彩は単独では

存在しないため、「形状＋模様」「形状＋色彩」のように、形状との組み合わせによって意匠登録の範囲が決定されます。

　意匠権は、苦労して考えた商品のデザインを、独占的に使用し、製造販売することができる権利です。たとえば、可愛い形のスプーンという食器に関する意匠権を取れば、スプーンという商品において、そのデザインを保護することが可能となります。

　意匠権を取ったスプーンと同じデザインのスプーンを作り販売すると、その権利期間中は、意匠権を侵害する行為となり、意匠法により罰せられることになります。

商標の三大効果

　商標には、大きく分けて三つの効果があります。

◆ 出所表示機能…「○○○」を名乗れるのは「○○○」だけ!

　たとえば、『ソニー』の商品は『ソニー』以外の企業が使うことは許されません。つまり、『ソニー』という名前であれば、どれも同じ生産者から出たものであることがわかります。

◆ 内容（品質・特徴）保証機能…このおいしさは「○○○」だけ!

　たとえば、『松屋』の牛丼は全国どこに行っても同じ品質の牛丼が出てきます。つまり『松屋』の名前がついていれば、同じ品質の牛丼であることが誰にでもわかります。

◆ 広告的機能…○○○が、高性能やおいしさの目印!

　アピール度の高い商標には、消費者に購買意欲を促す効果があります。これは、一般的にいう広告的な機能を、商標が持っているということができます。

　このような効果がある商標を、他人に模倣された場合、困ってしまいます。しかし、商標登録をすれば、独占的に商標を使用し、利益を保護することが可能となるのです。

003 ● 産業財産権とは

「文字、図形、記号、もしくは立体的形状、もしくはこれらの結合またはこれらと色彩との結合」とは？

「文字、図形、記号、もしくは立体的形状」は、一般的に標章と呼ばれるものです。

そして、その標章が、商業用（商品やサービス）として商品名やサービス名に使われたものを、商標といい、英語では商品の場合は「Trademark（トレードマーク）」、役務（サービス）の場合は「Servicemark（サービスマーク）」といわれています。さて、それでは、商標の例を詳しく見ていきましょう。

◆ 文字商標

文字のみから構成されている商標です。文字は、カタカナ、ひらがな、漢字はもちろん、アルファベット、数字なども含まれます。

◆ 図形商標

図形のみから構成されている商標で、人物、動植物、風景、建造物などから図案化したもの、あるいは幾何学図形などです。

◆ 記号商標

ある事柄を表す記号からなる商標です。記号商標は、業者間で古くから使われている、のれん記号、かな文字、漢字、アルファベット文字などを図案化したものなどです。

◆ 立体商標

ケンタッキーフライドチキンのカーネルおじさん、不二家製菓のペコちゃん人形などです。面白い例としては、コカコーラの瓶、ヤクルトの容器、ホンダのバイク「スーパーカブ」なども立体的形状が登録された面白い例です。

商標の中には、文字と図形を組み合わせたり（結合商標）、さらにこれらと色彩とを組み合わせたもの（色彩商標）も存在します。

さらに、パソコン起動時に流れるメロディー（音の商標）や、製品やサービスのイメージカラー（色彩のみからなる商標）、映画の最初にライオンが吠える動画（動く商標）、偽造防止や製品認証用ホログラム（ホログラムの商標）、靴底を赤くしたハイヒール（位置の商標）も、2014年5月の商標法改正により、商標登録が認められることになりました（2015年4月1日より出願受付開始）。

序 ようこそアイデアの世界へ！

文字	サザンオールスターズ 商標登録2389158	図形	商標登録3085606
文字＋図形	HELLO KITTY ハローキティ 商標登録4141266	記号	商標登録1095099
文字＋図形	AKB48 商標登録5036135	立体的形状	商標登録4157614
文字＋図形	松屋 商標登録4031370	立体的形状	商標登録5384525

　これらの商標のように、特許庁に登録されている商品名やサービスマークを、登録商標と呼びます。

　よく見かける「®マーク」は、登録された商標を意味する英語の「Registered Trademark（レジスタードトレードマーク）」の頭文字を使った記号で、登録商標であることを指しています。

　なお、同じく見かける「TMマーク」は、商標を意味する「Trademark」の頭文字を使ったもので、商標として使っていることを主張する意味を持っています。ただし、特許庁に商標登録はされていないため、模倣された場合は商標

序 ようこそアイデアの世界へ！

権の侵害を理由に対抗することはできず、この場合、不正競争防止法などの、他の法律で保護をする方法を探すことになります。

また、日本ではあまり見かけない「SMマーク」は、役務商標を意味する「Servicemark」の頭文字を使ったもので、表記をする意味や、商標登録されていないという点では、「TMマーク」と同じとなります。

商標権は、商品名やサービス名を独占使用できる権利です。たとえば、飲食店の名前として「松屋」という商標権を取ると、飲食店というサービス業において、「松屋」という名前を独占使用することが可能となります。

そのため、飲食店において、商標権をもつ「松屋」と同じサービス名を他店が使用すると、その権利期間中は、商標権を侵害する行為となり、商標法により罰せられることになります。

また、商標権が、特許権や実用新案権、意匠権と一番異なる特徴は、権利者だけでなく、需要者の利益を守ることも、商標法の目的に含まれている点です。

たとえば、「松屋の牛丼が食べたくて松屋に入ったつもりが、実は模倣した他店であった」という場合、「お客様を取られた」という松屋の利益が損なわれただけでなく、「本来食べたい店の商品が食べられなかった」お客様（需要者）にとっても、利益が損なわれたことになります。

このように、権利者だけでなく、商標の影響力を最も受ける需要者の利益を保護することも、商標法では重視されています。

需要者の利益を守るのはすべての権利にいえること

発明家の中には、「たくさんの人にアイデアを使ってもらうため、自分だけが独占する権利はあえて取らない」という考え方の人がいます。一見すると素晴らしい考えのようにも聞こえますが、実はこの考えはお客さまのためになりません。みんなが同じ商品を作れば、必ず競争が起きて乱売状態となり、その結果、粗悪品が出回ることになります。これでは、お客さまは困ってしまいます。権利化を望まないということは、このような粗悪品を作る悪い人からお客さまを守る権利を自ら放棄したことになるのです。

権利で粗悪品を退け、責任を持って良質な商品を作るからこそ、お客様に喜んでいただくことができ、お客さまと発明家（企業）双方の利益につながるということを覚えておきましょう。

004 著作権とは

　著作権は、文化の発展に貢献する「文章、イラスト、キャラクター、写真、映画、書画、音楽」などの、創作物を保護する権利です。たとえば、著作権のある本や音楽などの作品を、無断でコピーして販売したり、インターネット上などで無断で公開することは、著作権を侵害する行為であり、著作権法により罰せられることになります。

　よく見かける「©マーク」は、著作権を意味する英語、「Copyright（コピーライト）」の頭文字を使った記号で、著作権を主張している作品であることを指しています。一般的な表記法としては「© 2015 YasuakiMatsuno」のように、「© 最初の公開年 著作権者」の3点を記載します。

　著作権は、「文章、イラスト、キャラクター、写真、映画、書画、音楽」などの創作物を創作した時点で、何の手続きをしなくても、権利が自然に発生するため、権利を得ることを目的にした官庁への手続きは不要です。そのため、「無方式主義」と呼ばれています。書類申請などの手続きも不要ですし、出願料も、権利を維持する登録料も掛かりません。

　特許や意匠などの産業財産権が「登録主義」で、権利を得るためには、特許庁への「手続き」が必要でしたが、それとはまったく異なります。

　著作権の権利期間は、創作し、作品が誕生した時点から始まり、創作者の死後50年まで、存続します。また、映画の場合は公表後70年です。

　著作権が存続している作品を、無断で複製して販売するような行為は、著作権を侵害する行為になるため、罰せられます。しかし、たとえば『くもの糸』という小説で有名な作家、芥川龍之介は1927年7月24日に亡くなってから50年が経っており、芥川龍之介の小説の著作権はすでに切れています。そのため、その小説を印刷して販売することも、インターネット上で公開することも可能となっています。

　なお、著作権は、特許などの産業財産権と違い、創作したときに権利が自然に発生する特徴がありました。しかし、自然発生であるがゆえ、創作した事実が残りにくい点に問題があります。

　特許などの場合は、書類提出が前提となるため、「出願人が、何年何月何日に、どのような内容の特許出願をしたか」という一切の記録が、手続き上必然

的に残ります。

　この点、著作権は、創作しただけでは、たとえば、「誰が作品を書いたのか？」「いつ書いたのか？」「どのような作品を書いたのか？」という、権利主張に必要となる、客観的な事実関係の証拠記録が残らないため、法律上の理論では著作権があるはずですが、権利主張は事実上困難である特徴があります。

　そのため、著作権の権利主張を円滑に行うためには、「創作日時」と「創作内容」、「創作者」の3点を主張するための、創作事実に関する証拠作りを自発的にしておくことが必要です。

　本書のように、書籍として出版されたり、新聞や雑誌などに掲載されたりした場合は、発行年月日が印刷されており創作事実の立証は簡単です。しかし、作品の大部分は、素人による短歌や俳句、小説などの未公開作品ばかりです。これら未公開作品に発生する著作権の主張には、305ページで解説する「公証人役場」を利用した立証方法などを活用し、創作者が自らの責任と判断で、創作事実の証拠作りをする必要があります。

　ここまで、産業財産権と著作権について、簡単に解説いたしました。今後読み進める上で必要となる予備知識としては、ここで解説した程度の内容を知っていれば十分です。

　さあ、それではいよいよ、産業財産権の権利を取るために必要となる、出願書類の書き方を紹介していきましょう。

第1章
特許出願書類を作ろう（準備編）

005 自分のアイデアを説明できるようになろう

　アイデアを持っている発明家の方は、今すぐにでも特許出願書類を作って、アイデアを特許庁に出願したいと思われていることでしょう。仕事で、必要に迫られて、特許出願書類の作り方を勉強しなければいけないという方もいらっしゃるかもしれません。

　しかし、ただがむしゃらに「特許出願書類を書こう!」と意気込む前に、まず「あること」を練習しておくことをオススメします。

　その「あること」とは「自分のアイデアを、文章で説明できるようになる」ことです。特許出願書類には、アイデアの内容を説明する文章が必要となります。文章の内容によって、特許権の価値に影響する、権利の範囲が何倍にもなるため、およそ発明とは関係なさそうな「言葉の選び方」や「作文能力」が、実は大変重要なのです。

　そのため、まずはじめに、アイデアを上手に説明できるように、しっかりと作文を練習しておけば、特許出願書類を作成する際はもちろんのこと、発明を事業化する際など、今後さまざまなケースでも、大変役に立ちます。

　さあ、それでは実際に、自分のアイデアを上手に説明するために必要な、文章のまとめ方のコツから説明をしましょう。

　文章の書き方は、実は、小学生のときに習った、作文をする上で大切な、4つのテーマに分けて、順番に書く方法とまったく同じです。たとえば、読書感想文などの作文を上手に書くには、次のように4段落構成で感想をまとめることがポイントです。

- 1段落目「私は、この本を読んで〇〇だと思いました」
- 2段落目「しかし、△△と言う人もいます」
- 3段落目「でも私は違うと思います。なぜなら、□□だからです」
- 4段落目「だから、私は〇〇だと思うのです」

　一番伝えたいことは、「〇〇だと思う」という意見です。この、自分の考えを際立たせるために、わざと一番話が盛り上がる3段落目を作っているのです。〇〇だと思う自分の意見に対して、△△という反対意見をぶつけ、それを打ち消す□□という反論で、反対意見をおさめます。この方法で、「導入部」

⇒「つなぎ」⇒「ヤマ場」⇒「オチ」の順番にまとめると、自分の意見は○○だ、という主張が引き立ち、「本を読んで自分がどう思ったか?」がよく伝わる、説得力のある上手な文章が、誰でも簡単に書けるようになります。

　このとき、説明の順番を変えたり、テーマと異なる内容を、違う段落で書いたりしてはいけません。なぜならば、何が言いたいかがわかりにくい、まとまりのない文章になってしまうからです。テーマがあちこちに飛ぶ文章では、説得力は生まれません。テーマがあちこちに飛ぶと、たとえば、スピーチが上手でない方のお話のように、何が言いたいかがさっぱりわからない内容となってしまうのとまったく同じです。

　この文章のまとめ方は「起承転結(きしょうてんけつ)」と呼ばれます。この4つのテーマに沿って、順番どおりに文章を書いていけば、自分の気持ちをわかりやすく表現できます。読み手に自分の気持ちが伝わるよい文章が書けるため、文章を書く上で基本とされている方法です。

　そして実は、アイデアを説明するときも、テーマごとにまとめる同じ方法で書くことができます。

006 アイデア説明文を作るときのポイント

アイデアを説明するときに大切なことは、構造や動機など、自分のアイデアに関するさまざまなことを、すべて文章と図面で説明できなければいけません。

では、どのようなポイントに分けてアイデアを説明すればよいのでしょうか？作文を書くときは、「起承転結」の4つのテーマがあったように、アイデアを上手に説明するためには、全部で10個のテーマがあります。

◆アイデアを上手に説明するための10個のテーマ

アイデアを上手に説明するための10個のテーマは、次のようになります。

- 1段落目「アイデアの名前は○○です」
- 2段落目「これは○○のようなアイデアです」
- 3段落目「今までは、△△のような不便な状態でした。また、□□という似た商品がありました」
- 4段落目「例に挙げた、似た商品の所在(掲載雑誌や、特許情報)」
- 5段落目「不便な状態だった結果、××という欠点がありました」
- 6段落目「私が考えたアイデアの構造は、○○です」
- 7段落目「このアイデアにより、○○という効果が生まれました」
- 8段落目「紹介する図面は、○○の状態の図面です」
- 9段落目「使い方は○○のように使います」
- 10段落目「図面で紹介した、各○○部分の名前を説明します」

このテーマと順番に従って図面を交えながら説明すれば、発明者が、どんな目的で、どのような構造のアイデアを考えたのかが、すべて説明できるようになります。

一番重要な説明は、6段落目の自分のアイデアの構造に関する説明です。そのために、アイデアの名前から入り、今までの状態説明から、その状態によって起こっていた欠点につないで、構造の説明や効果、使い方を自然に解説できるように、話を誘導しているのがよくわかります。

アイデア説明文の紹介と作り方を解説するにあたり、まずは、練習として、

有名なアイデア商品「消しゴム付き鉛筆」を、皆さんが考えたと仮定して、筆者が、アイデア説明文を作りました。皆さんは、10個のテーマがどのように表現されているかをよく探しながら、読んでください。さあ、それでは、始めましょう!

●アイデア説明文見本「消しゴム付き鉛筆」

アイデア説明文　『消しゴム付き鉛筆』

（図1）

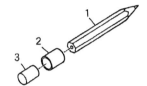

（図2）

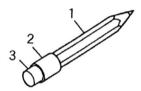

　私の考えたアイデアの名前は、「消しゴム付き鉛筆」です。
　これは、鉛筆の一端に消しゴムをつけて、消しゴムをいつでも使うことができるようなアイデアです。
　今までは、鉛筆と消しゴムは別々でした。
　なお、鉛筆と消しゴムがくっついているアイデアがあるか、参考までに調べてみたら、鉛筆と消しゴムをヒモでつなげたものはありました。（掲載雑誌「〇〇鉛筆株式会社の２０１３年度版カタログ　５頁」）
　しかし、消しゴムを使っていくうちに、小さくなってしまった消しゴムが使いにくかったり、消しゴムを見つけることが大変で、落とした時に探しにくい欠点や、ヒモで鉛筆と消しゴムをつなげた商品も、ヒモが邪魔で、消しゴムや鉛筆が使いにくい欠点がありました。
　そこで私は、新しく「消しゴム付き鉛筆」を考えました。
　図を見てください。
　鉛筆（１）の一端に筒（２）を付けて、その筒（２）に消しゴム（３）を付けました。
　この構造にしたことにより、鉛筆に消しゴムがくっついて一体になっているので、消しゴムをなくすことなく必要な時にすぐ使用することができるようになりました。ヒモが邪魔で消しゴムや鉛筆が使いにくくなることもなくなりました。
　また、持ちやすい鉛筆を軸に消しゴムを使うことができるため、小さな消しゴムでも、大変消しやすくなる効果も新たに生まれました。
　図面の説明は、図１が部品を分解して、斜めから見た図。図２は斜めから見た図です。
　発明品の具体的な構成は、鉛筆の軸（１）の上部の一端に、金属製の円筒（２）を付けます。その円筒（２）に円柱状の消しゴム（３）を差し込みます。円筒（２）をかしめ、消しゴム（３）を鉛筆の軸（１）に固定します。
　このアイデアの使い方は、通常通り鉛筆で文字などを書き、消す必要があるときは、消しゴムを下にして文字を消します。
　なお、他に実施する方法としては、消しゴムに接着剤をつけて、鉛筆の軸の一端に接着してもいいです。
　図面中、１は「鉛筆」、２は「筒」、３は「消しゴム」です。

007 アイデア説明文の例「消しゴム付き鉛筆」

　アイデア説明文を読んで、いかがだったでしょうか？　とてもわかりやすい説明だったと思います。アイデアに関する10のテーマを順番に盛り込んで文章を作ると、35ページの文章になります。
　さて、それでは、10のテーマが、アイデア説明文の、どの部分に書かれているか、文章のまとめ方も確認しながら、テーマごとに、説明文の中から一緒に探してみましょう。

「アイデアの名前は○○です」

　アイデアの名前について説明している部分です。自分が考えたアイデアの名前を説明しているのは、どのあたりか、探してみましょう。

> 私の考えたアイデアの名前は、「消しゴム付き鉛筆」です。
> 　これは、鉛筆の一端に消しゴムをつけて、消しゴムをいつでも使うことができるようなアイデアです。
> 　今までは、鉛筆と消しゴムは別々でした。

　1行目に、その説明があります。そのまま、わかりやすい形で紹介されていましたね。名前紹介のポイントは、その名前を聞いて、内容や目的がわかるようにすることです。「最新式鉛筆」とか、「改良型鉛筆」、「松野式鉛筆」では、まったくわかりません。また、「消し太郎君」などの、いわゆる商品名のような名称もいけません。

「これは○○のようなアイデアです」

　あまり詳しい説明ではなく、「何をするための何なのか？」という、これから説明するアイデアの概略程度の説明部分です。説明文中、該当しそうなのは、最初の部分ですね。

> 私の考えたアイデアの名前は、「消しゴム付き鉛筆」です。
> 　これは、鉛筆の一端に消しゴムをつけて、消しゴムをいつでも使うことができるようなアイデアです。
> 　今までは、鉛筆と消しゴムは別々でした。

2行目にその説明があります。これだけでは、構造も、動機もわからないのですが、何を考えたのかだけは、よくわかります。

🖐「今までは、△△のような不便な状態でした。また、□□という似た商品がありました」

今までの不便だった状態。また、考えたアイデアに類似するような、似ている商品について説明します。その説明は、文章中のどの部分でしょうか？

> これは、鉛筆の一端に消しゴムをつけて、消しゴムをいつでも使うことができるようなアイデアです。
> <u>今までは、鉛筆と消しゴムは別々でした。</u>
> <u>なお、鉛筆と消しゴムがくっついているアイデアがあるか、参考までに調べてみたら、鉛筆と消しゴムをヒモでつなげたものはありました。</u>
> （掲載雑誌「○○鉛筆株式会社の２０１３年度版カタログ　５頁」）

4行目から、その説明がはじまります。

ここの説明で注意しなければいけないことが1つあります。それは、悪い状態、または類似する商品についてだけを、説明する部分だということです。その悪い状態の結果、どのような悪い問題が起こっていたかまでは、ここの説明では必要ではありません。「△△のような状態だったから、××と言う欠点があった」と、まとめて説明をしてしまいやすいのですが、これは誤りです。具体的な欠点は、この後に登場する5番目のテーマ「不便な状態だった結果、××という欠点がありました」の部分で書くべきなのです。

上手な説明文を書く場合は、欠点を引き起こしていた状態だけを、まとめて書くことが、ポイントとなります。

🖐「例に挙げた、似た商品の所在（掲載雑誌や、特許情報）」

自分が考えたアイデアと似ている商品や、特許庁へ出願されているアイデアは、その具体的な内容を確認できる情報の所在を紹介しなければいけません。その説明文を見た他人も、関連するアイデアを確認して、比較できるようにするためです。

そのためには、雑誌に載っていた場合は、その雑誌名を紹介します。特許庁に出願されている特許情報に載っていた場合は、出願番号などの特定できる情報を紹介します。

> 今までは、鉛筆と消しゴムは別々でした。
> 　なお、鉛筆と消しゴムがくっついているアイデアがあるか、参考までに調べてみたら、鉛筆と消しゴムをヒモでつなげたものはありました。<u>(掲載雑誌「○○鉛筆株式会社の２０１３年度版カタログ　5頁」)</u>
> しかし、消しゴムを使っていくうちに、小さくなってし

　見つかりましたか？　その場所は、6行目にあります。なお、「ヒモで、鉛筆と消しゴムをつなげた商品」というのは、解説のために、筆者が作り出した架空の商品です。あくまでも練習ということで、考えてください。

　商品化前のアイデアは、特許情報プラットフォームで調べることができます。似ている商品が、このホームページから探してきた特許情報の中にある場合は、出願番号や、特許番号等の、そのアイデアを特定できる番号を紹介しましょう。出願公開された文献の場合は、「特開○○○○—○○○○○○○号公報」と、公開されている番号そのままを紹介します。

「不便な状態だった結果、××という欠点がありました」

　3番目のポイントである、「今までは、△△のような不便な状態でした。また、□□という似た商品がありました」という説明で指摘した点について、具体的な欠点を説明する部分です。それでは、説明文の中から、自分が不満に思っていたことが書かれている部分を、見つけてみましょう。

> しかし、消しゴムを使っていくうちに、小さくなってしまった消しゴムが使いにくかったり、消しゴムを見つけることが大変で、落とした時に探しにくい欠点や、ヒモで鉛筆と消しゴムをつなげた商品も、ヒモが邪魔で、消しゴムや鉛筆が使いにくい欠点がありました。
> 　そこで私は、新しく「消しゴム付き鉛筆」を考えました。

　「欠点がありました」と、しっかり書かれているので、見つけやすかったと思います。説明文の8行目から始まる文章です。消しゴムと鉛筆が別々だった状態の欠点。また、消しゴムを落とすことがないように、ヒモで消しゴムと鉛筆をつなげた商品にも見られた欠点も、合わせて書いておきます。

「私が考えたアイデアの構造は、○○です」

　この部分は、今までの内容とは、まったく違います。今までは、アイデアが生まれたきっかけや欠点など、背景について説明していたのに対して、アイデアを考えたあなたがどんなものを考えたのか、具体的にその構造や構成について説明をする項目です。つまり、説明文の中で、一番大切な部分といってもよいでしょう。

　さあ、それでは、具体的に構造について説明されている部分を、説明文の中から探してみましょう。

> そこで私は、新しく「消しゴム付き鉛筆」を考えました。
> 図を見てください。
> <u>鉛筆（1）の一端に筒（2）を付けて、その筒（2）に消しゴム（3）を付けました。</u>
> 　この構造にしたことにより、鉛筆に消しゴムがくっついて一体になっているので、

　見つかりましたか？　正解は、14行目から始まる部分です。ここでは、「物品の形状・構造・組み合わせ」など、発明の技術的なポイントになる構成を書きます。この発明がどのような部品で、どのように組み立てられているのかを書くのです。この文章が、新たに生まれたアイデアに関して説明されている部分です。今回の説明文の中でも、一番大切で、重要となる一文です。

　大切なことは、「どこに、何をどのように、どうしたのか」をはっきりと書くことです。「鉛筆のこのあたりに、こんな感じで、消しゴムをくっつける」ではいけません。「このあたり」ではなく、「どちらか一方の端に付ける」と説明します。「こんな感じ」ではなく、「筒で、鉛筆に付ける」と説明します。

　上手なまとめ方の一例としては、『「Aの○○○」に「B」を付けて、「そのBの○○○」に「C」を付けて、…』という文章で説明すると、わかりやすい文章になります。

　アイデアがまとまっていないと、「適当な場所に」「このあたり」「このような感じで」「適当に」「なだらかな角度で」「やわらかな曲線の」というような、あいまいな表現になってしまいます。これでは、アイデアの構造を説明したことにはなりません。まだ、アイデアが固まっていないため、しっかりとした構造の説明ができないのです。

試作品を作り、実際に試してみれば、「どの素材の、どんな形で、この構造でなければいけない」という、役に立つ商品としてのあるべき姿が見えてくるはずです。

「このアイデアにより、○○という効果が生まれました」

アイデアの構造を説明した次には、具体的な効果を説明します。消しゴム付き鉛筆を考えたことで、どこが、どのように便利になったのかを説明している部分を探してみましょう。

> この構造にしたことにより、鉛筆に消しゴムがくっついて一体になっているので、消しゴムをなくすことなく必要な時にすぐ使用することができるようになりました。ヒモが邪魔で消しゴムや鉛筆が使いにくくなることもなくなりました。
> また、持ちやすい鉛筆を軸に消しゴムを使うことができるため、小さな消しゴムでも、大変消しやすくなる効果も新たに生まれました。

上記の、波線部分が、アイデア商品により便利になった部分を示しています。15行目から始まる文章が、アイデアの効果を紹介しています。

さて、このアイデアの効果を説明するときに大切なことは、欠点としてあげた5番目の内容がすべて解決した文章になっているかという点です。欠点として紹介した問題が、ここのアイデアの効果ですべて解決していなければ、自分が考えたアイデアでは、欠点を解決することができなかった、ということになり、アイデアとしては成立しなくなってしまいます。

今回の消しゴム付き鉛筆のアイデアでは、次の点を欠点として紹介していました。

> 消しゴムを使っていくうちに、小さくなってしまった消しゴムが使いにくかったり、消しゴムを見つけることが大変で、落とした時に探しにくい欠点や、ヒモで鉛筆と消しゴムをつなげた商品も、ヒモが邪魔で、消しゴムや鉛筆が使いにくい欠点がありました。

では、今回のアイデアによる効果では、この欠点は解決しているといえるのでしょうか？　説明文を見てみましょう。

> 鉛筆に消しゴムがくっついて一体になっているので、消しゴムをなくすことなく必要な時にすぐ使用することができるようになりました。ヒモが邪魔で消しゴムや鉛筆が使いにくくなることもなくなりました。

　どうやら、消しゴムをなくしてしまうことがなくなるため、欠点はすべて解決したといえそうです。似ている商品の参考として出した商品の欠点も解決していれば、それも書いておきましょう。さらに、新しい効果も生まれているようです。

> また、持ちやすい鉛筆を軸に消しゴムを使うことができるため、小さな消しゴムでも、大変消しやすくなる効果も新たに生まれました。

　鉛筆が消しゴムを使うときの持ち手の働きをして、力が入れやすくなるため、消しやすくなる効果も出たようです。
　欠点を解決する以上に、新しい効果が生まれたら、これも、必ず書いておくようにしましょう。この効果の部分は、書きすぎて困る事はありません。試作品があれば、何度も使って、新しくアピールできる効果を探しておきましょう。

「紹介する図面は、○○の状態の図面です」

　物のアイデアの説明文では、図面を付けると、大変わかりやすくなります。この場合、その図面がどのような状態を表したものなのかを説明すると、よりわかりやすく図面を見ることができます。それでは、消しゴム付き鉛筆の場合は、どのように説明されているかを、見てみましょう。

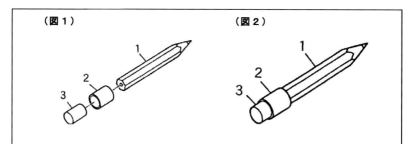

図面の説明は、図1が、部品を分解して、斜めから見た図。図2は斜めから見た図です。

図面1は、消しゴム付き鉛筆を組み立てる前の、部品を全部ばらばらに分解した図です。この場合は「分解図」と表現します。この図面は、斜め上から、消しゴム付き鉛筆の組み立て前の、部品をばらばらにした姿を見て描いていることがわかります。斜めから見た図は、「斜視図」と表現します。部品同士をつなげる前に、分解された状態を表しているため、「消しゴム付き鉛筆の分解斜視図」であることがわかります。

　もう1つは、組み立てが終わった、製品としての消しゴム付き鉛筆を、斜め上から見た図です。この場合は、先ほどと同様に、「斜視図」となります。

「使い方は○○のように使います」

　ここでは、構造を説明した内容を詳しく書きます。必要に応じて、物品の形状や材質、大きさなども書きます。さらに効果を発揮させるためにはどのように使うのか、その使用手順を書きましょう。また、その他の使い方などを説明する実施例のようなものがあれば、ここにたくさんの例を書いておきましょう。

　では、消しゴム付き鉛筆の使い方が書かれている部分を探してみましょう。

> 　発明品の具体的な構成は、鉛筆の軸（1）の上部の一端に、金属製の円筒（2）を付けます。その円筒（2）に円柱状の消しゴム（3）を差し込みます。円筒（2）をかしめ、消しゴム（3）を鉛筆の軸（1）に固定します。
> 　このアイデアの使い方は、通常通り鉛筆で文字などを書き、消す必要があるときは、消しゴムを下にして文字を消します。
> 　なお、他に実施する方法としては、消しゴムに接着剤をつけて、鉛筆の軸の一端に接着してもいいです。

　見つかりましたか？　正解は、上記波線の部分。本文21行目から始まる説明です。

　次は、いよいよ、最後の質問です。

「図面で紹介した、各○○の部分の名前を説明します」

　構造の説明をしたときに、部品ごとに符号を振って、説明をしていました。符号というのは、図面に付けられた、「1」とか、「2」のことです。

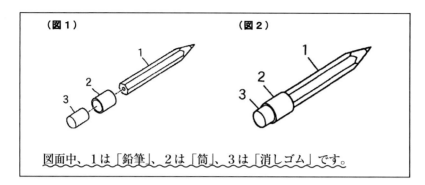

図面中、1は「鉛筆」、2は「筒」、3は「消しゴム」です。

　説明は簡単ですね。最後の行、28行目に書かれているように、説明します。構造を説明した文章を読めば、「1」が鉛筆であることはわかります。しかし、図面だけを見た場合は、その符号が、何という部分や部品なのか、まったくわかりません。したがって、図面だけを見て、これらの符号が、何を意味するものなのかを、説明してあげます。もし、部品が10個あるなら、「4」は「○○」、「5」は「△△」……と符号を続け、部品の名前を入れればよいだけです。

008 アイデア説明文を作るメリット

さあ、以上で終了です。10個のテーマに従って説明すれば、自然と1つのまとまった文章を作ることができます。見ず知らずの人に、パッとこの説明文を見せられても、その人が何を考えたのかが、すぐにわかると思います。説明文を書く上で、一番大切なことは、「説明文を見て、その人がどんなことを考えたのかがわかること」。さらには、「その説明文を読めば、その人が作った物とまったく同じ物を、誰でも作ることができる内容であること」です。

なお、説明文を作る時点で、アイデアが試作品のような形で、完成していれば、より詳しい構造の説明ができるようになります。鉛筆と消しゴムをくっつける、他の方法も発見できるかもしれません。また、実際に使ってみて、より具体的な効果を確かめることができれば、効果の説明の部分も、より具体的に書けることになります。

さて、「アイデア説明書」の作り方を最初に紹介したのは、本書が目標としている自分で特許出願書類を作る際に役立つからと、説明しました。自分が考えたアイデアを、ポイントに沿って分析しながら、10個のテーマに従って説明する文章を作っておくと、特許出願書類の文章作成が大変楽になるのです。

さらには、「特許出願書類作成のため」以外にも、この説明文を作ることには、次のようにたくさんのメリットがあります。

- 自分で特許出願書類を作るときに役立つ
- テーマごとにアイデアを分析できるので、書き忘れなく、アイデアを隅々まで把握できる
- 企業に売り込む場合の企画提案書になる
- 弁理士に特許出願書類作成を依頼する際にも役立つ
- 商品化された際、取扱説明書を作成するときに役立つ
- 売り込み先の企業で、プレゼンをする際の台本としても役立つ
- アイデア発表会などでアイデア発表をする際の台本としても役立つ
- 社内研究部会などで、研究発表をする際の台本としても役立つ

しっかりとしたアイデア説明書を作ると、その後さまざまな過程で、非常に役立ちます。文章の作り方を、ここでしっかりとマスターしておいてください。

009 定型句を使ってきれいな説明文を作ろう

　今度は実際に、自分のアイデアを説明してみましょう。実際に記入ができるように、書き込み式の「アイデア説明原稿用紙」を用意しました。この原稿用紙には、アイデアを説明するときに重要だった10個のポイントを、質問形式に直して、入れておきました。皆さんは、この質問に答えるように文章を作っていけば、自然とよい文章になるようになっています。また、10個のポイントごとに、それぞれ文章の始めに入れる「起こし言葉」と、終わりの「結びの言葉」を、あらかじめ入れておきました。

　起こし言葉とは、手紙などを書く際に、導入に使う言葉のことです。

◆起こし言葉の例
- さて、
- ところで、
- 実は、
- 早速ですが、

　結び言葉とは、手紙などで、文章の締めくくりに使う言葉のことです。

◆結び言葉の例
- まずはお礼まで。
- まずは用件のみにて失礼します。

　相手に言いたいこと、伝えたいことだけを突然書くと、大変味気ない文章になってしまいます。しかし、この「起こし言葉」を使えば、読み手に、自分の気持ちを読み取る準備をする余地を与えるため、すんなりと自分の気持ちを伝える文章の本題に誘導することができます。また、文章の最後には、伝えたい内容の終わりを告げ、締めくくるために、「結び言葉」で文章をまとめます。

　この起こし言葉と結び言葉は、決まりきった文章なので、どんな内容の手紙を書くときでも、そのまま使うことができます。書き出しや、文章の結びに困っても、これら決まりきった文章（定型句）をそのまま文章の前後に使えば、体裁の整った、きれいな文章を作ることができるのです。

　アイデアを説明するときにも、手紙の場合と同じような定型句があります。

009 ● 定型句を使ってきれいな説明文を作ろう

この定型句を使えば、どんな内容のアイデアを説明する際にも役に立ち、10個のテーマごとに上手に文章をまとめるためには欠かせないものです。

アイデアを説明するときの文章には、10個のテーマごとに、文章の最初と終わりに1カ所ずつ、起こし言葉と結び言葉を使って、文章を作ることができます。

たとえば、消しゴム付き鉛筆の説明文で、定型句の使い方を紹介しましょう。どんなアイデアであるかを説明した文章の場合です。

> <u>これは、</u>鉛筆の一端に消しゴムをつけて、消しゴムをいつでも使うことができる<u>ように考えたアイデアです。</u>

大切な部分は、「鉛筆の一端に消しゴムを付けて、消しゴムをいつでも使うことができる」ということです。しかし、それだけでは、説明する文章としては味気ないものになってしまいます。

そのために、文章の頭と終わりに、「これは～のように考えたアイデアです」という言葉を使ってまとめることで、読みやすい文章にしています。

アイデアを説明するためには、10個のポイントに沿って説明すると、アイデアの重要な要素をすべて説明することができました。さらには、定型句も使って、アイデアの重要な部分を説明すれば、上手な文章で、説明できるようになるのです。

それでは、実際に空欄に書き込んで、みなさんのアイデアを説明するアイデア説明文を作ってみましょう。

010 アイデア説明文を作ってみよう

　あらかじめ10個のテーマごとの質問と定型句を入れた、「アイデア説明文原稿用紙」を巻末の付録ページに掲載しました。拡大コピーした原稿用紙のカッコ内の空欄に、各自が考えたアイデアの説明文を入れてみましょう。定型句に合うように文章を創作して、まとまった文章になるようにしましょう。
　図面や各部名称の数は任意の数にしてあります。必要に応じて足してください。

アイデア説明文　原稿用紙

【アイデアの図面】
アイデアの簡単なイラストを描いて、そのアイデアにとって、重要な部品に、名前と符合をふりましょう。

1【アイデアの名前はなんですか？】
　私の考えたアイデアは、「　　　　　　　　　　　　　　　　　」です。

2【どのようなアイデアを考えましたか？】
　これは、「＿＿＿＿＿＿＿＿＿＿＿＿＿＿＿＿＿＿＿＿＿＿＿＿＿
＿＿＿＿＿＿＿＿＿＿＿＿＿＿＿＿＿＿＿＿＿」ように考えたアイデアです。

1　特許出願書類を作ろう（準備編）

3【今までは、どのような不便な状態でしたか？　また、似た商品がありましたか？】

今までは、「_____
_____」でした。

なお、似ているアイデアを調べてみたら、「_____
_____
_____」のようなアイデアがありました。

4【例に挙げた、似た商品の所在（掲載雑誌や、特許情報）】

特許庁に出願されているものである場合は、その文献番号。雑誌等に掲載されている場合の掲載雑誌名は下記のとおりです。

「_____」
「_____」

5【不便な状態だった結果、どのような欠点がありましたか？】

これには「_____
_____
_____」のような欠点がありました。

6【あなたが考えたアイデアの構造を説明してください。】

「_____」の「_____」に「_____」を付け、

「_____」の「_____」に「_____」を付け、

「_____」の「_____」に「_____」を付け、

「_____」の「_____」に「_____」を付けました。

|7【そのアイデアにより、どのような効果がうまれましたか？】|

この構造にした事により、「_____

_____

_____

_____」のような効果が生まれました。

|8【紹介した図面は、どのような状態の図面ですか？】|

　　図面1は「_____」の図です。図面2は「_____」の図です。

　　図面3は「_____」の図です。図面4は「_____」の図です。

　　図面5は「_____」の図です。

|9【具体的な構成、使い方、他の実施例を教えてください。】|

　　具体的な構成は、「_____

_____

_____」です。

　　このアイデアの使い方は「_____

_____」のように使います。

　　他の実施例としては「_____

_____」でも可能です。

|10【図面で紹介した、各部分の名前を説明してください】|

　　図面中、1は「_____」、2は「_____」、

　　3は「_____」、4は「_____」、

　　5は「_____」です。

1 特許出願書類を作ろう（準備編）

以上で終了です。お疲れさまでした。
　こうやって改めて自分のアイデアを説明していると、「このようにも使える」「重要な点を見過ごしていた」「さらなる改良点を見つけたので試作品を作り直そう」という点を発見することもあります。アイデアを文章で表現すると、今まで気が付かなかった部分まで、見えてきます。また、テーマごとに、重要な点を把握できるようになるため、アイデアをより深く理解できることが、実感できると思います。
　ここで文章をしっかり作ると、後々、とても役に立ちます。書き忘れや付け足したいことなどに注意しながら、説明する順番や表現方法も色々工夫して、よりわかりやすい文章にしておきましょう。

011 特許出願書類の文章を見てみよう

さあ、それでは、特許出願書類の一部を見てもらいましょう。

●消しゴム付き鉛筆　特許出願書類（明細書）見本

【書類名】　明細書
【発明の名称】　消しゴム付き鉛筆
【技術分野】
　【０００１】
　本発明は、鉛筆の軸の一端に消しゴムをつけて、消しゴムをいつでも使うことができるようにした、消しゴム付き鉛筆に関するものである。
【背景技術】
　【０００２】
　従来、鉛筆と消しゴムは、別々だった。また、鉛筆と消しゴムをひもでつなげたものは提案されていた（例えば非特許文献１参照）
【先行技術文献】
　【特許文献】
　【０００３】
　【非特許文献１】○○鉛筆株式会社２０１３年度版カタログ５頁
【発明の概要】
【発明が解決しようとする課題】
　【０００４】
　これは次のような欠点があった。
　従来、小さな消しゴムが使いにくくて困ることがあった。消しゴムが必要なときに、小さくなった消しゴムが見つからないことがあった。また、消しゴムをヒモでつなげたものは、ヒモが邪魔で使いにくかった。
　本発明は、以上のような欠点をなくすために、なされたものである。
【課題を解決するための手段】
　【０００５】
　鉛筆（１）の一端に筒（２）を設け、筒（２）に消しゴム（３）を設ける。
　本発明は、以上の構成よりなる消しゴム付き鉛筆である。
【発明の効果】
　【０００６】
　消しゴムが鉛筆の軸と一体になっているので、消しゴムが必要になった場合でも、探す手間が省ける。
　小さな消しゴムでも、鉛筆の軸が柄になるため、消しやすい。
　ヒモが邪魔で消しゴムや鉛筆が使いにくくなる事も無くなった。
【図面の簡単な説明】
　【０００７】
　【図１】　本発明の分解斜視図である。
　【図２】　本発明の斜視図である。
【発明を実施するための形態】
　【０００８】
　以下、本発明を実施するための形態について説明する。
　鉛筆の軸（１）の上部の一端に、金属製の円筒（２）を設ける。
　円筒（２）に円柱状の消しゴム（３）を差し込む。
　円筒（２）をかしめ、消しゴム（３）を鉛筆の軸（１）に固定する。
　本発明は、以上のような構造である。
　本発明を使用するときは、通常通り鉛筆で文字などを書き、消す必要があるときは、消しゴムを下にして文字を消す。
　他の実施例を説明する。
　消しゴムに接着剤をつけ、鉛筆の軸の一端に接着してもよい。
【符号の説明】
　【０００９】
　１　鉛筆の軸
　２　筒
　３　消しゴム

012 見出し項目と一致するアイデア説明10テーマ

　紹介した文章は、「消しゴム付き鉛筆」という発明を特許庁に出願すると仮定した場合に必要となる、「明細書」という書類の文章見本です。
　特許出願書類の文章を自分でも作れるのだろうかと、不安だった方もいると思いますが、意外にもわかりやすかったはずです。「以前どこかで見たような文章だなぁ」と感じませんでしたか？　以前どこかで見た文章と感じるのは、前に紹介した、消しゴム付き鉛筆の「アイデア説明文」のことです。説明の内容や順番までそっくりなので、すんなりと頭に入ってくる文章であるはずです。
　逆に、表現方法で、難しそうな印象を持つところがあったはずです。
　まず、文章が「である調」になっていた点です。アイデア説明文では、「○○でした」という、「ですます調」のやさしい表現で説明がされていました。しかし、「である調」の硬いイメージの表現になり、雰囲気が変わりました。
　また、「【】」（墨付きカッコ）でくくられた、【技術分野】などの難しい表記が気になったことでしょう。突然【発明が解決しようとする課題】などという、硬く難しそうな言葉が出てくると、びっくりしてしまうものです。
　とても難しそうな印象を持つこれらの表記は「見出し項目」と呼ばれています。この見出し項目は、その下の文章のテーマを示している、題名やタイトルのようなものです。
　実は、第1章で紹介したアイデア説明文を書くポイントとなる10個のテーマ構成は、この特許出願書類の見出し項目を、やさしい言葉に置き換え【発明の名称】から【符号の説明】までのテーマを、順番に紹介したものです。
　アイデア説明10テーマの内容ごとに一致する見出し項目は、次ページの一覧表にまとめました。

1　特許出願書類を作ろう（準備編）

●アイデア説明10テーマの内容に一致する【見出し項目】

アイデア説明のテーマ文	【見出し項目】
1「アイデアの名前は○○です」	【発明の名称】
2「これは○○のようなアイデアです」	【技術分野】
3「今までは、△△のような不便な状態でした。また、□□という似た商品がありました」	【背景技術】
4「例に挙げた、似た商品の所在（掲載雑誌や、特許情報）」	【先行技術文献】
5「不便な状態だった結果、××という欠点がありました」	【発明が解決しようとする課題】
6「私が考えたアイデアの構造は、○○です」	【課題を解決するための手段】
7「このアイデアにより、○○という効果が生まれました」	【発明の効果】
8「紹介する図面は、○○の状態の図面です」	【図面の簡単な説明】
9「使い方は○○のように使います」	【発明を実施するための形態】
10「図面で紹介した、各○○の部分の名前を説明します」	【符号の説明】

　いかがでしたか？　難しそうな印象を持つ書類も、見出し項目の意味さえ理解してしまえば、意外に簡単なものだと思えませんか？

　また、特許出願書類の文章には、【0001】～【0009】などの番号が入っていたことにも、気が付いたと思います。これは、「段落番号」というものです。特許出願書類の文章の場合は、見出し項目ごとや、1つの文章が長くなり、段落が変わったところには、【0001】などの段落番号を任意に入れることになっています。

　今回の消しゴム付き鉛筆の説明文は短いため、見出し項目ごとに段落番号を振ってあります。しかし、1つの項目内で、とても文章が長くなった場合には、文章が切れて段落が変わるところにも、段落番号を入れる場合があります。

　段落番号を入れることで、特許庁へ出願した後、後日修正（手続補正）をする際に、「段落番号」ごとに修正できるメリットがあります。場所を明確にし、修正の範囲を限定させるために役に立つのです。この段落番号に関しては、見出し項目が変わるごとに入れるようにしておけば、とりあえずは十分です。あまり難しく考えず、そういうものだと思って、入れていただければよいでしょう。

中身がわかれば不安はなくなる

　特許出願書類には、特許庁という官庁に提出する文書としての、独特の文章表現や形式があります。一般的にはなじみのない文章や書式であるため、初心者にはどうしても抵抗があります。自分でも書けるのだろうかと疑心暗鬼になってしまうのも、仕方がないことでしょう。

　しかし、まずはアイデアを文章で説明する手法を理解してしまえば、心の中にある未知のものに対する抵抗は一挙になくなります。なぜならば、特許出願書類に何が書かれているのかということを、すでに説明したアイデア説明文で、文章の内容を理解してしまっているからです。

　難解に思えた出願書類が持つ文章や書式などは、単なる「表現の仕方」だけの違いであり、アイデアの内容を説明するという基本的な内容については、「アイデア説明文」と「特許出願書類」の両者に差はありません。

　『幽霊の　正体見たり　枯れ尾花』という言葉があります。この言葉は、「月夜の晩に現れた、手を下に垂れ下げて揺れ動く、怪しい影。「うらめしや～」と、幽霊が出たかと思ってびっくりしたけれど、よく見たら、穂が垂れ下がり風に揺れる、単なる枯れススキだった」という情景を表しています。つまり、「薄気味悪い印象のものも、正体さえわかってしまえば、怖くもなんともない」ということなのです。

　本書を手に取られるまで、特許出願書類なんて、自分に書けるのだろうかと、疑心暗鬼だった方が大半なのではないかと思います。特許出願書類は誰でも書ける、という本書の宣伝文句にも、疑心暗鬼の想いを抱いていた方もいたことでしょう。しかし、これまでの解説でアイデアの説明文が作れるようになり、特許出願書類の文章内容と構造を理解してしまえば、そんな不安はみじんもないはずです。

　もちろん、最初から複雑なアイデアの書類は無理かもしれません。しかし、「消しゴム付きの鉛筆」のように多くの大衆発明家の方々でも発明できそうな、簡単な構造のものであれば、「自分でも書けるのでは」と自信を持っていただけたら、うれしいです。

014 アイデア説明文を出願書類用文章に変換しよう

　アイデア説明文で、出願書類の内容さえ理解してしまえば、後は簡単です。特許庁が出願書類に求める文章の形式に、アイデア説明文の文章を変換すればよいだけです。

　文章の変換には、特許庁が求める文章形式にするための「である調の文体」や「定型句」があります。特許庁が、「このような文章で説明すれば、上手でわかりやすい文章に仕上げることができますよ」と、出願様式として教えてくれているので、その形に当てはめるだけです。

　これから、10個のテーマ（10個の見出し項目）ごとに、変換の方法を説明していきます。まず最初に、「アイデアの説明文」の抜粋を紹介します。次に、見出し項目ごとの「定型句」を紹介します。最後に、定型句に文章を当てはめながら、特許出願書類用に変換した、「完成形の文章」を紹介します。

　文章変換の様子を見ながら、文章作成法の参考にしてください。

❶「アイデアの名前は○○です」⇒【発明の名称】

●アイデア説明文
> 私の考えたアイデアの名前は、「消しゴム付き鉛筆」です。

●【発明の名称】定型句
> 【発明の名称】（発明の名称をそのまま入れる）

定型句は特になく、カッコ内に、そのまま名称を入れるだけです。

●完成文章
> 【発明の名称】　消しゴム付き鉛筆

❷「これは○○のようなアイデアです」⇒【技術分野】

●アイデア説明文
> これは、鉛筆の一端に消しゴムをつけて、消しゴムをいつでも使うことができるようなアイデアです。

◉【技術分野】定型句

【技術分野】
【０００１】
　本発明は（アイデアの説明を入れる）（　発明の名称　）に関するものである。

◉完成文章

【技術分野】
【０００１】
　本発明は、鉛筆の一端に消しゴムをつけて、消しゴムをいつでも使うことが出来るようにした、消しゴム付き鉛筆に関するものである。

❸「今までは、△△のような不便な状態でした。また、□□という似た商品がありました」⇒【背景技術】

◉アイデア説明文

　今までは、鉛筆と消しゴムは別々でした。
　なお、鉛筆と消しゴムがくっついているアイデアがあるか、参考までに調べてみたら、鉛筆と消しゴムをヒモでつなげたものはありました。

◉【背景技術】定型文

【背景技術】
【０００２】
　従来、（　今までの状態説明　）だった。
　また、（　似ている既存の商品紹介　）は提案されていた（特許文献１参照）または（非特許文献１参照）。

◉完成文章

【背景技術】
【０００２】
　従来、消しゴムと鉛筆は別々だった。
　また、鉛筆と消しゴムをヒモでつなげたものは提案されていた（非特許文献１参照）

014 ● アイデア説明文を出願書類用文章に変換しよう

❹「例に挙げた、似た商品の所在（掲載雑誌や、特許情報）」⇒【先行技術文献】

◉アイデア説明文

（掲載雑誌「○○鉛筆株式会社の２０１３年度版カタログ　５頁」）

◉【先行技術文献】定型文

【先行技術文献】
　【特許文献】
　【０００３】
　【特許文献１】（　情報をそのまま書き写す　）
　【非特許文献】
　【０００４】
　【非特許文献１】（　情報をそのまま書き写す　）

　特許庁への出願番号がある技術文献等は、特許文献に該当します。また、雑誌やカタログに掲載されているものは、特許文献ではないため、非特許文献に該当します。

◉完成文章

【先行技術文献】
　【非特許文献】
　【０００３】
　【非特許文献１】○○鉛筆株式会社２０１３年度版カタログ　５頁

　消しゴム付き鉛筆の場合、非特許文献だけの紹介となるため、段落番号は【０００３】だけとなります。もし、特許文献、非特許文献の両方を記載した場合は、次の見出し項目【発明が解決しようとする課題】の段落番号【０００４】を【０００５】にしてずらします。

❺「不便な状態だった結果、××という欠点がありました」⇒【発明が解決しようとする課題】

◉アイデア説明文

　消しゴムを使っていくうちに、小さくなってしまった消しゴムが使いにくかったり、消しゴムを見つけることが大変で、落とした時に探しにくい欠点や、ヒモで鉛筆と消しゴムをつなげた商品も、ヒモが邪魔で、消しゴムや鉛筆が使いにくい欠点がありました。

●【発明が解決しようとする課題】定型文

```
【発明の概要】
【発明が解決しようとする課題】
　【０００４】
　これには次のような欠点があった。
　　　　　（欠点を列記する）


　本発明は、以上のような欠点をなくすために、なされたものである。
```

　欠点が何個もあれば、すべて、カッコの中へ順番に１つずつ書き入れます。１つの文章で、まとめられていれば、１つのカッコだけに書いてもかまいません。また、欠点は箇条書きに書き換えてもかまいません。

●完成文章

```
【発明の概要】
【発明が解決しようとする課題】
　【０００４】
　これには次のような欠点があった。
　従来、小さな消しゴムが使いにくくて困ることがあった。消しゴムが必要なときに、小さくなった消しゴムが見つからないことがあった。また、消しゴムをヒモでつなげたものは、ヒモが邪魔で使いにくかった。
　本発明は、以上のような欠点をなくすために、なされたものである。
```

❻「私が考えたアイデアの構造は、○○です」⇒【課題を解決するための手段】

●アイデア説明文

```
　鉛筆（１）の一端に筒（２）を付けて、その筒（２）に消しゴム（３）を付けました。
```

◉【課題を解決するための手段】定型文

【課題を解決するための手段】
　【0005】
　（　各部の名前や場所を入れる　）の（　　　　　）に（　　　　　　）を設け、（　　　　　）の（　　　　　）に（　　　　　）を設ける。
　本発明は、以上の構成よりなる（　発明の名称　）である。

◉完成文章

【課題を解決するための手段】
　【0005】
　鉛筆（1）の一端に筒（2）を設け、筒（2）に消しゴム（3）を設ける
　本発明は、以上の構成よりなる消しゴム付き鉛筆である。

❼ 「このアイデアにより、○○という効果が生まれました」⇒【発明の効果】

◉アイデア説明文

鉛筆に消しゴムがくっついて一体になっているので、消しゴムをなくすことなく必要な時にすぐ使用することができるようになりました。ヒモが邪魔で消しゴムや鉛筆が使いにくくなることもなくなりました。また、持ちやすい鉛筆を軸に消しゴムを使うことができるため、小さな消しゴムでも、大変消しやすくなる効果も新たに生まれました。

◉【発明の効果】定型文

【発明の効果】
　【0006】
　発明の効果を説明する文章を、デアル調の文章に直して入れます。箇条書きでもいいし、一つの文章にまとめてもかまいません。

◉完成文章

【発明の効果】
　【0006】
　消しゴムが鉛筆の軸と一体になっているので、消しゴムが必要になった場合でも、探す手間が省ける。
　小さな消しゴムでも、鉛筆の軸が柄になるため、消しやすい。
　ヒモが邪魔で消しゴムや鉛筆が使いにくくなることもなくなった。

❽「紹介する図面は、○○の状態の図面です」⇒【図面の簡単な説明】

◉アイデア説明文

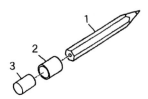
（図1）

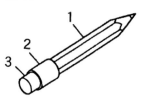
（図2）

　図面の説明は、図1が、部品を分解して、斜めから見た図。図2は斜めから見た図です。

◉【図面の簡単な説明】定型句

【図面の簡単な説明】
　【0007】
　【図1】　本発明の（　○○　図　）である。
　【図2】　本発明の（　△△　図　）である。

◉完成文章

【図面の簡単な説明】
　【0007】
　【図1】　本発明の分解斜視図である。
　【図2】　本発明の斜視図である。

❾「使い方は○○のように使います」⇒【発明を実施するための形態】

◉アイデア説明文

　発明品の具体的な構成は、鉛筆の軸（1）の上部の一端に、金属製の円筒（2）を付けます。その円筒（2）に円柱状の消しゴム（3）を差し込みます。円筒（2）をかしめ、消しゴム（3）を鉛筆の軸（1）に固定します。
　このアイデアの使い方は、通常通り鉛筆で文字などを書き、消す必要があるときは、消しゴムを下にして文字を消します。
　なお、他に実施する方法としては、消しゴムに接着剤をつけて、鉛筆の軸の一端に接着してもいいです。

●【発明を実施するための形態】定型文

> 【発明を実施するための形態】
> 【0008】
> 以下、本発明を実施するための形態について説明する。
> （　各部の名前や場所を入れる　）の（　　　　）に（　　　　）を設け、（　　　　）の（　　　　）に（　　　　）を設ける。
> 本発明は、以上のような構造である。
> 本発明を使用するときは、（　　使い方を説明する文章を入れる　　）。
> 他の実施例を説明する。
> （　　他の実施例があれば入れる　　）。

構造を説明する文章は、【課題を解決するための手段】【0005】で作った文章をさらに詳しく、具体的に書きます。

●完成文章

> 【発明を実施するための形態】
> 【0008】
> 以下、本発明を実施するための形態について説明する。
> 鉛筆の軸（1）の上部の一端に、金属製の円筒（2）を設ける。
> 円筒（2）に円柱状の消しゴム（3）を差し込む。
> 円筒（2）をかしめ、消しゴム（3）を鉛筆の軸（1）に固定する。
> 本発明は、以上のような構造である。
> 本発明を使用するときは、通常通り鉛筆で文字などを書き、消す必要があるときは、消しゴムを下にして文字を消す。
> 他の実施例を説明する。
> 消しゴムに接着剤をつけ、鉛筆の軸の一端に接着してもよい。

❿「図面で紹介した、各○○の部分の名前を説明します」⇒【符号の説明】

◉アイデア説明文

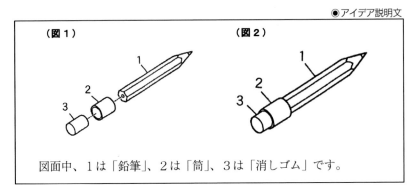

図面中、1は「鉛筆」、2は「筒」、3は「消しゴム」です。

◉【符号の説明】定型文

【符号の説明】
　【0009】
　　1　（　部分・部品の名前を入れる　）
　　2　（　　　　　　　　　　　　　）
　　3　（　　　　　　　　　　　　　）

◉完成文章

【符号の説明】
　【0009】
　　1　鉛筆
　　2　筒
　　3　消しゴム

015 定型句入り特許出願原稿用紙に記入してみよう

　アイデア説明文から見出し項目や段落番号の他、定型句が入った出願書類用の文章作成に役立つ「定型句入り特許出願原稿用紙」を、巻末の付録ページに掲載しました。拡大コピーした原稿用紙のカッコ内の空欄に、定型句に合うように文章を創作して、まとまった文章になるようにしましょう。図面や各部名称の数は任意の数にしてあります。随時、足してください。

定型句入り特許出願原稿用紙

【発明の名称】（..）
【技術分野】
　【０００１】
本発明は、..
....
....（..）に関するものである。
【背景技術】
　【０００２】
従来、..
....
....
....だった。
また、..
....が提案されていた。（例えば特許文献１参照）
【先行技術文献】
　【特許文献】
　【０００３】
　【特許文献１】..
※【非特許文献】
　【非特許文献１】..
【発明の概要】
【発明が解決しようとする課題】
　【０００４】
これには次のような欠点があった。
....
....
....
....
....
....
本発明は、以上のような欠点をなくすために、なされたものである。

1 特許出願書類を作ろう〈準備編〉

【課題を解決するための手段】
　【０００５】
＿＿
＿＿
＿＿
＿＿
　本発明は以上の構成よりなる（＿＿＿＿＿＿＿＿＿＿＿＿＿＿＿＿＿＿）である。
【発明の効果】
　【０００６】
＿＿
＿＿
＿＿
＿＿
＿＿

【図面の簡単な説明】
　【０００７】
　【図１】　　本発明の（＿＿＿＿＿＿＿＿＿＿＿＿＿＿＿＿）である。
　【図２】　　本発明の（＿＿＿＿＿＿＿＿＿＿＿＿＿＿＿＿）である。
　【図３】　　本発明の（＿＿＿＿＿＿＿＿＿＿＿＿＿＿＿＿）である。
　【図４】　　本発明の（＿＿＿＿＿＿＿＿＿＿＿＿＿＿＿＿）である。
　【図５】　　本発明の（＿＿＿＿＿＿＿＿＿＿＿＿＿＿＿＿）である。
【発明を実施するための形態】
　【０００８】
　以下、本発明を実施するための形態について説明する。
＿＿
＿＿
＿＿
＿＿

　本発明は以上のような構造である。
　本発明を使用するときには、＿＿＿＿＿＿＿＿＿＿＿＿＿＿＿＿＿＿＿＿＿＿＿＿＿
＿＿
＿＿
＿＿

　他の実施例を説明する。
＿＿
＿＿

【符号の説明】
　【０００９】
　　１　（..）
　　２　（..）
　　３　（..）
　　４　（..）
　　５　（..）

【図面】

第2章
特許出願書類を作ろう（実践編）

特許出願に必要な書類は5種類だけ

特許出願に必要となる書類は、次の5つです。
①願書
②明細書
③特許請求の範囲
④要約書
⑤図面(※必ずしも必要ではない)

「①願書」「②明細書」「③特許請求の範囲」「④要約書」「⑤図面」の5種類の書類は、A列4番「A4(横21cm、縦29.7cm)」の用紙で作成します。用紙は、白紙を縦長にして使います。図面は、トレーシングペーパーを使用してもかまいません。

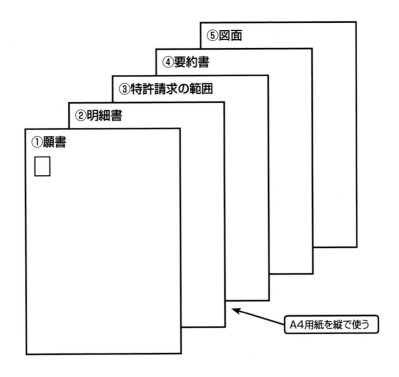

017 それぞれの書類の目的

出願に必要となる5種類の書類には、それぞれ目的と意味があります。

①願書

特許権が欲しいという意思と、特許権を求めている人に関する情報を表示するための書類です。権利が与えられるのは出願人（しゅつがんにん）です。願書には、出願人の住所、氏名、電話番号などを記載する必要があります。

また、出願には費用が掛かります。通常、費用は「特許印紙（とっきょいんし）」で納入します。出願のときに、この願書に特許印紙を貼り付けることになります。

②明細書

自分の発明の内容を詳しく説明するための書類です。そのため、発明の目的や、構成、効果について、書き漏れがあってはいけません。後から、新しいことを書き加えることはできないため、しっかりとした文章を作る必要があります。

第1章で作ったアイデア説明文は、この「明細書」の他、以下に紹介する「特許請求の範囲」や、「要約書」の文章を作る際に役立ちます。

③特許請求の範囲

書類の名前の通り「この範囲の内容で、特許権が欲しいです」と、権利範囲を請求するための書類です。一番大切な発明のポイントになる構成（しくみ）を書く書類で、ここで書かれていないことは、権利範囲には含まれません。そのため、とても重要な書類です。

クレーム（claim）という名前でも呼ばれる書類です。

④要約書

発明の内容を要約して、明細書の大まかな内容を把握するための書類です。簡単な説明でよいため、400文字で説明するように、決められています。権利にはまったく影響しない書類で、要約書の説明がよくないと、特許庁で勝手に修正してくれます。

⑤図面

　文章による発明の内容説明だけでなく、図面による説明も交え、理解を助けるための書類です。あくまでも補助のために付けるので、参考程度の図面でかまいません。したがって、現物をそのまま製図法で作図したような図面は不要です。後から図面を追加することはできないので、説明に必要な図面があれば、最初から加えておく必要があります。

　なお、方法の発明などの場合、アイデア自体に実体がないため、明細書の説明だけで解説することになります。このような場合、明細書の説明だけで内容が十分わかれば、必ずしも図面は必要ではありません。

　図面は、黒色（製図用ペン、黒インク）で、鮮明に描きます。なお、図面は、鮮明であれば、コピーしたものでもかまいません。

018 特許出願書類を作る方法

　まず、特許出願をするには、2通りの方法があります。1つは出願内容をデータで作成し、それをオンラインで「電子出願」する方法です。もう1つは、書類を作り、「紙で出願」する方法です。本書では、後者の書類で出願する方法で、解説いたします。

　さらには、紙出願をするために書類を作る際にも、2通りの方法があります。書類を「手書きで作成」する場合と「パソコンで作成」する場合の2通りです。パソコンで書類を作成すると、手書きに比べて、プリンターで印字された、きれいな文字で印刷できる他、書類作成の際にも、加筆訂正がとても簡単です。

　おそらくほぼ9割は、パソコンで書類を作られることと思いますので、本書では、パソコンで出願書類を作成する方法で解説したいと思います。

特許出願書類の様式をダウンロードしよう

　特許庁のホームページでは、特許庁への手続きで必要となる、さまざまな書類の様式が、すべてダウンロードできるようになっています。手続きに必要となる書類を、一から作る必要はありません。あらかじめ「文字数、行数、サイズ、空白」などの書類設定が、すべてあらかじめ設定された状態でダウンロードできるようになっています。

　もちろん、ダウンロードできる書類の中には、特許出願書類の様式も当然含まれます。さらにこの様式には、書類設定だけではなく、【書類名】などの必要事項や、【見出し項目】や【段落番号】など、決まりきった内容まで、あらかじめ入力された状態でダウンロードできるようになっています。

　出願書類の作り方を解説する前に、まずは、特許庁のホームページから、様式をダウンロードしてくる手順を解説いたしましょう。本書を見ながら実際にダウンロードできるように、ネット回線に接続されたパソコンをお手元にご用意いただいた上で、読み進めてください。

　さあ、それでは一緒にダウンロードしてみましょう。

様式のダウンロード手順

さまざまな様式がダウンロードできるため、基本となる作業になります。しっかりとマスターしましょう。様式をダウンロードするには、次のように操作します。

❶ 特許庁のホームページにアクセスしよう

検索サイトに、「特許庁」と入力し、検索しましょう。特許庁のホームページを探すことができます。

これが、特許庁ホームページのトップページです。

●特許庁ホームページ

URL http://www.jpo.go.jp/indexj.htm

この画面から、様式を紹介するページに入っていきましょう。

❷「特許・意匠・商標などの相談」、または「産業財産権相談サイト」をクリックします。

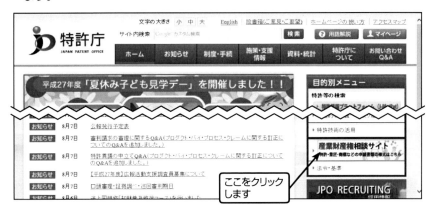

産業財産権相談サイトに移動します。

❸「様式」をクリックします。

❹「特許に関する申請書類一覧」をクリックします。

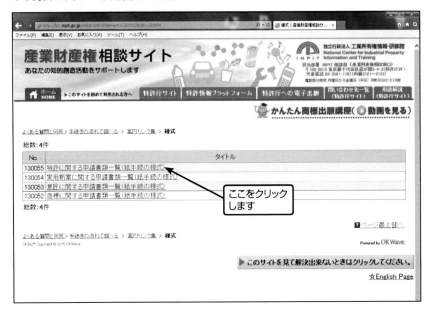

❺「通常出願」の「特許」にある「Word」のリンクをクリックします。

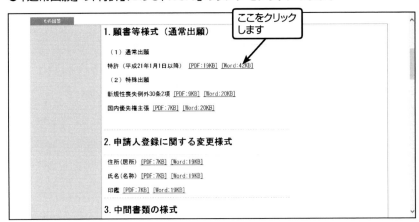

　PDF形式のデータは、書き込みができません。実際に入力しながら書類を作るために、必ずWord形式のデータを選んでください。
　なお、特許出願書類の様式以外にも、さまざまな様式がダウンロードできたり、さまざまなQ&Aが紹介されているのがわかると思います。とても役に立つサイトなので、覚えておきましょう。

❻「名前を付けて保存」をクリックします。

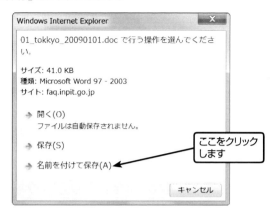

　保存する場所と、保存するデータの名前を指定できる画面が出てきます。保存する場所は、とりあえずわかりやすい「デスクトップ」に、保存するファイル名は「特許出願書類」でよいでしょう。

　以上でダウンロードは終了です。Word形式の特許出願書類の様式データがダウンロードできると、次のようなアイコンが、デスクトップにあるはずです。

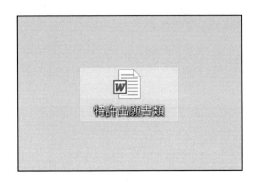

　それでは、アイコンをダブルクリックして、このWord形式の様式データを開いてみましょう。

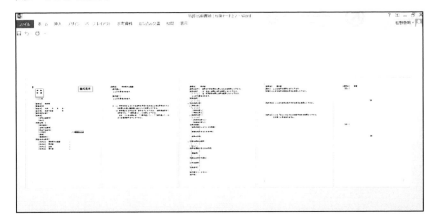

　「①願書」「②明細書」「③特許請求の範囲」「④要約書」「⑤図面」の全部で5種類ある各書類の様式が出ましたか？
　この様式には、「文字数、行数、サイズ、空白」などの書類設定が、すべてあらかじめ規定されています。また、ご覧の通り、【見出し項目】や【段落番号】など、決まりきった内容まで、あらかじめ入力された状態になっていますね。
　あとは、空欄にアイデアに関する説明を入力して、特許出願書類を作成していくだけです。
　さあ、それでは、必要事項を入力して一緒に書類を作っていきましょう。

019 特許出願書類を作ろう

　さあ、それでは特許庁ホームページからダウンロードした、様式見本に必要事項を入力して、実際に出願書類を作りましょう。

　手元にパソコンを準備し、ダウンロードしたWordデータ形式のアイコンをダブルクリックして、特許出願書類様式見本を開いてください。

　「①願書」「②明細書」「③特許請求の範囲」「④要約書」「⑤図面」の5種類の書類様式が出ましたね。

　それでは書類作成を始める前に、まずは、最初の書類「願書」の右上にある様式見本の表示を削除して、実際に出願できる書類にしましょう。

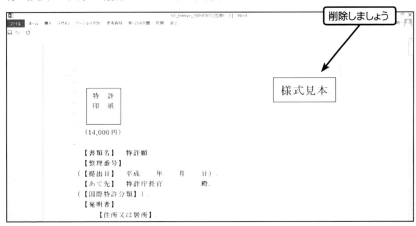

　さあ、これから、「①願書」「②明細書」「③特許請求の範囲」「④要約書」「⑤図面」の順番に、入力が必要な項目を、1つずつ解説していきます。

　解説を読みながら、お手元のパソコンで文字を入力して、書類を作成してください。さあ、それでは、はじめましょう！

020 「願書」様式見本と書類作成法

これが願書の様式です。上から順番に書き方を解説していきましょう。

```
    ┌─────────┐
    │ 特  許  │
    │ 印  紙  │
    │         │
    └─────────┘
    （14,000円）

    【書類名】   特許願
    【整理番号】
   （【提出日】   平成　　年　　月　　日）
    【あて先】   特許庁長官　　　　殿
   （【国際特許分類】）
    【発明者】
        【住所又は居所】
        【氏名】
    【特許出願人】
       （【識別番号】）
        【住所又は居所】
        【氏名又は名称】
       （【代表者】）                   □又は 識別ラベル
       （【国籍】）
       （【電話番号】）
    【提出物件の目録】
        【物件名】   特許請求の範囲   1
        【物件名】   明細書           1
       （【物件名】   図面             1）
        【物件名】   要約書           1
```

2 特許出願書類を作ろう（実践編）

📝 書式について

　願書は、用紙の上に6cm、左右と下に2cmの余白を取ります。

　文字は、ワープロ印書などの黒字で明確に書きます。活字の大きさは、10ポイントから12ポイントです（パソコン（Word）の文字の大きさは，通常10.5ポイントに設定されています）。

　書類は左横書きです。1行は、40字詰めで書きます。行の間隔は、4mm以上を取ります。1ページは、50行以内でまとめます。

　カッコ「(」「)」やアラビア数字「1、2、3、……」も1字分として使ってください。「、(読点)」や「。(句点)」も1字分として使います。

　また、半角文字、半角数字は使ってはいけません。「【」、「】」は使える箇所が決められています。

　項目や見だしは【書類名】【整理番号】などのように、「【」「】」(すみ付きカッコ)を使います。

📝 特許印紙と出願費用

　特許出願には費用が掛かります。特許出願に掛かる費用は、1万4,000円です。この費用は、どんな場合でも変わりません。そのため、様式見本には、最初から1万4,000円と額面が記載されているので、様式をそのまま利用すれば、特に問題はありません。

```
      ┌─────────┐
      │ 特  許  │
      │         │
      │ 印  紙  │
      └─────────┘
    （14,000円）
   【書類名】特許願
   【整理番号】
   【提出日】平成　年　月　日
```

　なお、費用の納入は、1万4,000円分の「特許印紙」を購入し、書類の「特許印紙」の部分に貼り付け、特許庁に出願することでなされます。実際に特許印紙を貼るのは、書類完成後、出願をする直前です。

　出願をする際の手順については、200ページからの第6章「書類の出し方と手続きの流れ」をご参照ください。

【書類名】【整理番号】【提出日】の書き方

様式では、【書類名】【整理番号】【提出日】は、次のようになっています。

```
【書類名】 特許願
【整理番号】
(【提出日】 平成　年　月　日)
```

【書類名】は最初から「特許願」と決まっています。決まっているので最初から様式には書類名が入っています。新たに記載する必要はありませんので、次のように記載されていることを確認しましょう。

```
【書類名】 特許願
```

「整理番号」は、自分の「特許願」を整理しやすいように、自分で管理するための、任意の整理番号を付けます。

これは自分のための番号なので、番号の付け方のルールとして、ローマ字（A～Z）、アラビア数字（0～9）、ハイフン（－）を組み合わせた、10文字以下の番号であれば、何でもかまいません。

```
【整理番号】　Ｐ－２０１４－０１
```

たとえば、上記のように「整理番号」を付けます。「P」は、特許（Patent・パテント）を意味する英語の頭文字です。「2014-01」は、2014年の1番目という意味です。今後たくさん出願する場合は、「P-2014-02」「P-2014-03」と、整理番号を続けていけば、管理しやすくなります。「01」「02」「03」と、数字だけの整理番号でも大丈夫です。

【提出日】は、特許庁に書類を提出（または郵送で送付）する日付を記載します。記載の方法はアラビア数字です。様式見本では、この項目全体に、カッコが付いていますので、はずしましょう。

```
【提出日】　平成○○年○月○日
```

【あて先】【国際特許分類】の書き方

様式では、【あて先】【国際特許分類】は、次のようになっています。

```
【あて先】特許庁長官 殿
 （【国際特許分類】）
```

【あて先】は、「特許庁長官殿」と書くだけです。特許出願書類は、「自分のアイデアに、特許権をください」という内容をまとめて特許庁長官あてに出す、手紙のようなものです。だから、書類のあて先は、特許庁長官になります。これも最初から様式に入っているので、そのままで大丈夫です。

```
【あて先】 特許庁長官 殿
```

【国際特許分類】は、初めての方であればわからないと思いますので、無記入でもかまいません。参考まで、「消しゴム付き鉛筆」の場合、国際特許分類の表記は次のようになります。

```
【国際特許分類】 Ｂ４３Ｋ ２９／０２
```

そもそも、「国際特許分類」とは何なのでしょうか？
　国際特許分類とは、特許庁に出願された発明を調査しやすくするために、技術内容別に、国際的に統一された記号で出願情報を分類しておく方法のことです。そのため、出願をする際には、特許庁での作業を円滑にするために、国際特許分類の記入が求められているのです。
　ただし、これはあくまでも、特許庁からのお願いです。願書に「国際特許分類」が未記入であったとしても、審査などに影響はありません。様式見本で、国際特許分類にカッコが付いているのはそのためです。

なお、興味がある人のために、国際特許分類について、簡単に説明しておきましょう。国際特許分類は、International Patent Classificationの頭文字をとってIPCとも呼ばれており、日本以外にも、50カ国以上の国で採用されています。国際特許分類は、技術内容ごとに、AからHまでの8つの記号に分類されています。

記号	分類
A	生活必需品
B	処理操作；運輸
C	化学及び冶金
D	繊維及び紙
E	固定構造物
F	機械工学；照明；加熱；武器；爆破
G	物理学
H	電気

　たとえば「消しゴム付き鉛筆」は、「B43K 29/02」という分類記号で表すことができます。この分類記号を詳しく解説すると、筆記具である消しゴム付き鉛筆は、次のように表現されています。

①「処理操作」を表す分類記号「B」の中の…
②「印刷」を表す分類記号「B43」の中の…
③「筆記用、製図用の器具」を表す分類記号「B43K」の中の…
④「筆記具に他の物品を結合したもの」を表す分類記号「B43K29」の中の…
⑤「消しゴムをもったもの」である「B43K29／02」という分類記号

　これを図で表現すると、次のようなイメージとなります。

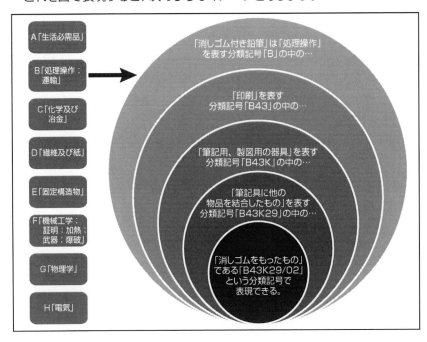

この通り、国際特許分類は、技術内容ごとに分類されたAからHまでの8つの記号と、さらにそれぞれ5階層からの分類で表現されていることがよくわかります。この記号は「国際特許分類表（特許庁編）」を見て調べます。また、特許庁ホームページでも、IPC分類表と更新情報が公開されており、調べることが可能です。

　上記の5つの手順に従い、自分のアイデアについて、特許庁ホームページで公開されているIPC分類表で調べていけば、その技術内容に合った記号を見つけることができます。

【発明者】の書き方

　様式では、【発明者】は、次のようになっています。

```
【発明者】
　【住所又は居所】
　【氏名】
```

　【発明者】は、発明をした人の「住所又は居所」「氏名」を書きます。

　【住所又は居所】は、何県（都道府県）から、何丁目、何番、何号、アパート名や部屋番号まで、全部書いてください。長い住所だと1行に入りきらない場合がありますが、そのまま改行して次の行に移って、続きをそのまま記載してください。

　【氏名】は、個人（自然人）の名前を書きます。

```
【発明者】
　【住所又は居所】○○県○○市○○町○丁目○番○号○○アパート○○○号室
　【氏名】　○○　○○
```

【特許出願人】の書き方

　様式では、【特許出願人】は、次のようになっています。

```
【特許出願人】
  (【識別番号】)
  【住所又は居所】
  【氏名又は名称】（印）又は〔識別ラベル〕
  【電話番号】
```

　【特許出願人】は、発明の権利者になる人です。その人の「識別番号」「住所又は居所」「氏名又は名称」「電話番号」を書きます。

　【識別番号】は、特許庁から識別番号の通知を受けている人であれば、その「識別番号」を書きます。まだ、出願をしたことがない人は、当然「識別番号」はありません。初めて出願する人や、わからない場合は、無記入にしておきます。様式では、記載できない場合も考慮して、識別番号の項目がカッコ付けされています。この「識別番号」は、特許庁が出願人に与える背番号のようなもので、同じ番号はありません。なお、初めて出願すると、後日、特許庁から、「識別番号」をハガキで知らせてくれます。次回の出願から、その識別番号を記載しましょう。

　【住所又は居所】は、都道府県から、何丁目、何番、何号、アパート名や部屋番号まで、全部書いてください。省略してはいけません。長い住所だと1行に入りきらない場合がありますが、そのまま改行して次の行に移って、続きをそのまま記載してください。

　【氏名又は名称】は、権利者になる人の名前を書きます。個人（自然人）の名前を書いてください。

　そして、「特許出願人」の氏名には、「印（朱肉印）」が必要です。このときに使った「印鑑」は、今後「特許庁」に「手続き」をするときに、同じ印鑑をずっと使うことになります。もし印鑑をなくしてしまうと、印鑑の変更届けを出す、面倒な手続きが必要となってしまいます。絶対になくさないように、「特許庁への手続きで使う印鑑」として、大切に保管してください。

　なお、特許庁から、「識別ラベル」を交付されている人は、「識別ラベル」を貼ります。「識別ラベル」を貼ったときは、「特許出願人」の「印」の捺印はいりません。

　【電話番号】は、連絡が取れる番号であれば、固定電話でも携帯電話でもかまいません。

```
【特許出願人】
  【識別番号】
  【住所又は居所】○○県○○市○○町○丁目○番○号○○アパート
  ○○○号室
  【氏名又は名称】○○  ○○  (印) 又は〔識別ラベル〕
  【電話番号】○○-○○○○-○○○○
```

◆ 特許出願人が法人(会社)の場合

　法人(会社)で「手続き」をするときは、【氏名又は名称】に法人の名称を書き、その下に【代表者】として代表者の氏名を書きます。また、印鑑は会社の印鑑を使用します。

```
【特許出願人】
  【識別番号】
  【住所又は居所】○○県○○市○○町○丁目○番○号○○アパート
  ○○○号室
  【氏名又は名称】株式会社  ○○○○
  【代表者】○○  ○○  (印) 又は〔識別ラベル〕
  【電話番号】○○-○○○○-○○○○
```

　法人ではない、たとえば、「○○○商店」「○○○研究会」「○○○サークル」などは、出願人として認められません。この場合は個人名で出願することになります。

　様式見本では、法人での出願の場合も考慮して【代表者】の項目がカッコ付けで記載されています。個人出願の場合は、この項目は削除しましょう。同様に、【国籍】も日本人(日本国籍)であれば個人、法人問わず不要なので、削除してかまいません。

◆ 【発明者】と【特許出願人】との関係

　さて、ここで注意点があります。【発明者】と【特許出願人】との関係についてです。

　発明家による出願の場合は、自分が発明者であり、特許出願人であるはずです。この場合は、住所または居所、氏名または名称は、まったく同じ内容を二度繰り返して記載することになります。違うのは、特許出願人の方の名前の

横には、印鑑を押す点と、電話番号を入れる点だけです。
　ここで大切なことは、特許権を持つのは、【特許出願人】の方であるということです。【発明者】には特許権の権利は与えられません。
　複数人で出願する場合や、発明を実施する企業が出願をしてくれる場合は、特にそのことを十分理解した上で、誰を特許出願人とするのかを決めて事前に契約書を交わすなどの対策をして、トラブルを防ぐことが必要です。

【提出物件の目録】の書き方

　様式では、【提出物件の目録】は、次のようになっています。

```
【提出物件の目録】
　【物件名】　特許請求の範囲　　1
　【物件名】　明細書　　　　　　1
　【物件名】　図面　　　　　　　1
　【物件名】　要約書　　　　　　1
```

　【提出物件の目録】は、出願に際して、どのような書類を一緒に提出したかを明記する部分です。様式見本には最初から入っています。数量を示す「1」という数字は、どんな場合でも変わりません。たとえば、これから解説する「明細書」や「特許請求の範囲」「図面」の書類は、何枚(何ページ)にもなることもあります。
　この場合、たとえば明細書が20ページになったからといって、「明細書20」とは書きません。この数字は、一式という意味です。そのため、複数枚になった場合でも、「1」という数字は変わらず「明細書　1」、「図面　1」と書きます。
　なお、特許出願書類の場合は、図面という書類に限っては、添付しない場合も考えられます。図面がなくても発明の内容を説明できる「方法の発明」などを出願する場合には、必ずしも図面を描く必要はありません。もし添付しない場合は、「図面　1」という記載だけは、削除しておきましょう。様式見本で、「(【物件名】　図面　1)」と、カッコで囲まれているのはそのためです。

　さあ、以上で終了です。お疲れさまでした。解説に従って入力していけば、とても簡単なはずです。上書き保存をして、ここまで作ってきたデータを保存しましょう。

「明細書」様式見本と書類作成法

　これが明細書の様式です。第1章で作成した「定型句入り特許出願原稿用紙」の文章を様式に当てはめる作業です。上から順番に書き方を解説していきましょう。

```
　　【書類名】　　　明細書
　　【発明の名称】　（発明の内容を簡単に表したものを記載して下さい。）
　　【技術分野】　　（注）見出しの横には何も記載しないで下さい。
　　　【０００１】　（注）段落番号の横には何も記載しないで下さい。
　　　　ここから書き始めます。
　　（【背景技術】）
　　　【０００２】
　　（【先行技術文献】）
　　　（【特許文献】）
　　　　【０００３】
　　　　　（【特許文献１】）
　　　　　（【特許文献２】）
　　　（【非特許文献】）
　　　　【０００４】
　　　　　（【非特許文献１】）
　　　　　（【非特許文献２】）
　　【発明の概要】
　　　【発明が解決しようとする課題】
　　　　【・・・・】
　　　【課題を解決するための手段】
　　　　【・・・・】
　　　（【発明の効果】）
　　　　【・・・・】
　　（【図面の簡単な説明】）
　　　【・・・・】
　　　（【図１】）
　　（【発明を実施するための形態】）
　　　【・・・・】
　　　（【実施例】）
　　　　【・・・・】
　　（【産業上の利用可能性】）
　　　【・・・・】
　　（【符号の説明】）
　　　【・・・・】
　　（【受託番号】）
　　　【・・・・】
　　（【配列表フリーテキスト】）
　　（【配列表】）
```

📝 書式について

　「明細書」「特許請求の範囲」「要約書」「図面」の書類は、左右と上下に、2cmの余白を取ります。

　文字は、ワープロ印書などの黒字で明確に書きます。活字の大きさは、10ポイントから12ポイントです（パソコン（Word）の文字の大きさは、通常10.5ポイントに設定されています）。

　書類は左横書きです。1行は、40字詰めで書きます。行の間隔は、4mm以上を取ります。1ページは、50行以内でまとめます。

　カッコ「（」「）」やアラビア数字「1、2、3、……」も1字分として使ってください。「、（読点）」や「。（句点）」も1字分として使います。

　また、半角文字、半角数字は使ってはいけません。「【」「】」は使える箇所が決められています。

　項目や見だしは【書類名】【整理番号】などのように、「【」「】」（すみ付きカッコ）を使います。

📝 「明細書」を書く前の予備知識

　まずは、書類を作る上での決まりを説明しましょう。

①【見出し項目】と【段落番号】の横に文字を書かない

　行ごとにまとめるのが、明細書の決まりです。【見出し項目】や【段落番号】の横には文字を書いてはいけません。ただし、【書類名】【発明の名称】【特許文献】【非特許文献】【図】等の場合は、横に文字を書いても大丈夫です。

②改行のしかた

　説明文は、行頭1文字分を落として、書き始めます。次の行に移る場合は、行頭から書き始めます。この決まりは、小学校で習った、作文の書き方とまったく同じです。

　また、【見出し項目】の頭をそろえるなど、【段落番号】を一段落として統一するような書き方があります。改行と空白の使い方は、視覚的バランスの問題なので、様式見本に従って書けばよく、あまり神経質になる必要はないでしょう。

③複数枚になる場合

複数ページになったときは、書類の上部右端に、「－1－」「－2－」……、のようにページ数を入れましょう。

◉定型句を入れた明細様式の見本

```
【書類名】      明細書
【発明の名称】   ○○○○
【技術分野】
　【０００１】
　本発明は、・・・・・・・・・・・・・・・○○○○に関するものである。
【背景技術】
　【０００２】
　従来、・・・・・・・・・・・・・・・・・・だった。
　また、・・・・・・・・・・・・・・が提案されていた。（例えば特許文献１参照）
【先行技術文献】
　【特許文献】
　【０００３】
　【特許文献１】・・・・・・・・・・・・・・・・
※【非特許文献】
　【非特許文献１】・・・・・・・・・・・・・・・
【発明の概要】
【発明が解決しようとする課題】
　【０００４】
　これには次のような欠点があった。
　・・・・・・・・・・・・・・・・。
　本発明は、以上のような欠点をなくすために、なされたものである。
【課題を解決するための手段】
　【０００５】
　・・・・・・・・・・・・・・。
　本発明は以上の構成よりなる○○○○である。
【発明の効果】
　【０００６】
　・・・・・・・・・・・・・・・。
【図面の簡単な説明】
　【０００７】
　【図１】　　本発明の・・・図である。
　【図２】　　本発明の・・・図である。
【発明を実施するための形態】
　【０００８】
　以下、本発明を実施するための形態について説明する。
　・・・・・・・・・・・・・・・・・・・・・・。
　本発明は以上のような構造である。
　本発明を使用するときには、・・・・・・・・・・・・・・・。
　他の実施例を説明する。
　・・・・・・・・・・・・・・・・でもよい。
【符号の説明】
　【０００９】
　　１・・・・・・・・・・・・・・・・
　　２・・・・・・・・・・・・・・・・
　　３・・・・・・・・・・・・・・・・
```

021 「明細書」様式見本と書類作成法

【書類名】【発明の名称】【技術分野】の書き方

様式では、【書類名】【発明の名称】【技術分野】は次のようになっています。

```
【書類名】　明細書
【発明の名称】　（発明の内容を簡単に表したものを記載して下さい。）
【技術分野】　（注）見出しの横には何も記載しないで下さい。
　【０００１】　（注）段落番号の横には何も記載しないで下さい。
```

書類の題名「書類名」は、次のように書きます。これ以外の書き方はないので、様式見本では最初から記載されています。

```
【書類名】　明細書
```

【発明の名称】は、発明の内容を簡単、明瞭に表す「発明の名称」にしてください。

```
【発明の名称】　消しゴム付き鉛筆
```

【技術分野】は、発明のあらまし(発明の概要)を2、3行でまとめます。「技術分野」を読めば、発明の内容のアウトラインがわかるように書くわけです。
「発明の名称」より、少しだけ詳しい説明文にしてください。

◉【技術分野】定型句

```
【技術分野】
　【０００１】
　本発明は、…………………………………………………………………
………………「発明の名称」に関するものである。
```

```
【技術分野】
　【０００１】
　本発明は、鉛筆の一端に消しゴムをつけて、消しゴムをいつでも使うことが出来るようにした、消しゴム付き鉛筆に関するものである。
```

【背景技術】【先行技術文献】の書き方

様式では、【背景技術】【先行技術文献】は次のようになっています。

```
【背景技術】
　　【０００２】
　　（【先行技術文献】）
　　（【特許文献】）
　　【０００３】
　　（【特許文献１】）
　　（【特許文献２】）
　　【０００４】
　　（【非特許文献１】）
```

【背景技術】は、その発明を考える前の状態や、商品について説明する項目です。

◉【背景技術】定型句

```
【背景技術】
　　【０００２】
　　　従来、……………………………………………………………………
　　…………があった（例えば特許文献１参照）。
```

【先行技術文献】は、「特許情報プラットフォーム」で、先行技術（先願）調査をして、見つかった類似のアイデアを書きます。

また、雑誌やカタログなどに掲載されていた場合も、先行技術に含まれます。

類似のアイデアを、特許情報プラットフォームで見つけたときは、【特許文献】として紹介します。

また、雑誌やカタログで見つけた場合は、特許文献ではないので【非特許文献】として紹介します。

先行技術文献を紹介する方法は、特許文献の場合、「【特許文献１】　特開０８６３－０００７６号公報」のように、番号を書きます。

複数あるときは、行を変えて、「【特許文献２】　特開０８６３－０００７６号公報」の番号を続けて書きます。

雑誌やカタログを紹介する場合は、「【非特許文献１】○○電気株式会社

2013年度版カタログ　25ページ」という要領で紹介します。

　特許文献と非特許文献は、片方だけ紹介する場合や、両方の場合などのケースが内容によって変わります。様式見本では、カッコが付けられて紹介されていますので、個々のケースで使い分けましょう。

　もし、非特許文献がない場合は、様式見本の段落番号【0004】は、次の見出し項目で使用します。

●【先行技術文献】定型句

```
【先行技術文献】
　【特許文献】
　【0003】
　【特許文献1】　特開0000－000000号公報
　【非特許文献】
　【0004】
　【非特許文献1】　○○会社　00年度版カタログ　00ページ
```

```
【背景技術】
　【0002】
　従来、鉛筆と消しゴムは、別々だった。また、鉛筆と消しゴムをひもでつなげたものは提案されていた（例えば非特許文献1参照）
【先行技術文献】
　【特許文献】
　【0003】
　【非特許文献1】　○○鉛筆株式会社2013年度版カタログ5頁
```

【発明が解決しようとする課題】の書き方

　様式では、【発明が解決しようとする課題】は次のようになっています。

```
【発明の概要】
【発明が解決しようとする課題】
```

　【発明の概要】は、これから自分の発明に関する詳細な説明に入ることを示す見出しです。説明は不要です。

　【発明が解決しようとする課題】は、いままでの状態や商品のどこに欠点があったのかを書きます。

●【発明が解決しようとする課題】定型句

```
【発明の概要】
【発明が解決しようとする課題】
　【０００４】
　これには、次のような欠点があった。
　………………………だった。………………………だった。………
　…………だった。
　本発明は、以上のような欠点をなくすためになされたものである。
```

```
【発明の概要】
【発明が解決しようとする課題】
　【０００４】
　これには、次のような欠点があった。
　従来、小さな消しゴムが使いにくくて困ることがあった。消しゴムが必要なときに、小さくなった消しゴムが見つからないことがあった。また、消しゴムをヒモでつなげたものは、ヒモが邪魔で使いにくかった。
　本発明は以上のような欠点をなくすためになされたものである。
```

【課題を解決するための手段】の書き方

　様式では、【課題を解決するための手段】は次のようになっています。

```
【課題を解決するための手段】
　【０００５】
```

　【課題を解決するための手段】は、「物品の形状」や「物品の構造」、「物品の組み合わせ」など、その発明のポイントになる構成を書きます。つまり、発明がどのような部品で、どのように組み立てられているのか、その構成を書きます。

◉【課題を解決するための手段】定型句

```
【課題を解決するための手段】
　【０００５】
　（何の、どこに、何を、設けた。（というように、構成を書きます）
　………………………………………………………………。
　本発明は、以上の構成よりなる「発明の名称」である。
```

```
【課題を解決するための手段】
　【０００５】
　鉛筆（１）の一端に筒（２）を設け、筒（２）に消しゴム（３）を設ける。
　本発明は、以上の構成よりなる消しゴム付き鉛筆である。
```

【発明の効果】の書き方

　様式では、【発明の効果】は次のようになっています。

```
【発明の効果】
　【０００６】
```

　【発明の効果】は、特に決まった書き方はありません。○○の発明は、このような構成なので、このような新しい「効果」が生まれました、という内容になるように書きます。つまり「発明が解決しようとする課題」に書いた、いままでの発明の欠点を解決した点が「発明の効果」になります。紹介した欠点は、すべて解決するように書いてください。

　特に、「発明の効果」は、たくさん書くことがポイントです。ここを上手に書くことによって、権利化されたり、逆に拒絶されたりする判断が分かれます。審査官が納得する効果、意外性のある効果を書くと、大変有利になります。

　欠点がすべて解決したことはもちろんのこと、新しく生まれた効果もあれば、あわせて書いてください。

【発明の効果】
【0006】
　消しゴムが鉛筆の軸と一体になっているので、消しゴムが必要になった場合でも、探す手間が省ける。
　小さな消しゴムでも、鉛筆の軸が柄になるため、消しやすい。
　ヒモが邪魔で消しゴムや鉛筆が使いにくくなる事も無くなった。

【図面の簡単な説明】の書き方

様式では、【図面の簡単な説明】は次のようになっています。

【図面の簡単な説明】
【0007】
【図1】
【図2】

　【図面の簡単な説明】は、図面の説明を、「本発明の○○図である。」と、簡単に書いてください。これを図面の数だけ続けます。「○○図」のところは、たとえば、正面図、平面図、側面図、底面図、断面図、斜視図、分解斜視図、使用状態を表した図、と、図面の説明ごとに行を改めて書いてください。
　なお、図面の説明で、○○図を参考図と書いてはいけません。必ず、どのような図であるかがはっきりわかるようにしましょう。

◉【図面の簡単な説明】定型句

【図面の簡単な説明】
【0007】
【図1】　　本発明の○○図である。
【図2】　　本発明の○○図である。
　　・
　　・

【図面の簡単な説明】
【0007】
【図1】　　本発明の分解斜視図である。
【図2】　　本発明の斜視図である。

【発明を実施するための形態】の書き方

様式では、【発明を実施するための形態】は次のようになっています。

【発明を実施するための形態】
　【０００８】

【発明を実施するための形態】は、「課題を解決するための手段」で、次のように書いた内容をさらに詳しく、具体的に書きます。

【課題を解決するための手段】
　【０００５】
　鉛筆の軸（１）の一端に筒（２）を設け、筒（２）に消しゴム（３）を設ける。
　本発明は、以上の構成よりなる消しゴム付き鉛筆である。

必要に応じて、物品の形状、材質、大きさなども書きます。その他の応用例（実施例）があれば書きます。この発明は、このような形にした、このような構成にした、このような組み合せにした、と、発明の内容を書いて、その使い方を説明します。

●【発明を実施するための形態】定型句

【発明を実施するための形態】
　【０００８】
　以下、本発明を実施するための形態について説明する。
　………（【課題を解決するための手段】【０００５】の内容を、さらに詳しく説明します）………。
　本発明は、以上のような構造である。
　本発明を使用するときは、………（使い方を説明します）………。
　他の実施例を説明する。………（実施例を書きます）………。

```
【発明を実施するための形態】
【０００８】
以下、本発明を実施するための形態について説明する。
鉛筆の軸（１）の上部の一端に、金属製の円筒（２）を設ける。
円筒（２）に円柱状の消しゴム（３）を差し込む。
円筒（２）をかしめ、消しゴム（３）を鉛筆の軸（１）に固定する。
本発明は、以上のような構造である。
本発明を使用するときは、通常通り鉛筆で文字などを書き、消す必要があるときは、消しゴムを下にして文字を消す。
他の実施例を説明する。
消しゴムに接着剤をつけて、鉛筆の軸の一端に接着してもよい。
```

【符号の説明】の書き方

様式では、【符号の説明】は次のようになっています。

```
【符号の説明】
【０００９】
```

【符号の説明】は、図面に付けた、部品や要部に付けた符号の名称を、紹介する項目です。つまり、図面の中の符号は、「1は○○○」で、「2は○○○」で、「3は○○○」です、と説明することを目的としています。図面に付けた符号の数だけ、この説明を続けてください。

◉【符号の説明】定型句

```
【符号の説明】
【０００９】
  1  ○○○
  2  ○○○
  3  ○○○
```

```
【符号の説明】
【０００９】
  1  鉛筆
  2  筒
  3  消しゴム
```

様式にある、その他の項目について

様式には、その他にも項目があります。それぞれ説明しましょう。

◆【実施例】について

特許庁のホームページでは、「必要があるときはこれを具体的に示した実施例を【実施例】の見出しをつけて記載します。」と説明しています。

通常は、【発明を実施するための形態】の中に、実施例を書いてしまうため、特に別の見出しを立てて説明する必要はないでしょう。

◆【産業上の利用可能性】について

特許庁のホームページでは、「特許を受けようとする発明が産業上利用することができることが明らかでないときは、特許を受けようとする発明の産業上の利用方法、生産方法又は使用方法をなるべく記載します。」と説明しています。

通常の発明品の場合は、産業上利用できることはわかりきっているため、この見出しへの記載は必要ありません。

◆【受託番号】について

主にバイオテクノロジーの分野で、微生物などに関する発明の場合、必要になる項目です。微生物資料の寄託手続きをすると発行される受託番号を記載します。

通常の発明の場合は、記載は不要です。

◆【配列表フリーテキスト】【配列表】

科学の分野の発明で、塩基配列またはアミノ酸配列を含む明細書を作る場合、その表記方法を統一させて、審査をしやすくするための項目です。

通常の発明の場合は、記載は不要です。

さあ、以上で終了です。お疲れさまでした。解説に従って入力していけば、とても簡単なはずです。上書き保存をして、ここまで作ってきたデータを保存しましょう。

022 「特許請求の範囲」様式見本と書類作成法

これが特許請求の範囲の様式です。上から順番に書き方を解説していきましょう。

```
【書類名】     特許請求の範囲
【請求項1】
  ここから書き始めます。

【請求項2】
  ここから書き始めます。


注．(1) 特許を受けようとする発明を特定するために必要な事項のすべて
     を記載した項（請求項）に区分して記載して下さい。
   (2) 請求項ごとに行を改め、番号を付して下さい。（請求項の数が1
     の場合でも、「【請求項1】」と記載して下さい。
       また、2以上の場合は、「【請求項1】」、「【請求項2】」の
     ように連続番号を付して下さい。）
```

「特許請求の範囲」の書き方

この書類では、【書類名】特許請求の範囲、【請求項1】という見出しが、まず必要となります。これだけは、決まりきった内容なので、様式見本には最初から入っています。【請求項1】の次に続く文章の書き方は、次で説明します。

```
【書類名】特許請求の範囲
【請求項1】
```

さて、この書類は、クレーム（claim）とも呼ばれるもので、書類の名前の通り「この範囲の内容で、特許権が欲しいです」と、権利範囲を請求することが目的となる書類です。

ここで書かれていないことは、権利範囲には含まれません。そのため、とても重要な書類です。

具体的には「物品の形状」や「物品の構造」、「物品の組み合わせ」、「物品の製造方法」など、その発明のポイントになる構成（しくみ）を書きます。それには、さまざまな例が考えられます。

①「物品の形状」

外部から観察できる物品の形状をいいます。たとえば、断面の形状が円形の鉛筆を転がらないようにするため、鉛筆の軸の断面の形状を六角形にしたようなことです。

②「物品の構造」

物品の空間的、立体的に組み立てられている構成をいいます。家計簿の表など、紙面に表示された仕分け表などは、物品の構造として取り扱っています。化学の化学構造のようなものは含まれません。

③「物品の組み合わせ」

単独の物品を組み合わせたとき、使用価値が生まれたものをいいます。たとえば、ボルトとナット、かるた、トランプなどです。

📖 【請求項】の書き方

自分のアイデアの中の、真似されたくないことを書きます。特許庁の様式見本では、次のように紹介されています。

> （1）特許を受けようとする発明を特定するために必要な事項のすべてを記載した項（請求項）に区分して記載して下さい。

つまり、明細書の中の【見出し項目】でいうところの、【課題を解決するための手段】と同じ内容となります。第1章と第2章の作業で作成した文章が、明細書とは違う書類にもう1カ所。つまりこの「特許請求の範囲」という書類でも、出番があることになります。同じ内容を、何箇所も書くのだろうかと不安になるかもしれませんが、そういうものだと思っていただければかまいません。

●【請求項】定型句

> 【書類名】特許請求の範囲
> 【請求項1】
> 　（何の、どこに、何を、設け、というように構成を書きます）……を設けた（発明の名称）。

【請求項】は、【課題を解決するための手段】と、基本的に内容が同じです。文章の最後は、「発明の名称」の後、句点で結んでしまいます。

まずは、明細書で作った【課題を解決するための手段】まで、戻って、次の太字の部分をコピーしましょう。

> 【課題を解決するための手段】
> 　【０００５】
> 　**鉛筆（1）の一端に筒（2）を設け、筒（2）に消しゴム（3）を設ける。**
> 　本発明は、以上の構成よりなる消しゴム付き鉛筆である。

コピーしたい部分を選択します。黒く反転したら、選択できた証拠ですので、マウスの右クリックで、その範囲をコピーします。

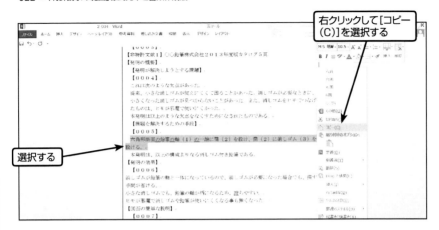

次に、様式見本の【請求項1】の下にペースト（貼り付け）をして、語尾を「〜を設けた（発明の名称）。」となるように整えます。

【書類名】特許請求の範囲
【請求項1】
　鉛筆の軸（1）の一端に筒（2）を設け、筒（2）に消しゴム（3）を設けた消しゴム付き鉛筆。

次は、2以上の請求項からなる「多項制」で、特許請求の範囲を書いてみましょう。多項制では、複数の発明を一件の特許出願として、まとめて出願できることになります。

まずは、多項制【請求項1】、【請求項2】、……」で、書くときの書き方の一例を紹介します。

【書類名】特許請求の範囲
【請求項1】
　鉛筆（1）の一端に筒（2）を設け、筒（2）に消しゴム（3）を設けた消しゴム付き鉛筆。
【請求項2】
　筒（2）に消しゴム（3）を挿入し、消しゴム（3）を鉛筆（1）にかしめて固定した、請求項1の消しゴム付き鉛筆。
【請求項3】
　消しゴム（3）に接着剤をつけ、消しゴム（3）を鉛筆（1）に接着した、請求項1の消しゴム付き鉛筆。

この内容だと、【請求項2】は、筒をかぶせて、鉛筆と消しゴムを固定する方法に限定した内容になっています。【請求項3】は、接着剤で、鉛筆と消しゴムを固定する方法に限定した内容になっています。
　このような同じ発明でも、広い内容の記載だけではなく、限定を加えた狭い内容でも記載をしておく場合があります。
　たとえば、広い記載について新規性や進歩性が認められないため、拒絶されてしまう場合があります。この場合、広い権利範囲となる【請求項1】の項目は削除してしまい、新規性や進歩性という観点から、抵触してしまうことが少なくなる狭い権利範囲の【請求項2】や【請求項3】を残して、権利化を達成する、といったことが可能になります。

「特許請求の範囲」の注意点

　「特許請求の範囲」を書くときに、注意していただきたいことがあります。それは、構成をあまり限定的に書かないようにするということです。物品の形状や材質、大きさ、数量などを具体的に書けば書くほど、権利範囲は狭くなります。
　たとえば、六角形の鉛筆とか、金属製の筒のように、物品の形状や材質を限定して書いた場合です。このように書くと、権利範囲が限定されてしまいます。この場合、「丸い断面の鉛筆」で、「消しゴム付き鉛筆」を他社に作られてしまった場合、権利範囲からは外れるため、権利が及ばなくなってしまうのです。
　特許請求の範囲に関する、文章作成上の注意点については、293ページでも、別の例で解説をしていますので、あわせて参考にしてください。

　さあ、以上で終了です。お疲れさまでした。解説に従って入力していけば、とても簡単なはずです。上書き保存をして、ここまで作ってきたデータを保存しましょう。

「要約書」様式見本と書類作成法

これが要約書の様式です。上から順番に書き方を解説していきましょう。

　　　【書類名】要約書
　　　【要約】（ここには何も記載しないで下さい。）
　　　【課題】ここから発明の課題を簡潔に記載して下さい。

　　　【解決手段】ここから発明の解決手段を簡潔に記載して下さい。

　　　【選択図】　ここに「図○」のように図の番号のみを記載して下さい。
　　　図を描く必要はありません。

【書類名】【要約】の書き方

　【書類名】は「要約書」と、書きます。これは決まりきった内容なので、様式見本には最初から入っています。

　【要約】は、さらに、【課題】【解決手段】【選択図】の見出しを付けて書きます。したがって、様式見本の中にある解説にもあるように【要約】の横には、何も書きません。

```
【書類名】　要約書
【要約】
【課題】

【解決手段】

【選択図】
```

【課題】【解決手段】【選択図】の書き方

　【課題】は、発明の要点を簡潔にまとめて書きます。「明細書」の【技術分野】と同じように書きます。

```
【技術分野】
　【０００１】
　　本発明は、鉛筆の一端に消しゴムをつけて、消しゴムをいつでも使うことが出来るようにした、消しゴム付き鉛筆に関するものである。
```

◉【課題】定型句

```
【課題】　……………………………………………………………………
　…………………………（発明の名称）を提供する。
```

```
【課題】　鉛筆の一端に消しゴムをつけて、消しゴムをいつでも使うことが出来るようにした、消しゴム付き鉛筆を提供する。
```

　【解決手段】は、発明の構成を書きます。発明の構成とは、明細書の【課題を解決するための手段】でも書いた内容と同じです。「特許請求の範囲」も同じ内容を書いたのを、覚えているでしょうか？

　つまり、【課題を解決するための手段】と同じ内容は、「明細書」「特許請求の範囲」「要約書」の3カ所で、同じ内容の文章を記載していることになります。

```
【課題を解決するための手段】
　【０００５】
　　鉛筆（１）の一端に筒（２）を設け、筒（２）に消しゴム（３）を設ける。
　　本発明は、以上の構成よりなる消しゴム付き鉛筆である。
```

023 ●「要約書」様式見本と書類作成法

　前ページの【課題を解決するための手段】の構成を説明した太字部分をそのままコピーして様式に貼り付けます。語尾を、定型句にある通り「～を設けたことを特徴とする」となるように、文章を調整します。

◉【解決手段】定型句

【解決手段】　……………（発明の構成を書きます）……………
……を設けたことを特徴とする。

【解決手段】　鉛筆（1）の一端に筒（2）を設け、筒（2）に消しゴム（3）を設けたことを特徴とする。

　【選択図】は、発明の内容を理解するために、図面に描いた中からもっともわかりやすい図を選んで紹介します。
　その図面が、たとえば「図1　斜視図」だったとします。この場合、【選択図】の項目は、「図1」と書きます。ここには、図面の番号を書けばよいだけで、「斜視図」のような図面の種類や、「図面そのもの」を書いてはいけません。
　【選択図】に定型句はありません。図面番号を書くだけです。

◉【選択図】定型句

【選択図】　図○

【選択図】　図1

「要約書」作成の注意点

　要約書を作成する上で、大切なことが1つあります。
　この要約書という書類には、字数制限があります。要約書という書類は、発明の内容を要約して、明細書の大まかな内容を把握するための書類です。簡単な説明でよいため、400文字で説明するように、決められています。概略がわかればよいだけの書類なので、権利にはまったく影響しない書類です。

　さあ、以上で終了です。お疲れさまでした。解説に従って入力していけば、とても簡単なはずです。上書き保存をして、ここまで作ってきたデータを保存しましょう。

024 「図面」様式見本と書類作成法

これが図面の様式です。上から順に書き方を解説していきましょう。

【書類名】図面
【図1】

(図)

【図2】

(図)

図面の描き方・施行規則の備考の抜粋

図面の書き方について、施行規則の備考を抜粋して紹介します。

❶ 符号は、アラビア数字を用い、大きさは、約5mm方とし、引き出し線を引いて付けます。

❷ 線の太さは、実線は約0.4mm(引き出し線は約0.2mm)、点線および鎖線は約0.2mmで描いてください。

❸ 切断面には、平行斜線を引きます。

❹ 中心線は、とくに必要があるときの他は引かないでください。

❺ 図面中に、図の主要な部分の名称は、なるべく符号と共に記入してください。

図面の描き方のポイント

図面の描き方のポイントは、次のようになります。

◆ ポイント1

特許図面は、工夫したところを示す説明図です。

◆ ポイント2

機械製図などの設計図のように、寸法どおりに詳しく精密に描く必要はありません。

◆ ポイント3

図面を訂正(手続きの補正)するのは難しいので、工夫したところの要部は、斜視図(立体図)や断面図、拡大図などを描いて、はっきり図示してください。

◆ ポイント4

権利範囲「特許請求の範囲」に書いた構成部分は、必ず図示してください。

◆ ポイント5

図面は、縮小されて印刷(公報に掲載)されます。縮小印刷されても、はっきりわかる大きさで描いてください。

なお、図面は、何枚になっても結構です。複数ページになったときは、右上端にページ数を、「−1−」「−2−」……、のように書いてください。

用紙は、「A4」(横21cm、縦29.7cm)」のトレーシングペーパー、または

白紙を縦長にして使います。

　図は、余白を取った横17cm、縦25.5cm内に描きます。

　黒色（製図用ペン、黒インク）で、鮮明に描きます（コピーでも結構です）。手書きで描く場合は、0.4mmと0.2mmの製図ペンを用意しましょう。また、定規（直、三角、雲形、曲線など）もあると便利です。CAD(キャド)などの製図ソフトを使い、パソコンで図を作ってもかまいません。

　「図1」「図2」……、と、2つ以上の図があるときは、発明の特徴を最もよく表す図を「【図1】」として描きます。以下、「【図2】」のように連続番号を書きます。

　1つ以上の図を横に並べて描いてはいけません。必ず上下に並べて描いてください。

🖋 図面を描くときの注意事項

　それでは、図面を描くときの一般的な注意事項を説明しましょう。

　書類に付ける図面は、発明の内容を説明するためのものです。製図上でいう製作図面とは、目的が違います。したがって、詳しい表示などは、必要ありません。要は、発明の内容が、審査官や他の人（第三者）に理解できるように描いてあればいいのです。

　図面は発明の内容によって、いろいろな図面を描いて、発明のポイントを表します。たとえば、「機械の分野」で、機械的な内容の発明には、よくいう平面図とか斜視図などの図面を使います。また、機械などを据えつける要領を説明するときは、配置図を用いるときもあります。

　「電気の分野」で、電気的な内容のものは、どのように線を結ぶのかを、説明するときは、配線図や回路図を使うと便利です。

　「化学の分野」で、化学的な内容を説明するときは、化学反応式や、変化を示すためのグラフを使うと、説明しやすいです。

　「金属の分野」で、金属の表面など、顕微鏡でないと表せないときは、図面の代わりに写真を付けてもいいことになっています。

　「方法の発明」の場合は、フローチャート図などを用いて説明することも可能です。

024 ● 「図面」様式見本と書類作成法

「書類名」「図の番号」「図1」「図2」の書き方

図面を描くときは、描くスペースが決められているので注意しましょう。

● 図面を描くことができるスペース

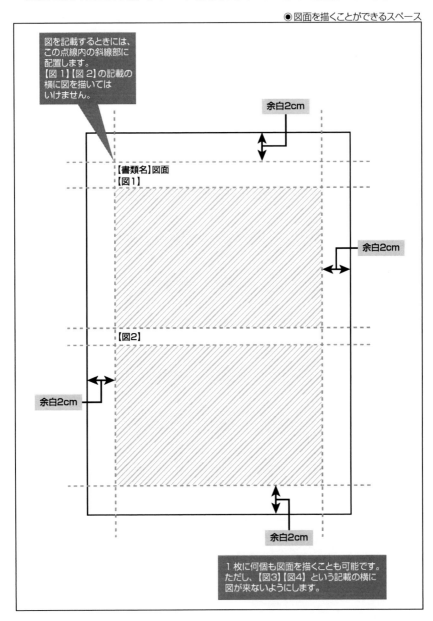

●消しゴム付き鉛筆の場合の書類見本

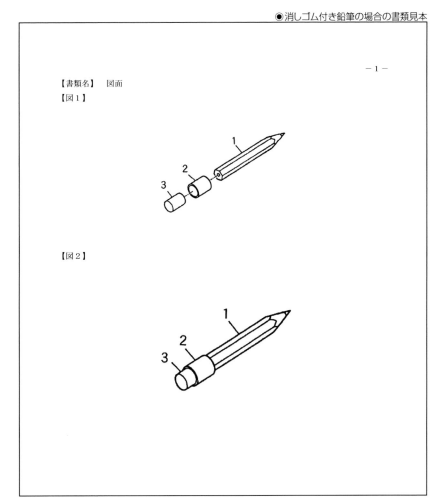

図面を描く方法

図面を描くには、次のような方法があります。

◆パソコンで図面を作る

製図ソフトとして有名な「CAD」や「イラストレーター」というソフトで図面を作ることも可能です。また、お金が掛からない「JW-CAD」という、フリーソフトをダウンロードすると、無料でソフトウェアがダウンロードできて、作図ができるようになります。書店でもマニュアル本が販売されていますので、チャレンジしてみましょう。

◆ 手描き

　0.4mmと0.2mmの製図ペンと、紙やトレーシングペーパー（写し紙）を使って、作図する方法です。

　なお、白紙から図面を描くのではなく、既存の図面や写真を利用することも可能です。たとえば「消しゴム付き鉛筆」の図面を描く場合、まず、鉛筆が写っている写真を雑誌やカタログから見つけてきて、拡大コピーをします。それを、トレーシングペーパーで写し取れば、鉛筆のきれいな図面が描けます。あとは、筒や消しゴムなどの必要な部品を加えれば、特許図面に仕上げることも可能です。

　書き終わったら、図面を切り抜いて、先に説明した用紙に貼り付けた後コピーをすれば、きれいな書類を作ることが可能です。

◆ 他の図面を利用する

　たとえば、特許情報プラットフォームで、鉛筆に関する発明で特許出願がなされた案件を探します。特に、発明の重要な点が説明できる図面を探します。

　後は、それらに付いている図面をプリントアウトして、図面に自分の発明で必要となる、「筒」や「消しゴム」などの部品を追加加筆した後、トレーシングペーパーで写し取れば、きれいな図面を描くことが可能です。

　お手本の図面を見ることは大変勉強になりますので、図面を利用する、しないにかかわらず、出願済みの図面を見てみるとよいでしょう。

　さあ、以上ですべての書類が完成しました。上書き保存をして、ここまで作ってきたデータを保存しましょう。

　それでは最後に、今まで作ってきた特許出願書類の完成見本を見てみましょう。

今までの手順で作ると、次のような特許出願書類に仕上がります。

```
   ┌──────┐
   │ 特  許│
   │      │
   │ 印 紙│
   └──────┘
（14,000円）
【書類名】       特許願
【整理番号】     P-2014-01
【提出日】       平成〇〇年〇月〇日
【あて先】       特許庁長官　殿
【国際特許分類】
【発明者】
　【住所又は居所】〇〇都〇〇区〇〇町〇丁目〇番〇号
　【氏名】       〇〇　〇〇
【特許出願人】
　【識別番号】
　【住所又は居所】〇〇都〇〇区〇〇町〇丁目〇番〇号
　【氏名又は名称】〇〇　〇〇　　　　　（印）又は〔識別ラベル〕
　【電話番号】   〇〇-〇〇〇〇-〇〇〇〇
【提出物件の目録】
　【物件名】     特許請求の範囲　　1
　【物件名】     明細書　　　　　　1
　【物件名】     図面　　　　　　　1
　【物件名】     要約書　　　　　　1
```

―1―

【書類名】　明細書
【発明の名称】　消しゴム付き鉛筆
【技術分野】
【０００１】
本発明は、鉛筆の軸の一端に消しゴムをつけて、消しゴムをいつでも使うことができるようにした、消しゴム付き鉛筆に関するものである。
【背景技術】
【０００２】
従来、鉛筆と消しゴムは、別々だった。また、鉛筆と消しゴムをひもでつなげたものは提案されていた（例えば非特許文献１参照）
【先行技術文献】
【特許文献】
【０００３】
【非特許文献１】○○鉛筆株式会社２０１３年度版カタログ５頁
【発明の概要】
【発明が解決しようとする課題】
【０００４】
これは次のような欠点があった。
従来、小さな消しゴムが使いにくくて困ることがあった。消しゴムが必要なときに、小さくなった消しゴムが見つからないことがあった。また、消しゴムをヒモでつなげたものは、ヒモが邪魔で使いにくかった。
本発明は、以上のような欠点をなくすために、なされたものである。
【課題を解決するための手段】
【０００５】
鉛筆（１）の一端に筒（２）を設け、筒（２）に消しゴム（３）を設ける。
本発明は、以上の構成よりなる消しゴム付き鉛筆である。
【発明の効果】
【０００６】
消しゴムが鉛筆の軸と一体になっているので、消しゴムが必要になった場合でも、探す手間が省ける。
小さな消しゴムでも、鉛筆の軸が柄になるため、消しやすい。
ヒモが邪魔で消しゴムや鉛筆が使いにくくなる事も無くなった。
【図面の簡単な説明】
【０００７】
【図１】　本発明の分解斜視図である。
【図２】　本発明の斜視図である。
【発明を実施するための形態】
【０００８】
以下、本発明を実施するための形態について説明する。
鉛筆の軸（１）の上部の一端に、金属製の円筒（２）を設ける。
円筒（２）に円柱状の消しゴム（３）を差し込む。
円筒（２）をかしめ、消しゴム（３）を鉛筆の軸（１）に固定する。
本発明は、以上のような構造である。
本発明を使用するときは、通常通り鉛筆で文字などを書き、消す必要があるときは、消しゴムを下にして文字を消す。
他の実施例を説明する。
消しゴムに接着剤をつけ、鉛筆の軸の一端に接着してもよい。

【符号の説明】
【0009】
　1　鉛筆の軸
　2　筒
　3　消しゴム

【書類名】　　特許請求の範囲
【請求項1】
鉛筆の軸（1）の一端に筒（2）を設け、筒（2）に消しゴム（3）を設けた消しゴム付き鉛筆。

【書類名】　　要約書
【要約】
【課題】　本発明は、小さくなった消しゴムを使うときに、使いやすいように、鉛筆の軸の一端に、小さな消しゴムを設けた消しゴム付き鉛筆を提供する。
【解決手段】　鉛筆の軸（1）の一端に筒（2）を設け、筒（2）に消しゴム（3）を設けたことを特徴とする。
【選択図】　図1

【書類名】　図面
【図1】

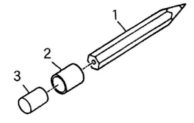

【図2】

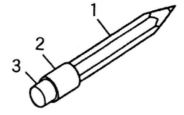

026 その他の特許制度

今まで解説してきた通常の出願とは異なる特殊な出願が特許制度にはあります。

出願の変更

たとえば「特許出願」したものを、後日、「実用新案登録出願」や、「意匠登録出願」に出願の変更ができる制度のことです。

出願の変更は、「意匠登録出願」を「特許出願」や「実用新案登録出願」へ、また、「実用新案登録出願」を「特許出願」や「意匠登録出願」に変えるなど、相互に変更をすることができます。

変更後の新たな出願は、もとの出願時にされたものとみなされて、出願日が遡及する(さかのぼる)という特徴があります。

具体的な活用方法としては、実用新案としてとりあえず出願しておき、実用新案登録証を宣伝に使って、商品の販売に努めます。もし、今後も大ヒットが続く商品となる見込みが確認できた場合は、特許へ出願の変更をして、特許権として一層確実な権利とする活用例が考えられます。

その他、特許出願した技術において、特許性が低く、特許権取得が困難と判断した場合、形状的特徴だけを権利化するべく、意匠出願に変更するケースもあります。

このようなケースを想定した場合、特許出願時には、意匠出願の際に必要となる六面図に相当する図面もあらかじめ加えておき、出願の変更に備えておくことも必要となります。

国内優先権に基づく出願

すでに出願した国内の特許出願に関する発明が、さらに改良されたときは、その改良部分の新規技術を含めて、新たな特許出願にまとめることができます。

これを、国内優先権主張に基づく特許出願といい、先の出願の日より1年以内に行うことが必要となります。

ただし、出願の変更をした場合とは異なり、新出願の出願日は、先の出願の日に、さかのぼらないという特徴があります。

第3章
実用新案出願書類を作ろう

027 実用新案登録出願に必要な書類は5種類だけ

実用新案登録出願に必要となる書類は、次の5つです。
①願書
②明細書
③実用新案登録請求の範囲
④要約書
⑤図面

「①願書」「②明細書」「③実用新案登録請求の範囲」「④要約書」「⑤図面」の5種類の書類は、A列4番「A4（横21cm、縦29.7cm）」の用紙で作成します。用紙は、白紙を縦長にして使います。
　図面は、トレーシングペーパーを使用してもかまいません。

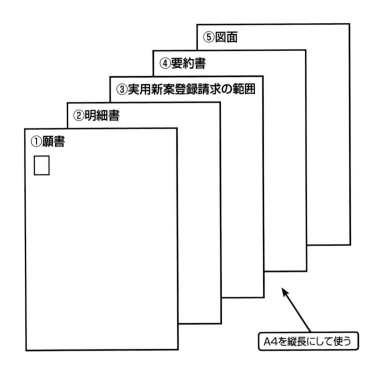

A4を縦長にして使う

028 特許出願書類との違いとは

「実用新案登録」のための出願書類の様式は、「特許願」とほぼ同じです。しかし、何点か、特許出願書類と異なる部分があります。

表現が変わる

一番の違いとしては、書類の中の言葉が変わる点です。これは、特許法が「発明を保護すること」が目的であったのに対して、実用新案権法では「考案を保護すること」が目的であるためです。

たとえば、特許出願書類の【見出し項目】には、【発明が解決しようとする課題】などのように、「発明」という言葉が入っています。実用新案登録をしたいのに、実用新案登録出願書類の中で、【発明が解決しようとする課題】という見出しを付けてしまっては、文章の説明がおかしくなってしまいます。

そこで、実用新案登録出願書類では、【考案が解決しようとする課題】と、表現を「発明⇒考案」「特許⇒実用新案」に変えて表記します。もちろん、文章表現でもまったく同じで、「本発明は〜である」と説明していたところを、実用新案登録では「本考案は〜である」というように表現を変えます。

書類の中で使う言葉を一覧表にまとめましたので、参考にしてください。

● 「特許」と「実用新案」の両出願書類における表現の違い

特許の場合	実用新案の場合
特許願	実用新案登録願
発明者	考案者
特許出願人	実用新案登録出願人
発明の名称	考案の名称
発明	考案
特許請求の範囲	実用新案登録請求の範囲
本発明は〜	本考案は〜

これまで特許出願書類として作ってきた書類データを、実用新案登録出願に切り替える場合は、書類中の表現をすべて右側の表現に変えてしまえばよいだけです。

なお、願書の【国際特許分類】の項目だけはそのままです。【国際実用新案分類】というものはありません。また「実用新案印紙」もありませんので、注意しましょう。

願書の様式が違う

「願書」の「実用新案登録出願人」の次に「【納付年分】　第1年分から第3年分」という項目を新しく追加する必要があります。

実用新案の場合、出願料の他に、最初から登録料を納入する必要があります（特許の場合の登録料は、審査を通過した場合のみ、後で払うため、出願時は出願料のみで可）。

図面が必ず必要になる

特許出願書類の場合は、図面は必ずしも必要ではありませんでした。特許法の保護の対象が「方法の発明」も含まれていたからです。方法の発明を出願する場合、明細書中の文章で構成が十分わかれば、必ずしも図面は必要ではないのです。

しかし、実用新案の場合は、保護の対象は「物品」に限られます。物があるということは、その説明を図面でしなければいけません。図面が必ず必要になるのはそのためです。

願書に図面を添付していないときは、「不受理処分」になりますので注意しましょう。

【整理番号】の項目について

特許出願書類を実用新案登録出願書類に書き換える場合、実用新案であることを自分で認識できるように、【整理番号】の項目の内容を変えておきましょう。

特許出願の場合は、特許（Patent、パテント）を意味する英語の頭文字を利用して、「P-2014-01」と、整理番号を付けました。この特許を意味する「P」を、実用新案（Utility model、ユーティリティーモデル）を意味する英語の頭文字である「U」に書き換えておきましょう。

「整理番号」を付ける意味は、自分が出願した案件を整理しやすいよう、自分で管理するための、あくまでも任意の整理番号です。そのため、「01」「02」と、単なる数字だけの整理番号でもまったく影響はありません。

整理番号の付け方のルールは、特許願の場合と同様です。ローマ字（A～Z）、アラビア数字（0～9）、ハイフン（－）を組み合わせた、10文字以下の番号であれば、何でもかまいません。

029 実用新案登録出願書類の様式をダウンロードしよう

　特許出願書類の様式を、特許庁のホームページからダウンロードできたように、実用新案登録出願書類の様式も、ダウンロードが可能です。

　ダウンロードの手順は、72ページで説明したダウンロード手順とまったく変わりません。下記の様式を選ぶ際に、「実用新案に関する申請書類一式」を選択してください。

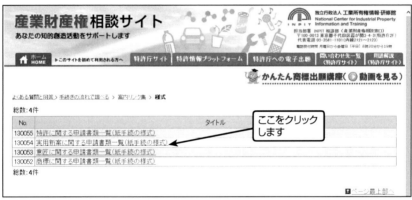

● 「実用新案登録願」の「願書」の様式

実用新案登録に関するWord形式の出願書類様式が出たはずです。特許出願書類の様式をダウンロードした際と同様に、様式データを保存しましょう。

　この後の書類作成は、特許出願書類の作り方と同じです。第1章で紹介した「アイデア説明文原稿用紙」(47ページ)や「定型句入り特許出願原稿用紙」(63ページ)を使って、特許出願書類を作成したときと同様に、第1章の要領で、アイデア説明文を作った後、明細書の文章に変換します。

　実用新案登録出願の場合、請求項の数によって、費用が変わります。たとえば、請求項が1の場合は、「出願料と登録料(3年分)」の合算額となる2万600円を納めなければいけません。この場合は、特許印紙を貼る場所の下に(20,600円)と金額を入れましょう。

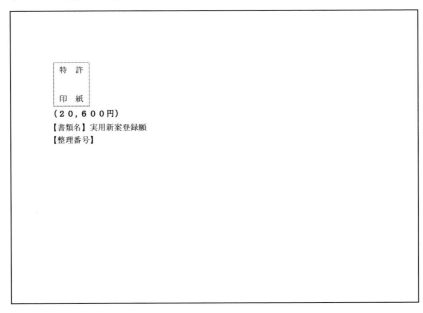

　その他、明細書中の文章で、「本発明は〜」などの表現を「本考案は〜」という表現に変える事に注意しましょう。ここさえ注意すれば、後はダウンロードした様式に、アイデア説明文で作成した文章を入力していくだけで、出願書類を作ることができます。

第4章
意匠出願書類を作ろう

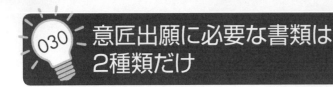
意匠出願に必要な書類は2種類だけ

特許出願や、実用新案登録出願をするには、「①願書」「②明細書」「③特許請求の範囲(または実用新案登録請求の範囲)」「④要約書」「⑤図面」の5つの書類が必要でした(特許出願の場合、図面は不要の場合もあります)。

しかし、意匠出願に必要な書類は、出願人の住所、氏名などを書いた「願書」と、物の形状を描いた「図面」だけです。
①願書
②図面(図面の代わりに、「写真」「ひな形」「見本」でも可)

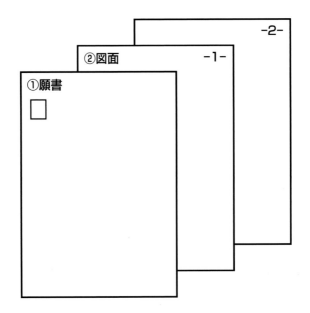

意匠は、物の形(または形と模様、色彩との組み合わせ)が、保護の対象です。見た目だけの問題なので、その物の形に関する、便利さや美しさ、可愛さなどに関する説明はいりません。だから、図面だけで出願ができるのです。

そのため、構造や効果の説明をするための、「明細書」「特許請求の範囲」「要約書」の書類が必要だった特許出願書類を作るよりも、書類作成が大変

簡単なのです。

　しかし、難しい点もあります。特許出願書類につける図面は、発明の内容を説明するためのものでした。そのため、製図を目的にした図面とは、目的が違います。つまり、詳しい表示などは必要なく、要は発明の内容が審査官や他の人（第三者）に理解できるように描いてあればいいのです。そのため、発明の内容がよくわかる図面でさえあれば、図面は1つでもかまいませんでした。

　対して、意匠出願書類に付ける図面は、デザインを図面で説明することが目的であるため、「図面」の描き方には特徴があります。

　意匠出願書類の図面は、6つの方向から描いた6種類の図面を描く必要があります。そして、この6つの面図を基本とし、さらに説明が必要な場合は、別の図を加えたりもします。

　これらの図面には、各図の大きさを一致させて描くなどの正確さが要求されます。そのため、特許庁の審査官は、非常に小さな点1つとか、紙1枚分の厚さや角度の違いでも、図面の不正確さや描き方の誤りを見逃してくれません。図面に自信がある人や、製図のプロであったとしても、このような少しの間違いから、「手続補正（図面の訂正を求める指示）」を命ぜられることもあります。

　図面で物の形を表現すること。さらには、その図面に求められる正確性が、意匠出願書類を作る上での、一番重要なポイントといえるでしょう。

　なお、意匠出願では、図面の代わりに「写真」「ひな形（模型のこと）」「見本」でも出願が可能です。

　とくに、大きさの問題さえクリアすれば、「見本」や「ひな形」での出願は、現物をビニール袋に入れるだけなので、図面を描く手間も省けますし、実際の物で、正確に物の形を審査官に伝えることができます。

　正確に、しかも手間なく簡単に、そして、何よりも速やかに出願できる方法を選び、意匠出願を行いましょう。

六面図とは

　特許庁に意匠出願する際の図面は、物の形状がわかるように、最低、6つの方向から見た図が必要になります。物の形を表現するために図面が6つ必要なのは、立体を紙面で表現するため、正面図を基本として対象を90度ごとに回転させて、六方向からの視点から見た図を描く必要があるからです。これを「六面図（ろくめんず）」といいます。

◉ 図の名称

図の名称	読み	説明
正面図	しょうめんず	真正面から見た図
平面図	へいめんず	真上から見た図
左側面図	ひだりそくめんず	左の真横から見た図
右側面図	みぎそくめんず	右の真横から見た図
底面図	ていめんず	真下から見た図
背面図	はいめんず	真後から見た図

　なお、「正面図と背面図」「平面図と底面図」「左側面図と右側面図」の図が「同一または対称」に表れるときは、一定の条件で図面の省略が許されています。図面を省略できる、「同一または対称」となるケースについては、後ほど詳しく説明します。

六面図の描き方の練習『ブロック』

　それでは、六図面の描き方を次の「ブロック」の例で説明してみましょう。

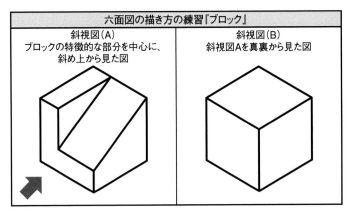

このブロックは、六面図の描き方を説明するために作ったもので、このブロックの形自体には、特に意味はありません。六面図の描き方を勉強する場合、形が単純で理解しやすいため、このブロックを例に解説をしていきましょう。

　次に紹介するのは、このブロックを六方向から見た図を描いた六面図です。前ページの斜視図（A）を矢印の方向から見た図を正面図とした場合、六面図はどのように描けるかを考えてみましょう。

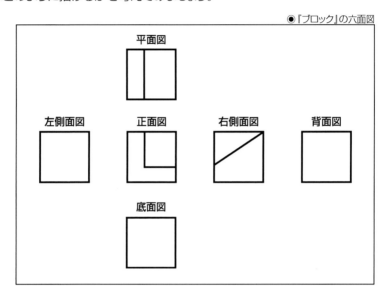

●『ブロック』の六面図

　例題のブロックから、このような図面が描ければ、六方向から見た図面を描く力が付いたことになります。
　いくら図面が上手でも、六方向から見た図を正しく描けなければ意味がありません。特に、どの方向から描くのか、観察者の視点が重要となりますので、この点に注意してください。
　さあ、それではこのブロックをテーマにして、六面図の描き方を解説していきましょう。

032 六面図の描き方

六面図は意匠出願図面の基本です。描き方をしっかりと勉強しましょう。

正面図の決め方

　正面図は物品の形状が1番わかりやすい面、機能がわかりやすい面を正面図として描きます。だから、意匠の図面、特許の図面を例に取っても、対象物の特徴が最もわかりやすく表れている面を「正面図」として描きます。

　しかし、物によっては、どの面を「正面図」として描けばいいか悩むときがあるかもしれません。そのときは、表面積が1番広い面を「正面図」として描くようにすればいいでしょう。

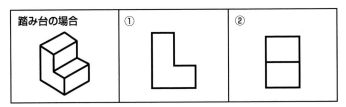

踏み台の場合、どちらでもよさそうです。

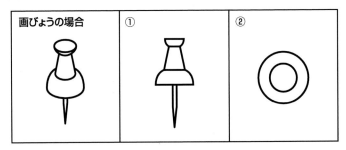

　画びょうの場合は、①の図面が正面図にベストだといえますね。
　それでは、六面図の描き方の解説で使うブロックの場合は、どうでしょうか。

032 ● 六面図の描き方

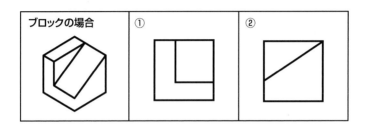

　どちらでも問題なさそうですが、今回は①の図面を正面図として、六面図の描き方を解説していきます。さあ、それでは始めましょう。

正面図の描き方

　ブロックに対して観察者の視点から見たこの図を、正面図とします。

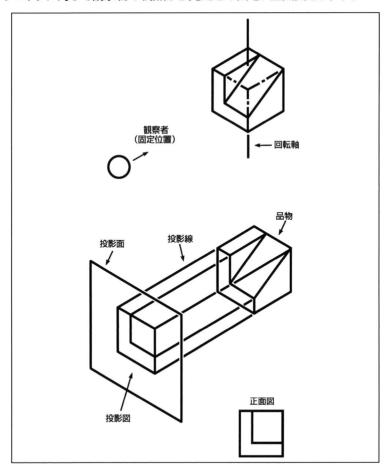

左側面図の描き方

正面図から向かって左側の面、つまり、右に90度回転させた面が左側面図です。

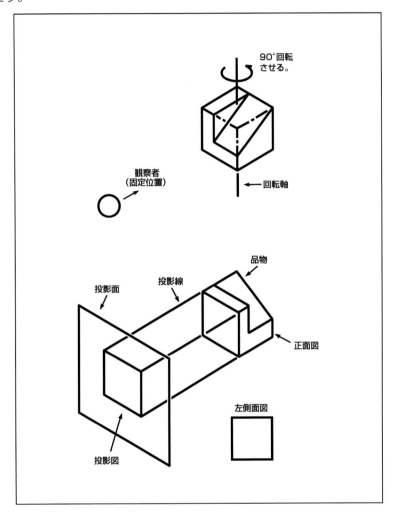

右側面図の描き方

正面図から向かって右側の面、つまり、左に90度回転させた面が右側面図です。

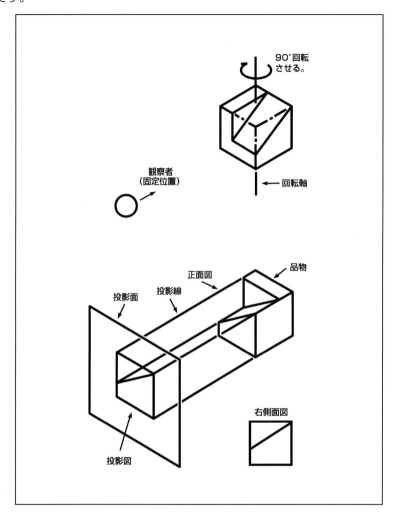

🖐 背面図の描き方

　正面図の裏側から見た図、つまり、右（左）に180度回転させた面が背面図です。

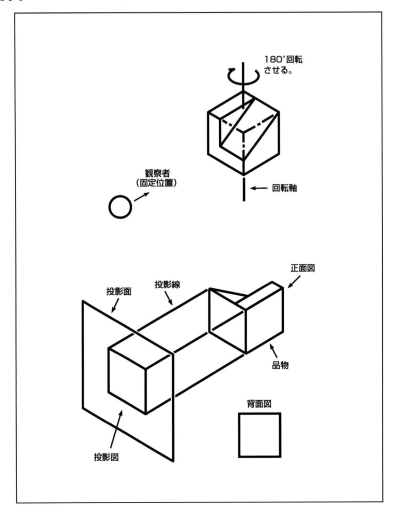

平面図の描き方

正面図に向かって上から見た面、つまり、手前に90度倒した面が平面図です。

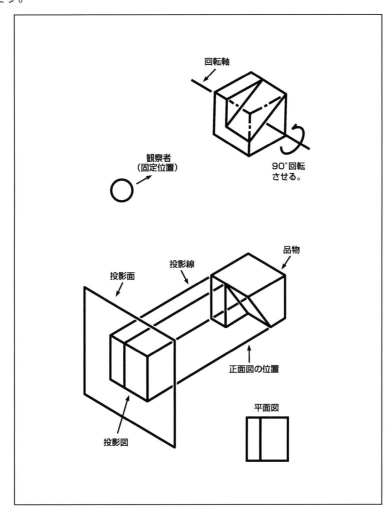

底面図の描き方

正面図に向かって下から見た面、つまり、奥側に90度倒した面が底面図です。

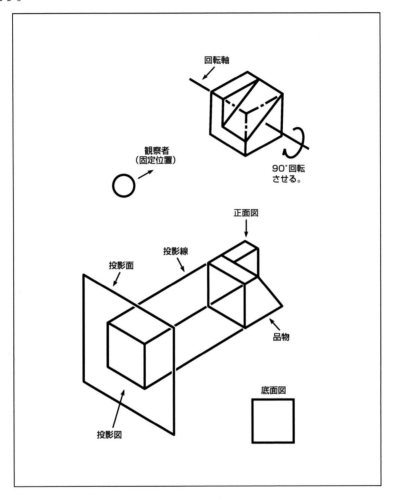

さあ、いかがでしたか。この手順通りに図面を描けば、完成図として紹介した通りの図面が描けるはずです。違う図面になる場合は、正面図を基本にして考えていないからではないでしょうか。

この六面図の描き方は、すべての基本となります。図面を上手に描くということ以前に、最も基礎的なことです。しっかりと完成図どおりの図面が描けるように理解しておきましょう。

断面図の描き方

六面図だけでは、物の形を説明できない場合があります。

たとえば、コップのように深さがある場合です。六面図では、どのぐらい深いのか。コップの厚さはどのぐらいなのか。高台の深さはどのくらいなのか、などの点がまったくわかりません。

この場合、物のある一部分を切断したと仮定し、その切断した断面図を描くことで、これらの点を説明することができるようになります。

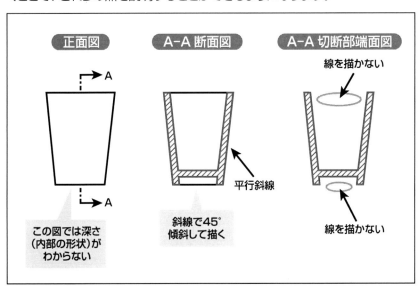

切断部は、通常「A-Aの線で切り、矢印の方向へ断面を見た場合」を表す、「A-A断面図」と表現します。また、物の切断面には、平行斜線を引きます。

切った面だけの図面は、「端面図」となってしまいます。断面図を描くなら、必ず、断面で切った後、切断面を矢印の方向へ見た面を描くようにしましょう。

断面図が必要になる例としては、コップなどのように、素材に開いた穴（突き抜けない穴）の深さや厚み、形状を説明する場合、厚さに隠れて表現できない部分の形状を説明する場合、素材が異なることを説明する場合、孔（突き抜けた穴）が開いていることを説明する場合などに、断面図を追加する場合があります。

図面が省略できる「同一」と「対称」の違い

意匠出願書類で必要となる六図面は、各図同一縮尺で作成した正面図、背面図、左側面図、右側面図、平面図、底面図の6種類と、また場合によっては、断面図などの図面を加えた図面をもって一組とします。

ただし、図面が同一または対称に表れるときは、一方の図を省略することができます。

このときは、「図面を省略したその図は、○○図と同一（または対称）です」という内容の説明を、後に解説する願書の【意匠の説明】の欄に書きます。

さあ、それでは、図面が省略できるケースについて解説していきましょう。例として紹介するのは、取っ手のあるコップの場合です。同一と対称の違い、また、これらに該当する場合と省略できる図面を紹介しましょう。

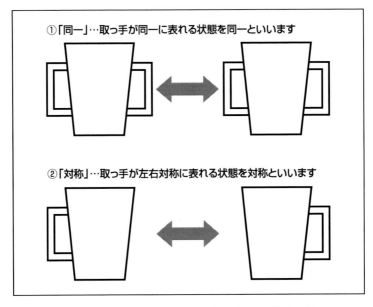

●図面が省略できるケース

同一または対称に表れるとき	省略できる図面
正面図と背面図が同一 正面図と背面図が対称	背面図
左側面図と右側面図が同一 左側面図と右側面図が対称	一方の側面図
平面図と底面図が同一 平面図と底面図が対称	底面図

図面を省略できるのは、「前と後ろ（正面図と背面図）」「左右（左右側面図）」「上下（平面図と底面図）」の図面が、同一または対称である場合のみです。

　先ほど練習したブロックの図面の場合、これらのどのケースにも当てはまりません。したがって、同一であること、または対称であることを理由に省略できる図面は1つもなく、このブロックの意匠出願には図面が6つ揃っていなければいけないことになります。

　なお、省略できる場合は、願書の【意匠の説明】の欄にこれらの説明を加えることで、図面を省略したことが認められます。それでは、省略をする場合の文例を紹介いたしましょう。

●【意匠の説明】の書き方

同一または対称にあらわれるとき	書き方
正面図と背面図が同一	【意匠の説明】 背面図は正面図と同一に表れる。
正面図と背面図が対称	【意匠の説明】 背面図は正面図と対称に表れる。
左側面図と右側面図が同一	【意匠の説明】 右側面図は左側面図と同一に表れる。 【意匠の説明】 左側面図は右側面図と同一に表れる。
左側面図と右側面図が対称	【意匠の説明】 右側面図は左側面図と対称に表れる。 【意匠の説明】 左側面図は右側面図と対称に表れる。
平面図と底面図が同一	【意匠の説明】 底面図は平面図と同一に表れる。
平面図と底面図が対称	【意匠の説明】 底面図は平面図と対称に表れる。

　これらの説明を願書に記載することで、たとえば「背面図は正面図と同一（または対称）に表れるので、背面図は省略して描きませんでした」と言う意味となり、六面図の中の背面図を省略することができるようになります。

図面を描くときの注意事項

意匠の権利は図面に示されたものについて与えられます。そのため「図面の描き方」はとても大切になります。

注意事項1

図面の描くときは、普通トレーシングペーパーを使います。この用紙は文房具店で売っている半透明な紙です。CAD（キャド）などの製図ソフトを使い、パソコンで書類を作る場合は、普通の白紙に描いても結構です。

図面が同一、または対称である場合は、写し取ることで同じ図面を簡単に書くことができます。

注意事項2

図面は濃墨で描きます。図面は鮮明にコピー（複写）したものでも結構です。これにより、同一の図面は、コピーにより簡単に図面を作ることができます。また、コピー機に反転機能があれば、対称の図面を簡単に作ることも可能です。

線の太さは、実線および破線は約0.4mm（切断面を表す平行斜線は約0.2mm）、鎖線にあっては約0.2mmとしてください。

手で描く場合は、0.4mmと0.2mmの製図ペンを買いましょう。その他、準備する道具としては、各種定規（直、三角、雲形、曲線など）があればよいでしょう。あとは、必要に応じて、コンパスなどの道具を追加してください。

注意事項3

図面は同一縮尺（寸法）で厳密に互いの図が対応一致するように描きます。また、図面は実物大で描く必要はなく、六面図の縮尺が統一されていれば、小さなものを大きく、また大きなものを小さく描いてもかまいません。

注意事項4

　意匠の図面は特許の権利範囲を決める、「特許請求の範囲」の書類と同じです。したがって、正確さが要求されます。だから、特許の出願の図面（説明図）とは異なります。

　図面の中には、中心線や水平線、陰影を表すような線を描いてはいけません。文字も特別なときを除いて入れてはいけません。

注意事項5

　立体的なものを表すときは正面図、背面図、左側面図、右側面図、平面図、底面図の6つの図面が必要です。以上の図面で、意匠が充分に表現できないときには展開図、断面図、拡大図、斜視図などの図面を描きます。

034 意匠出願書類の書き方「事務用クリップ」の場合

さあ、それでは実際に、意匠出願に必要な図面と願書の書き方を説明していきましょう。

練習として用意した例題は、「事務用クリップ」です。

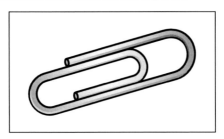

事務用クリップで図面の描き方を説明するにあたり、今回は、こちらで正面図を指定し、それを基本に六面図を描いていただきます。

この図を正面図として、図面を作成してください。

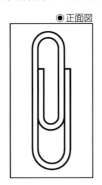

●正面図

正面図を指定した理由は、後のページで図面の出来上がりを説明するとき、練習で描いた図面と、本書で解説する解答との統一性を持たせるためです。人によって正面図が変わってしまえば、各部の図面がばらばらになり、本書の説明で、答え合わせが困難になってしまうことを防ぐためです。

もちろん、実際に意匠出願をする場合は、各自、最もふさわしいと思った面を、自由に正面図として選ぶことができます。

手元に1つはある、有名なクリップなので、実際に六方向から見ながら描けば、わかりやすいはずです。図面の模範解答は下図で紹介しています。まずは、解答を見ずに、同じ図面が描けるかどうか、図面を描いてみましょう。手元に「事務用クリップ」を用意したら、始めてください。

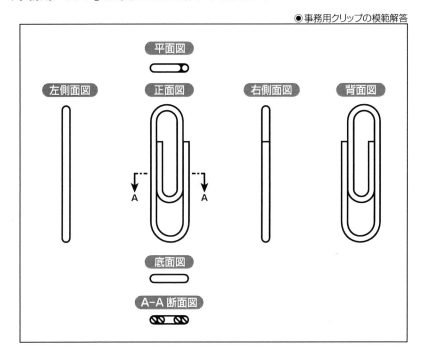

●事務用クリップの模範解答

いかがだったでしょうか。正面図と背面図は対称に表れるため、背面図を省略することもできますが、今回は練習なので、省略はしていません。また、六面図では内側の針金の断面形状や、針金で囲まれた部分が突き抜けていることが説明できないため、断面図を加えています。

これと同じ図面が描けた人は、六面図の描き方をよく理解されています。次はいよいよ、出願書類の作り方に進みましょう。

もし、これと同じ図面が描けなかった場合は、六面図の描き方が理解できていません。132ページに戻り、六面図の描き方を再度、復習しましょう。

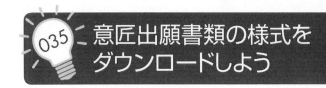

意匠出願書類の様式を
ダウンロードしよう

　特許出願書類の様式を、特許庁のホームページからダウンロードできたように、意匠出願書類の様式(「図面」「写真」「見本」)も、ダウンロードが可能です。

　ダウンロードの手順は、72ページで説明したダウンロード手順とまったく変わりません。下記の様式を選ぶ際に、「意匠に関する申請書類一式」を選択してください。

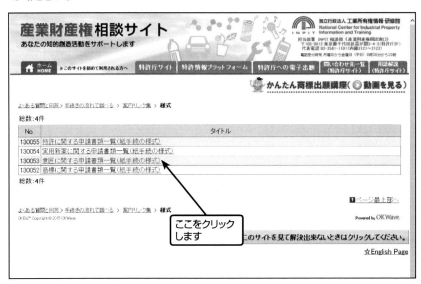

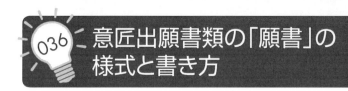

これが願書の様式です。上から順番に描き方を解説していきましょう。

```
    特　許
    印　紙
     (     円)
【書類名】　　意匠登録願
【整理番号】
【提出日】　　平成　年　月　日
【あて先】　　特許庁長官　殿
【意匠に係る物品】
【意匠を創作した者】
　【住所又は居所】
　【氏名】
【意匠登録出願人】
　【識別番号】
　【住所又は居所】
　【氏名又は名称】(印) 又は〔識別ラベル〕
　【電話番号】
【提出物件の目録】
　【物件名】図面 1
【意匠に係る物品の説明】
【意匠の説明】
```

書式について

　願書の用紙の大きさはA列4番「A4」(横21cm、縦29.7cm)の白紙を使います。この用紙を縦長にして使います。余白は用紙の上に6cm、左右および下に2cmを取ります。左右の余白については2.3cmを超えないように書きます。

　書き方は左横書きで、1行40字詰めで書きます。各行の間隔は4mm以上を取ります。1ページは50行以内にします。

　文字は、タイプ印書などの黒色ではっきりわかるように書きます。文字の大きさは10ポイントから12ポイントまでです。パソコン(ワード)は、通常10.5ポイントに設定されています。「、(読点)」や「。(句点)」、カッコ「()」、アラビア数字「1」「2」「3」……も1字分として使ってください。

　また、半角文字、半角数字は使ってはいけません。「【」、「】」は使える個所が決められています。

　願書に特許印紙を貼るときは、用紙の上部の余白部分(6cm)に出願手数料として所定額の特許印紙を貼ります。

　これまで説明した様式は、特許庁のホームページからダウンロードすれば、書式があらかじめ設定された状態で、データを保存することができます。書類作成が簡単になるので、データをダウンロードして、書類作成に役立てましょう。

　意匠の願書の書き方はとても簡単です。願書の項目を追って、1つずつ書き方を説明しましょう。それでは、それぞれの項目について説明します。パソコンで、入力していきましょう。

特許印紙と出願費用

　意匠登録の出願の費用は、1万6,000円です。カッコの中に、「16,000円」と入っていることを確認しましょう。

実用新案登録の出願の場合は、請求項の数に応じて、費用が変わりました。しかし、意匠の出願料は、どんな場合でも1万6,000円で変わりません。

【書類名】の書き方

願書には、用紙の上に6cmの余白を取って「【書類名】　意匠登録願」と書きます。

```
【書類名】　意匠登録願
```

このように「書類名」を書きます。この「書類名」は、ダウンロードした様式データには最初から入力された形になっています。

【整理番号】の書き方

【整理番号】は、後で自分の書類を整理しやすいように、自分で任意の番号を付けてください。

```
【整理番号】
```

ローマ字(A、B、C…)、アラビア数字(1、2、3…)、「－(ハイフン)」を組み合わせて、10文字以下の番号を付けます。

たとえば、「【整理番号】　D-2014-01」のように書きます。

```
【整理番号】　D-2014-01
```

「D」は、意匠(Design、デザイン)を意味する英語の頭文字です。「2014-01」は、2014年の1番目という意味で付けました。

次に出願するときは、2番目という意味で、01を02に変えて【整理番号】を書いてください。

ただ、単に「01」、「02」……というように書くだけでも大丈夫です。

🖐 【提出日】の書き方

出願書類を特許庁に提出(郵送または持参)する日付を書きます。次のように、出願書類を提出する日付(年月日)を書きます。

> 【提出日】　平成○○年○月○日

空欄に日付を入れましょう。

🖐 【あて先】の書き方

【あて先】は「【あて先】　特許庁長官　殿」と書きます。

> 【あて先】　特許庁長官　殿

これも最初から入力されています。

🖐 【意匠に係る物品】の書き方

【意匠に係る物品】は、意匠法施行規則第7条別表第1に示されている「物品の区分」から書きます。この「意匠登録物品の区分表(抜粋)」は、168ページに掲載してありますので、この中から探しましょう。

なお、次のことに注意して書いてください。

◆注意点1

物品の名称「意匠に係る物品」は、たとえば「画びょう」や「事務用クリップ」のように具体的な名称を書きます。

◆注意点2

用途、作用、効果などを「意匠に係る物品」の名称の前に付けてはいけません。たとえば「飛び出して音を出すびっくり箱」などとするよりただ「びっくり箱」とした方がいいでしょう。

◆注意点3

1つの物品で2以上の機能を備えているときは、副的な機能を先に表すほうがよいでしょう。たとえば、タイマーとステレオが結合していてステレオが主になっているときは「タイマー付きステレオ」と書きます。

◆ 注意点4

部分品については、それが何の部品であるかがわかるように書きます。たとえば「時計針」「自転車用サドル」というように書きます。別表「意匠物品の区分表」を参考にすればだいたいわかります。

なお、意匠物品の区分表に掲載されていない物品の意匠出願をしたい場合は、必ず、どのような名称で出願すればよいかを特許庁に確認をしてから、出願するようにしましょう。出願前には必ず特許庁ホームページで確認、または電話（TEL03-3581-1101）で問い合わせましょう。

【意匠を創作した者】の書き方

ここは、意匠を創作した人の【住所又は居所】【氏名】の項目に分けて書きます。

```
【意匠を創作した者】
　【住所又は居所】
　【氏名】
```

【意匠を創作した者】は、個人（自然人）の名前を書きます。したがって、「【氏名】　株式会社　○○○○」のように、会社名（法人名）だけを書いてはいけません。

【住所又は居所】は、都道府県から、何丁目、何番、何号まで、正確に書いてください。

```
【意匠を創作した者】
　【住所又は居所】　○○都○○区○○町○丁目○番○号
　【氏名】　　○○　○○
```

皆さんは、自分が「意匠を創作した者」になったつもりで、自分の住所、氏名を書いてください。

【意匠登録出願人】の書き方

ここは、意匠の権利を受けようとする「【意匠登録出願人】の【住所又は居所】【氏名又は名称】」を書き、印(朱肉印)を押します。印は三文判で大丈夫です。

住所は、番地まで正確に書きます。

```
【意匠登録出願人】
  【識別番号】
  【住所又は居所】
  【氏名又は名称】（印）又は〔識別ラベル〕
  【電話番号】
```

【意匠登録出願人】は、意匠の権利者になる人です。その人の「識別番号」「住所又は居所」「氏名又は名称」「電話番号」を書きます。

【識別番号】は、特許庁から識別番号の通知を受けている人であれば、その「識別番号」を書きます。この「識別番号」は、特許庁が出願人に与える背番号のようなもので、同じ番号はありません。まだ、出願をしたことがない人は、当然「識別番号」はありません。初めて出願する人は、無記入にしておきます。様式では、記載できない場合も考慮して、識別番号の項目がカッコ付けされています。なお、初めて出願すると、後日、特許庁から、「識別番号」を知らせてくれます。次回の出願から、その識別番号を記載しましょう。

【住所又は居所】は、都道府県から、何丁目、何番、何号、アパート名や部屋番号まで、省略せず全部書いてください。長い住所だと1行に入りきらない場合がありますが、そのまま改行して次の行に移って、続きをそのまま記載してください。

【氏名又は名称】は、権利者になる人の名前を書きます。個人(自然人)の名前を書いてください。そして、「意匠登録出願人」の氏名には、「印(朱肉印)」が必要です。このときに使った「印鑑」は、今後「特許庁」に「手続き」をするときに、同じ印鑑をずっと使うことになります。もし印鑑を無くしてしまうと、印鑑の変更届けを出す、面倒な手続きが必要となってしまいます。絶対に無くさないように、「特許庁への手続きで使った印鑑」として、大切に保管してください。

◆ 法人（会社）で出願するとき

　法人で出願するときは、氏名ではなく名称の表示となり、法人の名称を書きます。「【氏名又は名称】　株式会社　〇〇〇〇」というように書き、次に代表者の氏名を、「【代表者】〇〇　〇〇」と書きます。

```
【意匠登録出願人】
　【識別番号】
　【住所又は居所】　〇〇都〇〇区〇〇町〇丁目〇番〇号
　【氏名又は名称】　株式会社　〇〇〇〇
　【代表者】　〇〇　〇〇　（印）又は〔識別ラベル〕
　【電話番号】　〇〇－〇〇〇〇－〇〇〇〇
```

【提出物件の目録】の書き方

　【提出物件の目録】は願書に添付する物件名を「【物件名】　図面　1」のように書きます。これも最初から入力されています。

```
【提出物件の目録】
　【物件名】　図面　1
```

　図面は、何枚（ページ）になることもあります。たとえば図面が6ページになったとしても、一式という意味で「1」と書いてください。
　図面に代えて見本で出願するときは、「【物件名】　見本　1」のように書きます。

```
【提出物件の目録】
　【物件名】　見本　1
```

　図面に代えて、写真で出願する場合は「【物件名】　写真　1」のように書きます。

【意匠に係る物品の説明】の書き方

　【意匠に係る物品の説明】は「意匠に係る物品」が別表「意匠登録物品の区分表」に掲げる物品の区分のいずれにも属さない物品はその物品の使用の目的、使用状態などの物品の理解を助けることができるような説明を書きます。そのため、【意匠に係る物品の説明】は通常は何も書きません。

> 【意匠に係る物品の説明】

　もし、図面だけでは何に使うのかがわからないときは、【意匠に係る物品の説明】に、その物品の使用目的、使用の状態など、物品の理解を助ける事項を書いて「意匠の物品」の説明をします。
　たとえば、消しゴム付き鉛筆は、意匠登録物品の区分表に載っていません。このような場合は、次のように書きます。

> 【意匠に係る物品の説明】
> 　鉛筆の軸の一端に小さな消しゴムを付けたもので間違った文字などをこの消しゴムを使って消す。

【意匠の説明】の書き方

　【意匠の説明】は、添付した「図面」「写真」「見本」「ひな形」だけではその意匠が理解できないときに、その理解を助けるために説明します。

> 【意匠の説明】

◆ポイント1
　物品の材質または大きさを理解することができないときは、その物品の材質または大きさを書きます。

◆ポイント2
　物品の有する機能に基づいて変化する意匠のときは、その物品の当該機能の説明を書きます。

◆ポイント3
　物品の白色または黒色のうち一色について図面、写真またはひな形にその彩色を省略するときは、その説明を書きます。

◆ポイント4
　物品の全部または一部が透明であるときは、その説明を書きます。

◆ポイント５
　図面、写真、ひな形または見本だけでは、その意匠を理解することが困難なときは、その意匠の理解を助けることができるような説明を書きます。

◆ポイント６
　図面または写真に表す図面の省略をするときは、その説明を書きます。たとえば、背面図と底面図を省略した場合の【意匠の説明】の書き方は、次のようになります。

> 【意匠の説明】
> 背面図は正面図と対称に表れる。
> 底面図の平面図と同一に表れる。

　靴、靴下、箸、イヤリングなどは必ず一対で使用されます。その一対が同一または対称である物品については、図面、写真、見本またはひな形はその片方だけを表すこともできます。そのときはここに、次のように書きます。

> 【意匠の説明】
> 本願靴下の一足分は対称である。

> 【意匠の説明】
> 本願箸の一対は同一である。

　一対の図面などを提出したときは必要ありません。図面の一部を省略したとき、着色を省略したとき、透明体の透明箇所の指定のとき、紐のように長い物について中間の部分を省略したときには、必ずここで説明します。

　さあ、以上で終了です。お疲れさまでした。解説に従って入力していけば、とても簡単なはずです。上書き保存をして、ここまで作ってきたデータを保存しましょう。

037 意匠出願書類の「図面」の様式と描き方

これが図面の様式です。描き方を解説していきましょう。

```
                                                    －1－

   【書類名】図面
   【正面図】



                          図



   【右側面図】




                          図
```

　図面の用紙はA4サイズの大きさで、トレーシングペーパー、トレーシングクロス（黄色または薄い赤色のものを除く）または白色画用紙を縦長にして使います。正面図や平面図などの1つの図の大きさを「横15cm×縦11.3cm」を超えないように描きます。余白は用紙の左に2cmを取ります。正面図や右側図などの図面を横に並べて描いてはいけません。必ず上下に並べて描いてください。なお、図面を描く順番は自由です。

● 図面を描くことができるスペース

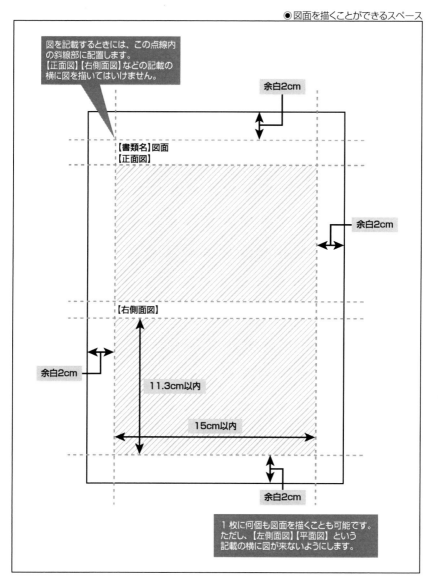

 以上で書類作成は終了です。上書き保存をして、今までに作ってきたデータを保存しましょう。それでは最後に、今まで作ってきた意匠出願書類の完成見本を見てみましょう。

038 「事務用クリップ」意匠出願書類の完成見本

今までの手順で作ると、このような意匠出願書類に仕上がります。

```
    ┌─────────┐
    │  特  許  │
    │         │
    │  印  紙  │
    └─────────┘
    （16,000円）

【書類名】     意匠登録願
【整理番号】   D－2014－01
【提出日】     平成○○年○月○日
【あて先】     特許庁長官　殿
【意匠に係る物品】　事務用クリップ
【意匠の創作をした者】
    【住所又は居所】   ○○都○○区○○町○丁目○番○号
    【氏名】　　○○　○○
【意匠登録出願人】
    【識別番号】   ○○○○○○○○
    【住所又は居所】   ○○都○○区○○町○丁目○番○号
    【氏名又は名称】   ○○　○○(印)又は〔識別ラベル〕
    【電話番号】   ○○－○○○○－○○○○
【提出物件の目録】
    【物件名】図面　1
【意匠に係る物品の説明】
【意匠の説明】
    背面図は正面図と対称にあらわれる。
```

【書類名】図面
【正面図】

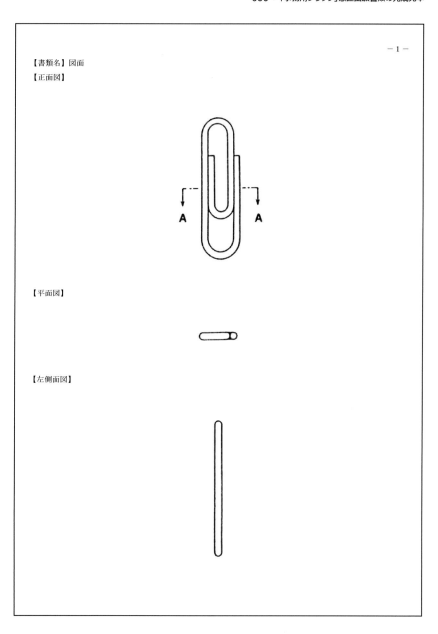

【平面図】

【左側面図】

【右側面図】

【底面図】

【A－A断面図】

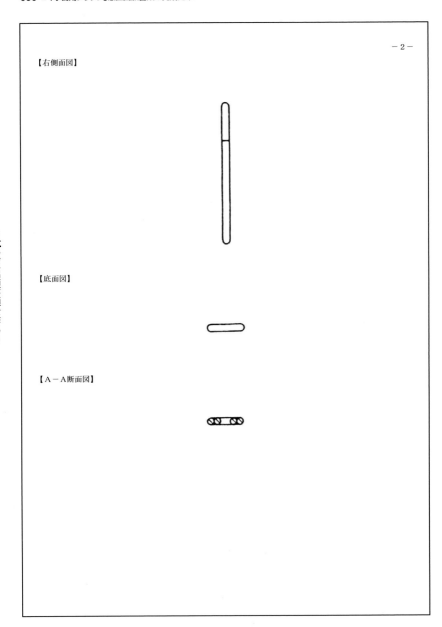

039 「図面」の代わりに「写真」でも出願できる

　意匠出願においては、図面の代わりに、細かいところを正確に表せる写真を、利用することもできます。

　しかし、注意してほしいこともあります。図面に代える写真には、影が出ないように写す必要があります。また、図面の場合と同様に、写真のときも六方向から、しかも等距離から写さなければいけません。そのため、慣れていないと少々難しいかもしれません。

　なお、検索サイトで「意匠写真」というキーワードで検索すると、意匠図面を描いてくれたり、写真を撮ってくれたりする業者がたくさん見つかります。このようなサービスも必要に応じて利用しましょう。詳しくは299ページを参照してください。

●写真の撮り方

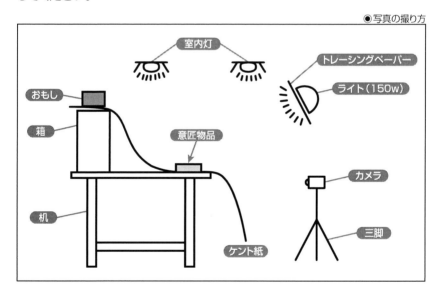

040 「図面」の代わりに「ひな形」「見本」でも出願できる

　さらには、図面を「ひな形」や「見本」に代えることもできます。ひな形は実物より、小さく作ったもの（模型）です。見本は、実物の大きさで作ったもの（商品見本）です。これらの方法による出願には一部制限があります。

　まず、大きさが決められています。提出する「ひな形」「見本」の大きさは「縦26cm、横19cm以下」であることです。なお、薄い布地または紙地などのときの大きさは、縦横それぞれ「1m以下」で、かつ、それを折り畳んだときの大きさは「縦26cm、横19cm以下」で「厚さが7mm以内」であることが条件です。

　見本で意匠登録出願するには、中身が飛び出ないようにチャック付きなどの、丈夫で透明なビニール袋に意匠物品のみを入れ、用紙にホチキスで貼り付けます。後は、図面での出願の場合と同様に、願書と一緒に、左側2カ所をホチキスで留めれば、出願書類は完成です。

　なお、ビニール袋の中には、ガラス製などの壊れやすいものや、刃物などの危険物を入れてはいけません。

　また、意匠登録を受けようとする物品以外のものは、一切ビニール袋に同封してはいけません。たとえば、破損防止等の目的で、容器などに入れた上でビニール袋に封入する場合や、緩衝材で包む場合も、許されません。

「ひな形」「見本」による意匠出願書類見本

　アイデア商品の中には、「携帯電話用のストラップ」「キーホルダー」「マスコット」「カードケース」「しおり」「ボタン」「クリップ」「つまようじ」「タオル」「ハンカチ」「スプーン」「てぶくろ」など、比較的小さなものも多く見られます。

　今回、例題として紹介した「事務用クリップ」も、最近では「音符型」「動物型」など、たくさんの形が誕生しています。まだまだ、クリップも工夫ができそうです。

　針金を曲げて、新しいデザインのクリップを考え、見本による意匠出願をすれば、手作りしたクリップをビニール袋に入れるだけで、図面を描く手間をかけることなく、大変迅速に意匠出願をすることができます。

「事務用クリップ」は、大きさの条件をクリアしているため、見本で出願する場合の書類様式を紹介しましょう。

```
    ┌─────┐
    │ 特 許 │
    │     │
    │ 印 紙 │
    └─────┘
    (16,000円)
【書類名】    意匠登録願
【整理番号】   D－2014－01
【提出日】    平成〇〇年〇月〇日
【あて先】    特許庁長官　殿
【意匠に係る物品】  事務用クリップ
【意匠の創作をした者】
  【住所又は居所】  〇〇都〇〇区〇〇町〇丁目〇番〇号
  【氏名】      〇〇　〇〇
【意匠登録出願人】
  【識別番号】    〇〇〇〇〇〇〇〇
  【住所又は居所】  〇〇都〇〇区〇〇町〇丁目〇番〇号
  【氏名又は名称】  〇〇　〇〇(印)又は〔識別ラベル〕
  【電話番号】    〇〇－〇〇〇〇－〇〇〇〇
【提出物件の目録】
  【物件名】     見本　1 ◀
【意匠に係る物品の説明】
【意匠の説明】
```

ここだけが、「図面」から「見本」へと変わります。

040 ● 「図面」の代わりに「ひな形」「見本」でも出願できる

余白は用紙の上に6cm、左右および下に2cmを取ります。

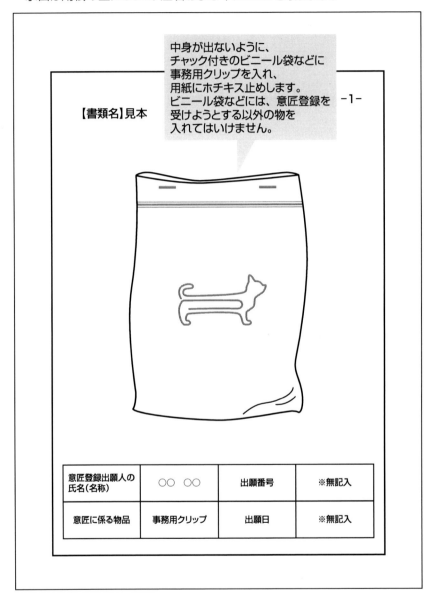

041 その他の意匠制度

意匠制度には、通常の意匠出願だけでなく、「組み合わせ(セット)」「関連するデザイン」「部分的なデザイン」の登録や、秘密を守る特殊な制度もあります。

組物の意匠制度

通常は、一意匠ずつの登録でなければいけないところ、「セットものデザイン」などのように、使用される2以上の物品である場合は、それらを一意匠としてまとめて登録を受けることが可能となります。

これは、複数の物品を組み合わせることにより、全体の統一感を持つデザインの創作に対して、適切な保護を図るために認められている制度です。

なお、組物の意匠として出願した場合は、組物全体としての意匠として成立しているため、個々の物品の模倣を差し止めることはできなくなります。組物としての登録は、177ページに紹介している物が対象となります。

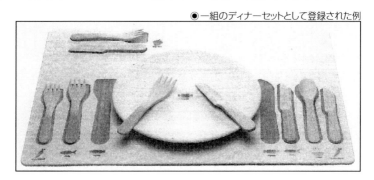

●一組のディナーセットとして登録された例

関連意匠制度

デザインの開発では、1つのデザインコンセプトから多くのバリエーションのデザインが、同時期に次々と創作されることがあります。

これらの多数のバリエーションを同一出願人が先の出願の公報発行日までに出願した場合は、同等の価値があるものとして、出願手数料、登録料を通常の意匠出願と同額で登録できる制度が関連意匠制度です。

本意匠(元々の意匠)に加えて、同じバリエーションの似ているデザインを、関連意匠として出願でき、関連意匠として登録された意匠も各々について権利の行使が可能となります。

● 刃物の替刃に関する関連意匠の例

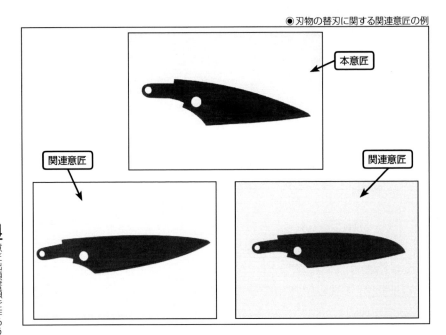

部分意匠制度

普通ならば、図面で描かれた物品全体のデザインが保護の対象となります。しかし、「物品の一部分」について意匠権を取得できるのが、部分意匠制度です。

物品のある一部分を独創的で特徴的なデザインにした場合、物品全体として出願すると、その部分の特徴が際立たなくなります。このような場合は、部分意匠制度を利用すれば、特徴ある部分のみをクローズアップして保護することができるため、権利範囲を広くでき、重要な部分を第三者に模倣される事を防止するのに、とても有効です。

部分意匠として図面を描くときは、特徴ある重要な部分だけを、実線で、その他の部分は点線で描きます。

そして、【意匠の説明】として、「実線で表した部分が、部分意匠として意匠登録を受けようとする部分である。」と記載します。

また、見本やひな形による出願の場合には、部分意匠としたい部分だけを残し、その他の部分を油性のマジックなどで黒く塗りつぶします。そして、願書の【意匠の説明】の項目に「黒色で塗りつぶした部分が、意匠登録を受けよ

うとする部分以外の部分である。」と記載します。

　発明当時、大学3年生だった岩立周作さんが発明した、日本刀型雨傘「かさな」のデザインも、部分意匠として登録されています。大変ユニークな「かさな」において、最も大切な部分は、持ち手を日本刀の鍔と柄にしたところであり、石突（先端部）や、雨をよける布地部、骨組みなどの持ち手部分以外の形は重要ではありません。

　もし、全体図で意匠出願してしまった場合、石突（先端部）の形が少し変わったり、骨の本数が増減しただけで、権利範囲外となってしまいます。

　しかし、部分意匠として出願すれば、特徴ある持ち手の部分のみを権利化でき、日本刀型の持ち手をした類似商品を、効果的に退けることができるようになります。

●実線で表した「かさな」の持ち手の部分だけが権利範囲

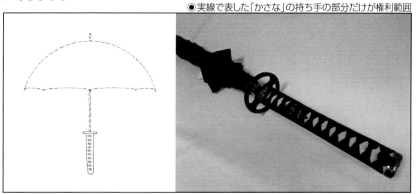

秘密意匠制度

　特許制度では、出願後1年6カ月で、出願内容が公開されます。しかし、意匠制度には、この「出願公開制度」がありません。

　これは、デザインの場合、見た目の要素が大きいため、模倣される危険性に常にさらされているからです。そのため、出願公開が行われるのは、通常、設定登録後とされています。しかし、それでも、意匠公開公報で公開されてしまえば、設定登録後であっても模倣、盗用の危険にさらされてしまいます。

　そこで、できる限り意匠登録出願を秘密にしておきたい場合は、秘密意匠制度を利用することで、設定登録後3年間まで、その意匠が意匠公報に掲載されず、秘密を保持することができます。

　秘密意匠制度は、登録料納付と同時に請求することで、利用可能となります。

意匠登録物品の区分表

　意匠登録出願をする際には、その部品がどのようなものであるかを区分表にある「物品の区分」から見つけ、願書に書く必要があります。下記に意匠登録物品の区分表の抜粋を掲載しますので、参考にしてください。なお、意匠物品の区分の詳細については、総務省行政管理局が運営するウェブサイト「e-Gov（イーガブ）」内の「法令索引検索」（http://law.e-gov.go.jp/cgi-bin/strsearch.cgi）から『意匠法施行規則』をキーワードにして検索してください。検索結果から「意匠法施行規則」の「選択」ボタンをクリックすると表示されるページの最下段に、経済産業省令で定める物品の区分・意匠法施行規則第7条「別表第一」が掲載されています。

●物品の区分「別表第一」（抜粋）

		物品の区分
1.製造食品及び嗜好品	製造食品	アイスクリーム、のり、固形砂糖、菓子パン、あめ玉、チョコレート
	嗜好品	たばこ、シガレットペーパー
2.衣服	下着	アンダーシャツ、パンツ、パンティ、パンティストッキング、おしめ
	寝衣	パジャマ、ネグリジェ、ナイトガウン、寝巻き、おくるみ
	洋服	セーター、ティーシャツ、作業服、海水パンツ、スカート、ブラウス
	和服	着物、丹前、羽織、半てん、肌じゅばん
	エプロン等	エプロン、かっぽう着、メーキャップケープ、よだれ掛け
3.服飾品	靴下等	靴下、靴下カバー、足袋、足袋カバー、きゃはん
	帽子等	帽子、ずきん、ヘヤーネット、笠(かさ)、手袋、腕カバー
	ネクタイ、ハンカチ等	ネクタイ、マフラー、スカーフ、ショール、ハンカチ
	帯等	帯、帯締め、帯留、帯場げ、帯板、帯まくら、腰ひも、半襟、腰パット
	その他の服飾品	ズボンつり、衣服用ベルト、子供帯、子守用しょいこ
4.身の回り品	傘及びつえ	傘、ビーチパラソル、傘用柄、傘用石突き、つえ
	扇子及びうちわ	扇子、扇子骨、扇子用地、うちわ、うちわ骨、うちわ用地
	装身具	指輪、ネックレス、イヤリング、ペンダント、ヘヤーピン、キーホルダー
	眼鏡等	眼鏡、サングラス、ゴーグル、水中眼鏡、コンタクトレンズ用ケース

		物品の区分
5.かばん又は携帯用袋物等		スーツケース、トランク、アタッシュケース、手提かばん、ランドセル、リュックサック、ハンドバッグ、財布、名刺入れ、かばん用提げ手、ふろしき、ふくさ
6.履物	靴	短靴、長靴、運動靴、スケート靴、スキー靴、靴底、靴中敷き、靴べら
	その他の履物	草履、サンダル、げた、鼻緒、スリッパ、地下足袋、かんじき
7.喫煙用具及び点火器	喫煙用具	喫煙用パイプ、きせる、たばこ入れ、シガレットケース、灰皿
	点火器	ライター、卓上ライター、時計付きライター、マッチ、マッチ箱
8.化粧又は理容用具		コンパクト、香水入れ、香水用スプレー、パフ、くし、つめ切り、マニキュア用やすり、バリカン、安全かみそり、口紅、まゆずみ
9.ボタン、ファスナー等		衣服用ボタン、かばん用ボタン、靴用ボタン、衣服用ホック、衣服用スナップ、かばん用スナップ、スライドファスナー、安全ピン
10.床敷物、寝具、カーテン等	床敷物等	じゅうたん、畳表、クッション、座布団、バスマット
	寝具	布団、毛布、敷布、まくら、まくらカバー、寝袋、マットレス
	カーテン等	カーテン、ベネチアンブラインド、すだれ、のれん、玉のれん
	テーブル掛け等	テーブル掛け、ナプキン、テーブルセンター、ランチョンマット
11.室内装飾品	花器	花瓶、水盤、花器台、剣山、花止め
	置物等	トロフィー、こけし、貯金箱、置物台、人形ケース
	額縁、柱掛け、壁掛け等	額、額縁、雲盤、柱掛け、壁掛け、掛け軸、つり下げ人形、絵馬
	額皿等	額皿、額皿立て、写真立て
	造花	造花、水中花
12.洗濯用具、掃除用具等	洗濯用具及び電気洗濯機	たらい、洗濯板、電気洗濯機
	物干用具、衣類乾燥機等	物干しざお、物干しざお支持具、物干し器、洗濯ひも、洗濯ばさみ
	アイロン、洗濯物仕上機等	アイロン、アイロン置台、アイロンかけ用板
	清掃用具及び電気掃除機	ほうき、清掃用ブラシ、靴ブラシ、服ブラシ、ちり取り
13.家庭用保健衛生用品	身体衛生用品等	ばんそうこう、眼帯、衛生用マスク、水まくら、吸飲み
	身体清浄用品	歯ブラシ、耳かき、固形石けん、石けん箱、洗面器、タオル
	防虫用品等	電気蚊取り器、防虫剤、防虫剤用容器、防臭剤、におい袋

		物品の区分
14.調理用又は飲食用容器	調理用ボール等	調理用ボール、洗いおけ、すり鉢、水切りざる、水切りかご
	かま、なべ等	かま、炊飯器、両手なべ、中華なべ
	飲食器	食卓用鉢、食卓用皿どんぶり、飯茶わん、哺乳瓶、コップ
	食卓用又は食料貯蔵容器	きゅうす、土瓶、コーヒーポット、徳利、しょうゆ油つぎ、こしょう振り、弁当箱、茶筒
15.調理用器具及び飲食用具	家庭用熱調理器	こんろ、固形燃料、電子レンジ、オーブントースター
	調理用具	皮むき器、おろし器、家庭用肉ひき器、スライサー、レモン絞り器、泡立て器、くるみ割り、茶こし、缶切、栓抜、フライ返し、しゃもじ、まないた
	調理用刃物等	包丁、果物ナイフ、包丁用柄、調理用はさみ、チーズ切り、卵切り
	食器洗浄機、冷蔵庫等	食器洗浄機、食器乾燥機、熱蔵庫、冷蔵庫、冷凍庫、製氷機
	飲食用ナイフ、フォーク及びスプーン、はし等	飲食用ナイフ、バターナイフ、飲食用フォーク、飲食用スプーン、はし、飲食用ストロー、つまようじ、マドラー
16.慶弔用品	葬祭具	神棚、さい銭箱、おみくじ用箱、神像、仏壇、数珠、墓石、棺、骨つぼ、祝儀袋
	クリスマス用具	クリスマスツリー、クリスマス用つり飾り、クリスマス用モール
17.その他の生活用品	裁縫具	裁縫用へら、ちゃこ、裁縫用糸巻き、縫い針、針刺し、指抜き、編み棒
	宝石箱等	宝石箱、指輪ケース、風鈴、家庭用噴霧器、家庭用噴霧器のノズル
18.家具	ベッド等	ベッド、二段ベッド、ベビーベッド、ハンモック
	いす及び腰掛け	いす、揺りいす、長いす、子供用いす、座いす
	机、テーブル及び台	机、いす付き机、座卓、テーブル、テレビ台、植木鉢台
	収納家具	たんす、飾り棚、サイドボード、食器棚、金庫、脱衣かご
	鏡台、ついたて等	鏡台、ついたて、びょうぶ、帽子掛け台
	家具用部品	家具用引手、家具用取手、家具用つまみ
19.室内小型整理用具		衣服掛け、衣料用ハンガー、スカートハンガー、マガジンラック、新聞架、傘立て

		物品の区分
20.電球及び照明器具	電球	白熱電球、蛍光ランプ、ナトリウムランプ、キセノンランプ
	屋内用照明器具	天井灯、天井灯用笠（かさ）、シャンデリア、電気スタンド
	屋外用照明器具	街頭灯、街頭灯用ポール、街頭灯用グローブ、庭園灯、門灯
	携帯用照明器具	懐中電灯、懐中電灯用ケース、ポケットライト、手堤電灯
	その他の照明器具	オイルランプ、ちょうちん、ろうそく
21.暖冷房又は空調換気機器	暖冷房機器	電気ストーブ、石炭ストーブ、ガスストーブ、石油ストーブ
	採暖保温器具	火鉢、暖炉、炭かご、電気こたつ、湯たんぽ、懐炉、あんか
	空調換気機器	扇風機、換気扇、レンジフード、除湿機、加湿機、エアークリーナー
22.厨房設備用品及び衛生設備用品	厨房設備用品	調理台、流し台、流し台用ごみ入れ、流し用すのこ、たわし入れ
	浴室設備用品	浴槽、乳児用浴槽、浴槽用ふた、シャワーヘッド、石けん入れ
	洗面所設備用品	取付け用洗面器、前流し台、洗濯流し、水飲み台
	便所設備用品	便座、便座カバー、取付け用小便器
23.その他の住宅設備用品		牛乳受け箱、郵便受け箱、郵便受け口金具、新聞受け箱、はしご、脚立
24.おもちゃ	人形及び動物おもちゃ	人形、起き上りおもちゃ、動物おもちゃ
	船おもちゃ、車両おもちゃ、航空機おもちゃ等	船おもちゃ、刀剣おもちゃ、水鉄砲
	知育おもちゃ	計算おもちゃ、時計おもちゃ、望遠鏡おもちゃ、電話おもちゃ
	鳴りものおもちゃ	笛おもちゃ、ピアノおもちゃ、がらがら
	その他のおもちゃ	びっくり箱、おしゃぶり、おもちゃ花火、風船玉、風車おもちゃ
25.遊戯娯楽用品	遊戯用具	木馬、ジャングルジム、ぶらんこ、シーソー、滑り台、子供用三輪車
	遊戯娯楽機器	パチンコゲーム機、スロットマシンゲーム機、玉突き台
	室内娯楽用品	碁盤、将棋盤、野球ゲーム器、マージャン卓、トランプ
	その他の遊戯娯楽用品	組木、組立て遊戯具、知恵の輪、積み木
26.運動競技用品	球技用具	野球ボール、ゴルフクラブ用ヘッド、ゴルフティー
	スキー用品及びスケート用具	スキー、スキーストック
	水上スキー用具等	サーフボード、潜水用シュノーケル、潜水用足ひれ
	弓道用具及び剣道用具	洋弓、矢、竹刀、剣道用胴、剣道用こて
	その他の運動競技用品	ピッケル、ハーケン、バーベル、ダンベル

		物品の区分
27.楽器	けん盤楽器	ピアノ、オルガン、オルガン用譜面立て、アコーディオン
	管楽器等	トランペット、たて笛、ハーモニカ
	弦楽器	バイオリン、ギター用ピック、三味線用ばち
	打楽器	太鼓、鉄琴、打楽器用ばち、タンブリン、カスタネット
	その他の楽器等	オルゴール、リズム発生器、メトロノーム、譜面台
28.その他の趣味娯楽用品		鳥かご、虫かご、犬小屋、首輪、鑑賞魚用水槽
29.書道用品、教習具等	書画用品等	文鎮、すずり、すずり箱、絵の具箱、彫刻刃、粘土細工用へら
	教習具	地図、地球儀、月球儀、天球儀、星座図、数学学習機
30.筆記具、事務用具等	筆記具及び筆記具関連品	万年筆、シャープペンシル、ボールペン、鉛筆、毛筆、筆記具用キャップ、消しゴム、下敷き
	スタンプ用品及び謄写用品	印材、スタンプ、回転印判
	計算用事務用具及び図案製図用具	計算尺、そろばん、コンパス、分度器、三角定規
	事務用整理器具	ステープラー、ペーパーナイフ、事務用クリップ、画びょう
	事務用整理箱等	名刺整理箱、ブックエンド、筆入れ、文箱、ペン立て
	その他の事務用品	卓上カレンダー、黒板、黒板ふき、統計表示器
31.事務用紙製品、印刷物等	事務用紙等	封筒、タイムカード、はがき、クリスマスカード、バースデーカード
	帳簿、とじ込み用品等	名刺ホルダー、手帳、ファイル、ノート
	印刷物	書籍、パンフレット、カレンダー、カタログ、ポスター、ちらし
32.包装用容器、包装紙等	包装用容器	包装用箱、包装用かご
	包装紙等	包装紙、掛け紙
33.広告用具、表示用具及び商品陳列用具	広告用具及び表示用具	広告器、掲示板、旗、三角旗、旗のぼり、旗ざお
	商品陳列用具	商品陳列ケース、商品陳列棚、商品陳列台、マネキン人形
34.運搬、昇降又は貨物取扱い用機械器具		天井クレーン、ベルトコンベヤー、ホイスト、チェーンブロック、エレベーター
35.車両	鉄道車両	機関車、旅客車、トロッコ
	自動車	乗用自動車、バス、トラック
	自動二輪車等	オートバイ、モータースクーター、自動二輪車用バックミラー
	自転車	自転車、自転車用泥よけ、自転車用ハンドル、自転車用サドル
	運搬車等	リヤカー、荷車、乳母車、乳母車用車輪、タイヤバルブ、クローラー

		物品の区分
36.船舶及び航空機	船舶	客船、貨物船、モーターボート、ヨット、カヌー、船舶用いかり、船舶用かじ
	航空機	飛行機、飛行船
37.基本的電気素子	電線等	裸電線、被覆電線、トロリー線、バスダクト、ブスバー、導波管
	抵抗器、コンデンサー等	固定抵抗器、電力用コンデンサー、高周波コイル
	開閉器及び遮断器	電磁開閉器、マイクロスイッチ、リミットスイッチ、圧力スイッチ、温度スイッチ
	継電器	保護継電器、温度継電器、無接点リレー、リードリレー
	電子管及び半導体素子	真空管、マグネトロン、ダイオード、発光ダイオード
	電池	乾電池、水銀電池、蓄電池、太陽電池
	接続器等	コンセント、差し込みプラグ、圧着端子、電気機器用つまみ
38.配電又は制御機械器具、回転電気機械等	配電又は制御機械器具	自動電圧調整器、電力用変圧器、配電盤、分電盤
	電気ケーブル又は電線用据付け具	ケーブルドラム、電線止めくぎ、ケーブルハンガー
	回転電気機械	直流発電機、交流発電機、エンジン発電機、直流電動機
39.通信機械器具	電話機等	電話機、公衆電話機、携帯電話機、電話交換機、インターホン
	電信機等	電信機、テレプリンター、ファクシミリ、写真電送機、通信中継交換機
	無線通信機等	無線通信機、ロラン受信機、オメガ受信機、方向探知機
	無線通信機用部品及び付属品	アンテナ、パラボラアンテナ
40.音声周波機械器具及び映像周波機械器具	音声周波機械器具	ラジオ受信機、テープレコーダー、イヤホン、ヘッドホン、マイクロホン、スピーカー
	映像周波機械器具	テレビ受像機、テレビカメラ
41.電子計算機等	電子計算機等	電子計算機、磁気ディスク記憶機、データ入力機
	電子応用機械器具	エックス線管、魚群探知機、超音波探傷機、電子顕微鏡
42.計量器、測定機械器具及び測量機械器具	長さ計等	巻き尺、ノギス
	はかり、温度計、面積計及び体積計	はかり、計量スプーン、計量カップ
	回転計、速さ計、圧力計、光度計	回転計、湿度計
	電気計測器	電流計、電圧計、電力計
	試験機及び分析機械器具	分光光度計、炎光光度計、騒音計、振動計
	測量機械器具及び気象観測機械器具	六分儀、水準儀、風速計、気圧計
43.時計		腕時計、時計バンド、懐中時計、置時計、掛け時計、時計文字盤、時計針

		物品の区分
44.光学機械器具	望遠鏡等	望遠鏡、双眼鏡、顕微鏡、拡大鏡
	写真機械器具	カメラ、一眼レフカメラ
	映写機械器具	ハミリ映画撮影機、映画映写スクリーン
45.事務用機械器具		卓上電子計算機、タイムレコーダー、タイムスタンプ
46.自動販売機及びサービス機		飲料自動販売機、たばこ自動販売機、両替機、現金自動支払機、自動改札機
47.保安機械器具等		防じんマスク、防護面、ヘルメット、救命浮袋、救命胴衣、緩降機、消火栓、消火器
48.医療用機械器具	診療施設用機械器具	手術台、酸素吸入器、保育器
	理学診療用機械	紫外線治療器、レーザー治療器、低周波治療器
	医療用鋼製器具	手術用ナイフ、手術用はさみ、手術用ピンセット
	診断用機械器具	聴診器、血圧計
	手術機械器具及び処置用機械器具	注射針、注射筒、カテーテル
	歯科用機械器具	歯科用治療台、歯科用注射筒、根管リーマー、咬合器
	機能回復用具等	歩行補助器、車いす、義手、松葉づえ
49.利器及び工具	手持ち刃物	ナイフ、カッターナイフ、洋はさみ、のこぎり、きり、おの、なた
	手持ち作業工具	スパナ、プライヤー、ペンチ、ドライバー、金づち
	携帯用動力工具	携帯用電気グラインダー、携帯用電気ドリル、携帯用電気サンダー
	機械工具	ドリル、ハンドタップ、ねじ切りダイス、丸のこ刃
	その他の利器及び工具	手がき、砥石、やすり、半田ごて、工具箱
50.漁業用機械器具	漁具等	引き網、漁網用浮き、集魚灯、生けす、たこつぼ、箱眼鏡
	釣具	釣ざお、釣ざお用ガイド、釣用リール、釣針、擬餌(じ)針、釣用おもり
51.農業用機械器具、鉱山機械、建設機械等	農業用整地機具	農業用トラクター
	栽培管理用機具	田植機、移植ごて、刈払い機、くま手、ショベル
	収穫調整用機具	コンバイン、トマト収穫機、かま、脱殻機、もみすり機
	わら打ち機等	わら打ち機、なわない機、じょうろ、植木鉢、植木鉢カバー
	畜産機械器具等	選卵器、検卵器、上蔟器
	鉱山機械及び建設機械	さく岩機、ブルドーザー、パワーショベル
	破砕機,磨砕機及び選別機	ジョークラッシャー、淘汰機、浮遊選別機、磁気選別機
52.食料加工機械等		精米機、製粉機、製めん機、アイスクリーム製造機、肉ひき機、かまぼこ成型機

		物品の区分
53.繊維機械及びミシン	紡績機械等	粗紡機、精紡機、紡績機械用リング、紡績機械用ボビン
	織機	力織機、手織り機
	編み機、染色仕上機械等	横編み機、起毛機
	ミシン	ミシン、刺しゅう縫いミシン、ミシン用ケース
54.化学機械器具	化学機械	汚水処理用ろ過機、加熱器、冷却器
	化学用実験器具等	デジケーター、化学実験用るつぼ、スポイト、ビーカー
55.金属加工機械、木材加工機械等	旋盤及びボール盤	卓上ボール盤
	フライス盤、平削り盤、研削盤等	ベッド形フライス盤、卓上電気グラインダー
	歯車加工機械	ラック歯切り盤、歯車研削盤、歯車仕上盤
	その他の金属工作機械	金切り弓のこ盤、ねじ立て盤、放電加工機
	金属一次製品製造機械及び第二次金属加工機械	丸棒用ベンディングマシン、機械プレス
	溶接機及び溶断機	電気溶接機、溶接棒
	金属加工機械用部品及び付属品	連動チャック、コレット、バイトホルダー
	合成樹脂加工機械及び鋳造機	射出成形機、押し出し成形機
	木材加工機械等	木工丸のこ盤、手押しかんな盤、木工旋盤
56.動力機械器具、ポンプ、圧縮機、送風機等	機関及びタービン	自動車用内燃機関、ガスタービン
	ボイラー及びバーナー	暖房用温水ボイラー、ガスバーナー
	ポンプ	渦巻きポンプ、回転ポンプ、ポンプ用羽根車
	圧縮機及び送風機	軸流圧縮機、遠心送風機、送風機用ケーシング
57.その他の産業用機械器具	印刷機械及び製本機械	凸版印刷機、製本つづり機
	包装又は荷造り機械	缶詰め機、こん包用結束機
	塗装用機械器具等	塗装用スプレーガン、塗装用はけ、塗装用ローラー
58.産業用機械器具汎用部品及び付属品		ベアリング、歯車、油圧シリンダー
59.仮設工事用品	足場用品	足場用建枠、足場用支柱、足場用手すり柱、足場板
	支保工用品	パイプサポート、支保工用調整梁(はり)、端太(ばた)
	型枠等	コンクリート型枠、コンクリート型枠連結具、スペーサー、面木

		物品の区分
60.土木構造用及び土木用品	土木構造物	ロックボルト、水門、水門扉、ガスタンク、鉄塔、電柱
	基礎工事用品及び土木工事用品	基礎ぐい、矢板、矢板継ぎ手
	道路用品	歩車道境界ブロック、縁石ブロック、ガードレール用板、雪崩予防さく、防雪さく
	河川、港湾又は海洋用品	人工魚礁、人工魚礁ブロック
	上下水道用設備用品	マンホールふた、溝ぶた、床排水用トラップ
	農業土木用品	畦畔用ブロック、農業用せき、農業用せき柱
61.組立て家屋、屋外装備品等	組立て家屋等	組立て家屋、組立てバンガロー、テント、ビニールハウス
	住宅用ユニット	浴室、サウナ室、階段手すり
	門、塀、さく等	門、門扉、ガーデンフェンス、鳥居、電話ボックス、郵便ポスト
62.建築用構成部材	柱、梁等	柱、桁、梁、鉄筋、羽子板ボルト
	壁構成部材及び天井構成部材	壁用目板、壁用入隅材、壁用出隅材、幅木
	床構成部材	階段用ノンスリップ
	屋根構成部材及び樋	雪止め、庇、樋
63.建具及び建築用開口部材	建具	ドア、ふすま、障子、網戸、欄間
	建物用間仕切り	アコーディオンドア、スライディングドア
	建具金物	建具用ちょうつがい、ドアクローザー、ふすま引手、ドアスコープ
	カーテンレール	カーテンレール、カーテンレール用フック
	ドア用枠、窓用枠等	ドア用枠
	雨戸及び戸袋	雨戸、戸袋
	建物用シャッター	建物用シャッター、建物用シャッターのガイドレール
64.建築用内外装材	かわら、タイル等	鬼がわら、建築用コンクリートブロック、モザイクタイル
	建築用板等	床板、天井板、壁板、障子紙、ふすま紙
65.その他の基礎製品	織物地、板等	織物地、レース地、網地、段ボール、ゴム板、ガラス板、金属板
	ひも、ロープ等	糸、毛糸、ビニールテープ、ロープ、ワイヤーロープ、鎖
	ねじ、くぎ、金物等	ボルト、ナット、木ねじ、割ピン、座金、くぎ、リベット
	バルブ等	バルブ、逆止弁、バルブ用ハンドル、ガスコック、散水用ノズル
	管継ぎ手	管継ぎ手、エルボ、分岐サドル、管継ぎ用パッキング
	配管用管	配管用管、ホース、ホース締付け具、配管用支持金具

043 組物の意匠

この表に紹介している同時に使用されるような統一感があるセットものの構成物品は、組物の意匠として、登録が可能です。なお、意匠物品の区分の詳細については、総務省行政管理局が運営するウェブサイト「e-Gov（イーガブ）」内の「法令索引検索」(http://law.e-gov.go.jp/cgi-bin/strsearch.cgi) から『意匠法施行規則』をキーワードにして検索してください。検索結果から「意匠法施行規則」の「選択」ボタンをクリックすると表示されるページの最下段に、経済産業省令で定める組物・意匠法施行規則第8条「別表第二」が掲載されています。

●「組物」別表第二（抜粋）

	組物	構成物品
1	一組の下着セット	ブラジャー、ガードル、パンティ、スリップ、キャミソール、ペチコート、ボディスーツ
2	一組のカフスボタン及びネクタイ止めセット	カフスボタン、ネクタイ止め
3	一組の装身具セット	ネックレス、イヤリング
4	一組の喫煙用具セット	卓上ライター、灰皿
5	一組の美容用具セット	「電気マッサージ器、電気眉毛そり器」「電気洗顔パフ、電気吸引パター」
6	一組のひなセット	内裏びな、三人官女、五人ばやしびな、左右大臣びな
7	一組の洗濯機器セット	電気洗濯機、衣類乾燥機
8	一組の便所清掃用具セット	ケース付たわし、汚物入れ
9	一組の洗面用具セット	歯ブラシ立て、コープ
10	一組の電気歯ブラシセット	電気歯ブラシ、ホルダー
11	一組のキャンプ用鍋セット	なべ、フライパン
12	一組の紅茶セット	紅茶わん及び受皿、ティーポット、ミルクピッチャー、砂糖入れ
13	一組のコーヒーセット	コーヒー茶わん及び受皿、コーヒーポット、ミルクピッチャー、砂糖入れ
14	一組の酒器セット	「グラス、氷入れ」「グラス、デカンタ」「徳利、杯」
15	一組の食卓用皿及びコップセット	食卓用皿、コップ
16	一組のせん茶セット	せん茶茶碗、きゅうす
17	一組のディナーセット	肉皿、パン皿、スープ皿、紅茶わん及び受皿、大鉢、ミルクピッチャー、砂糖入れ
18	一組の薬味入れセット	「食卓塩振り、こしょう振り」「しょう油つぎ、ソースつぎ」
19	一組の飲食用ナイフ、フォーク及びスプーンセット	ナイフ、フォーク、スプーン
20	一組のいすセット	いす(2以上)
21	一組の応接家具セット	テーブル、安楽いす
22	一組の屋外用いす及びテーブルセット	屋外用いす、屋外用テーブル
23	一組の玄関収納セット	下駄箱、収納棚

	組物	構成物品
24	一組の収納棚セット	収納棚(2以上)
25	一組の机セット	机、脇机
26	一組のテーブルセット	テーブル(2以上)
27	一組の天井灯セット	天井灯、天井灯用つり飾り
28	一組のエアーコンディショナーセット	エアーコンディショナー、エアーコンディショナー室外機
29	一組の洗面化粧台セット	洗面化粧台、化粧鏡、収納棚
30	一組の台所セット	流し台、調理台、ガス台、収納棚
31	一組の便器用付属品セット	便蓋カバー、便座カバー、便所用マット
32	一組の紅茶セットおもちゃ	各構成物品は上記おもちゃでない組物に準ずる
33	一組のコーヒーセットおもちゃ	各構成物品は上記おもちゃでない組物に準ずる
34	一組のディナーセットおもちゃ	各構成物品は上記おもちゃでない組物に準ずる
35	一組の薬味入れセットおもちゃ	各構成物品は上記おもちゃでない組物に準ずる
36	一組のナイフ、フォーク及びスプーンセットおもちゃ	各構成物品は上記おもちゃでない組物に準ずる
37	一組のゴルフクラブセット	ゴルフクラブ(2以上)
38	一組のドラムセット	ドラム、シンバル
39	一組の事務用具セット	はさみ、ペーパーナイフ、ペーパーカッター、定規、ステープラー
40	一組の筆記具セット	シャープペンシル、ボールペン、万年筆、マーキングペン
41	一組の自動車用エアスポイラーセット	自動車用空気整流器(2以上)
42	一組の自動車用シートカバーセット	シートカバー(2以上)
43	一組の自動車用フロアマットセット	フロアマット(2以上)
44	一組の自動車用ペダルセット	アクセルペダル、ブレーキペダル
45	一組の自動二輪車用カウルセット	カウル(2以上)
46	一組の自動二輪車用フェンダーセット	フロントフェンダー、リアフェンダー
47	一組の車載用経路誘導機セット	車載用経路誘導機本体、モニターテレビ受像機
48	一組のオーディオ機器セット	チューナー、アンプ、スピーカーボックス
49	一組の車載用オーディオ機器セット	車載用チューナー、車載用アンプ、スピーカーボックス
50	一組のスピーカーボックスセット	スピーカーボックス(2以上)
51	一組のテレビ受像機セット	テレビ受像機、テレビ台
52	一組の光ディスク再生機セット	モニターテレビ受像機、光ディスク再生機
53	一組の電子計算機セット	「電子計算機、電子計算機用データ表示機」「電子計算機用データ表示機付き電子計算機、電子計算機用キーボード」「電子計算機用キーボード付き電子計算機、電子計算機用データ表示機」「電子計算機(2以上(複数の筐体により構成されたもの))」
54	一組の自動販売機セット	自動販売機(2以上)
55	一組の医療用エックス線撮影機セット	エックス線撮影機、医療用ベッド
56	一組の門柱、門扉及びフェンスセット	門柱、門扉、フェンス

第5章
商標出願書類を作ろう

044 商標出願に必要な書類は1種類だけ

　特許や実用新案、意匠の出願には、願書の他に、明細書や、特許請求の範囲、図面などの書類が必要となります。しかし、商標の場合は、「①願書」だけで出願ができます。

　多区分での出願をするため、区分の表記が長くなるなどの場合は複数枚になることもありますが、たいていは、書類一枚だけで出願することとなります。

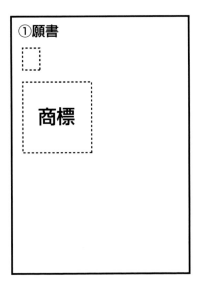

書式について

　商標登録の願書の用紙の大きさはA4サイズの白紙です。この用紙を縦長にして使います。余白は上部に6cm、左右および下に2cmを取ります。上部に6cmの余白を取るのはここに特許印紙を貼るためです。

　文字は、タイプ印書などの黒字ではっきりわかるように書きます。活字の大きさは10ポイントから12ポイントで、半角文字は使ってはいけません。「【」「】」は使える箇所が決められているので所定の箇所以外では使えません。

　この様式は、特許庁のホームページからダウンロードすれば、書式があらかじめ設定されたデータを保存することができます。次に紹介する方法で、データをダウンロードしましょう。

商標出願書類の様式をダウンロードしよう

特許出願書類の様式を、特許庁のホームページからダウンロードできたように、商標出願書類の様式も、ダウンロードが可能です。ダウンロードの手順は、72ページで説明したダウンロード手順とまったく変わりません。

下記の様式を選ぶ際に、「商標に関する申請書類一式」を選択してください。

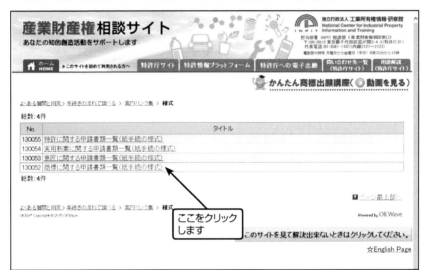

「動き」「ホログラム」「色彩」「音」「位置」商標の出願様式について

2015年4月1日より出願の受付が開始された、新しいタイプの商標、「動き」「ホログラム」「色彩」「音」「位置」の出願書類は、次ページより解説する商標出願書類とは、様式が若干異なります。

詳しくは、特許庁ホームページを参照してください。

- 出願の際の注意事項及び様式（PDFファイル）
  - URL https://www.jpo.go.jp/seido/s_shouhyou/pdf/new_shouhyou/tetuzuki.pdf

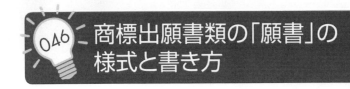

これが願書の様式です。上から順番に書き方を解説していきましょう。

```
┌─────────────────────────────────────────────┐
│  ┌──────┐                                   │
│  │特  許│                                   │
│  │      │                                   │
│  │印  紙│                                   │
│  └──────┘                                   │
│  (      円)                                 │
│  【書類名】   商標登録願                    │
│  【整理番号】                               │
│  【提出日】   平成  年  月  日              │
│  【あて先】   特許庁長官  殿                │
│  【商標登録を受けようとする商標】           │
│   ┌───────────────────────┐                 │
│   │                       │                 │
│   │                       │                 │
│   │                       │                 │
│   │                       │                 │
│   │                       │                 │
│   │                       │                 │
│   └───────────────────────┘                 │
│  【指定商品又は指定役務並びに商品及び役務の区分】│
│    【第    類】                             │
│    【指定商品（指定役務）】                 │
│  【商標登録出願人】                         │
│    【識別番号】                             │
│    【住所又は居所】                         │
│    【氏名又は名称】                         │
│    【電話番号】                             │
│  【提出物件の目録】                         │
└─────────────────────────────────────────────┘
```

商標出願書類の様式をダウンロードすると、このようなデータが保存できます。ほとんどの内容が、あらかじめ入力された状態です。そのため、書類を作るのがとても簡単で、誰でも自分で書いて出願することができると思います。

それでは、願書の項目を追って、順番に書き方を説明しますので、自分が出願するつもりで、必要事項を一緒に書いてみましょう。

特許印紙と出願費用

商標出願の費用は、1区分での出願の場合は、1万2,000円（3,400円＋1区分×8,600円）となります。もし、多区分での出願をする場合、たとえば、2区分の場合は、2万600円（3,400円＋2×8,600円）、3区分の場合は2万9,200円（3,400円＋3×8,600円）となります。

この「区分の数」に関しては、186ページの「【指定商品又は指定役務並びに商品及び役務の区分】の書き方」をご参照ください。

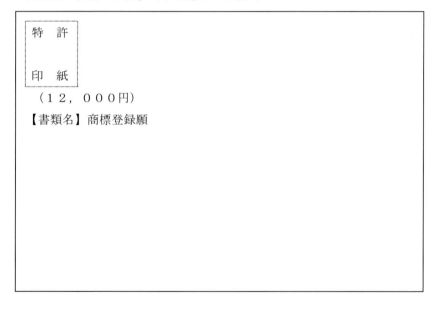

その下にカッコして金額を書きます。区分の数に応じた金額が入っていることを確認してください。

【書類名】の書き方

願書には、用紙の上に6cmの余白を取って【書類名】を「【書類名】　商標登録願」と書きます。

```
【書類名】　商標登録願
```

これは、ダウンロードした様式データにはじめから入っている内容なので、確認だけしてください。

👆【整理番号】の書き方

【整理番号】は、後で自分の書類を整理しやすいように、自分で任意の番号を付けてください。ローマ字（A、B、C…）、アラビア数字（1、2、3…）、ハイフン（－）を組み合わせた、10文字以下の番号を付けます。

「整理番号」は、たとえば、「T-2014-01」のように書きます。

```
【整理番号】　T-2014-01
```

整理番号には、商標を意味する英語「Trademark（トレードマーク）」の頭文字「T」を使っていますが、これも決まりではありません。何でもかまいません。「【整理番号】　2014-01」は、2014年の1番目という意味で付けました。ただ、単に「01」「02」というように書くだけでも大丈夫です。

👆【提出日】の書き方

出願書類を特許庁に提出（郵送または持参）する日付を書きます。

```
【提出日】　平成○○年○月○日
```

👆【あて先】の書き方

【あて先】は「【あて先】　特許庁長官　殿」と書きます。

```
【あて先】　特許庁長官　殿
```

これも、はじめから入力されています。

👆【商標登録を受けようとする商標】の書き方

商標登録を受けようとする商標（商標見本）の書き方には、4つの方法があります。

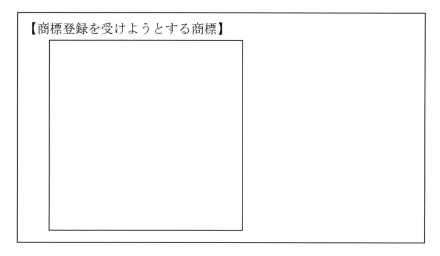

① 願書の「商標記載欄」…直接、願書の「商標記載欄」に「商標登録を受けようとする商標」を書いて手続きをすることができます。
②「8cm×8cm」の大きさの用紙…「8cm×8cm」の大きさの用紙に「商標登録を受けようとする商標」を書いて、その書面に願書に貼り付けて手続きをすることもできます。
③「標準文字」…「標準文字」で手続きをすることもできます。
④「立体商標」…「立体商標」で手続きをすることもできます。

　本書では①の方法で説明します。①の方法は、ダウンロードした書類様式の四角い枠内に、そのまま文字を入力、または図形や記号、ロゴマークなどの画像データをコピー&ペーストする方法です。
　なお、手書きで記載する場合には、何点か注意点がありますので、注意しましょう。

◆注意点1
　願書の「商標記載欄」に「商標登録を受けようとする書面」を書きます。商標記載欄は枠線の大きさは「8cm×8cm」にします。特に必要があるときは「15cm×15cm」までの大きさとすることができます。

◆注意点2

　描き方は、濃墨、または、たやすく変色や色があせない絵の具で鮮明に描くか、印刷により鮮明に表示するものとし、鉛筆、インク、クレヨン、カーボンペーパーを使ってはいけません。

◆注意点3

　活字により商標を表示するときは、見やすい大きさの活字（原則として20ポイントから42ポイントまでの大きさの活字）を使います。

◆注意点4

　商標登録を受けようとする書面（略称・商標見本）は鮮明であれば、コピー（複写）でも許されています。

【指定商品又は指定役務並びに商品及び役務の区分】の書き方

　登録を受けようとする商標の区分と、その指定商品名（または指定役務名）を書く欄です。役務（えきむ）とは、形ある商品ではなく、ホテル業や、貸金業、銀行業、旅行会社等の、いわゆるサービスのことを指します。

　指定商品とは、たとえば「ノーシン」「バファリン」「ロキソニン」という名前を登録する場合、どのような商品に使用指定するか、ということを指しています。ちなみに、これらの名前は頭痛薬の名前ですので、これらの名前を薬に使う場合の指定商品は、「第5類　薬剤」となります。

　指定役務（していえきむ）とは、たとえば「京王プラザホテル」「ホテルオークラ」「東横イン」という名前を登録する場合、どのような役務（サービス）に使用指定するか、ということを指しています。これらはホテル名ですので、これらの名前をホテルに使う場合の指定役務は、「第43類　宿泊施設の提供」となります。

　商標の国際分類表には、「第5類　薬剤」「第43類　宿泊施設の提供」などのように、指定商品または指定役務ごとに、何類に分類されているかが載っています。第1類から第34類には商品、第35類から第45類には役務（サービス）がそれぞれ分類されています。

　本書では、193ページに商標の国際分類表の抜粋を掲載しました。一般的なものなら、ある程度、本書で調べることも可能です。

　さて、今回、商標出願書類を作る勉強のために、例題として紹介する商品は、ぜい肉を引き締めて、入らなくなったスカートも入るようになる、シェイプアッ

プ用コルセット「肉取物語(にくとりものがたり)」という商品です。

　この、「肉取物語」という商品名で、「コルセット」を指定商品にした場合の書類例を紹介いたします。

　まず、「コルセット」が、193ページで紹介した商標の国際分類表で、何類に分類されているのかを調べてみましょう。見つかりましたか？　正解は「25類」に「コルセット」が分類されているのがわかると思います。これで、コルセットという商品は、25類に分類されていることがわかりました。

　後は空欄に、調べた区分と商品名を書くだけです。

```
【指定商品又は指定役務並びに商品及び役務の区分】
　【第２５類】
　【指定商品（指定役務）】　コルセット
```

なお、今では、商品もサービスも、その種類は大変豊富で、区分表だけでは判断がつかない場合もあります。本書に掲載した商標の国際分類表は、一般的なものだけを集めた抜粋であるため、掲載されていない商品や役務がある場合が考えられます。そのため、出願の際は、必ず特許庁で公開されている最新の国際分類表で確認しましょう。

なお、この分類表にも、最近登場し始めた新しい商品名は記載されていない場合があります。分類表に掲載されていない商品やサービスにおいて商標出願したい場合は、不確かな想像だけで出願せず、必ず、「何区分のどのような指定商品名（または指定役務名）で出願すればよいか」を特許庁（TEL03-3581-1101）に確認をしてから、出願するようにしましょう。

一出願多区分制度について

これまで、「肉取物語」という商品名を、「コルセット」1商品区分のみで使うとした場合の例を紹介してきました。しかし、コルセット以外の、商品の区分が違う商品やサービスでも、名前を保護したい場合があります。

たとえば、肉取物語という名前の雑誌やパンフレットを保護するための「印刷物」としての区分や、肉取物語という名前の「マッサージ業」を営むお店の名前としての区分も、保護したい場合です。

この場合、3通の書類で、別々に出願することもできますが、1通の書類にまとめて出願することも可能です。これが「一出願多区分制度」による出願です。出願するときの書き方は、通常の商標登録願と同じです。願書の「指定商品又は指定役務並びに商品及び役務の区分」を次のように多区分に指定して書きます。

```
【指定商品又は指定役務並びに商品及び役務の区分】
　【第25類】
　【指定商品（指定役務）】コルセット
　【第16類】
　【指定商品（指定役務）】印刷物
　【第44類】
　【指定商品（指定役務）】マッサージ及び指圧
```

3区分を1区分ずつでの商標出願にかかる費用は、1万2,000円（3,400円＋1区分×8,600円）×3件＝3万6,000円となります。対して、多区分制を利用した場合の商標出願費用は、2万9,200円（3,400円＋3×8,600円）となります。

　メリットは、出願の手間が省略できるだけでなく、3通別々に出願すると、合計で3万6,000円掛かるのに比べ、費用が安価である点です。

　逆に、デメリットとしては、1つの区分において、同じ商標があるなどの理由から拒絶の対象となってしまった場合、書類全体が拒絶の対象となってしまうことが挙げられます。この場合、拒絶の対象となった区分のみを補正書で削除し、拒絶理由を回避すれば、問題のない残りの2区分を登録することができます。しかし、補正書を作る中間手続の手間が増えるばかりでなく、この手続きに要した時間だけ、残り2つの区分においては、登録が遅れてしまいます。メリットとデメリット双方を理解した上で、制度を有効に利用しましょう。

【商標登録出願人】の書き方

　【商標登録出願人】は「識別番号」「住所又は居所」「氏名又は名称」「電話番号」を書きます。【商標登録出願人】は、意匠の権利者になる人です。その人の「識別番号」「住所又は居所」「氏名又は名称」「電話番号」を書きます。

　【識別番号】は、特許庁から識別番号の通知を受けている人であれば、その「識別番号」を書きます。この「識別番号」は、特許庁が出願人に与える背番号のようなもので、同じ番号はありません。まだ、出願をしたことがない人は、当然「識別番号」はありません。初めて出願する人は、無記入にしておきます。様式では、記載できない場合も考慮して、識別番号の項目がカッコ付けされています。なお、初めて出願すると、後日、特許庁から「識別番号」を知らせてくれます。次回の出願から、その識別番号を記載しましょう。

　【住所又は居所】は、都道府県から、何丁目、何番、何号、アパート名や部屋番号まで、省略せず全部書いてください。長い住所だと1行に入りきらない場合がありますが、そのまま改行して次の行に移って続きをそのまま記載してください。

　【氏名又は名称】は、権利者になる人の名前を書きます。個人（自然人）の名前を書いてください。そして、「商標登録出願人」の氏名には、「印（朱肉印）」が必要です。このときに使った「印鑑」は、今後「特許庁」に「手続き」をすると

きに、同じ印鑑をずっと使うことになります。もし印鑑をなくしてしまうと、印鑑の変更届けを出す、面倒な手続きが必要となってしまいます。絶対になくさないように、「特許庁への手続きで使った印鑑」として、大切に保管してください。

　法人のときは【代表者】の項目を加えて、代表者の名前を書き、会社の印（朱肉印）を押します。

```
【商品登録出願人】
　【識別番号】
　【住所又は居所】　○○都○○区○○町○○丁目○番○号
　【氏名又は名称】　株式会社　○○○○
　【代表者】　○○　○○　（印）又は〔識別ラベル〕
　【電話番号】　○○－○○○○－○○○○
```

【提出物件の目録】【物件名】の書き方

　【提出物件の目録】は、指定商品（指定役務）を具体的に説明する必要があるときは、別の用紙に「指定商品（指定役務）の説明」と書き、商品の生産、使用の方法、材料、用途、効能などを説明します。役務については、内容、効能、提供の方法を説明します。

　このとき「提出物件の目録」に【物件名】と書いて、ここに「指定商品（指定役務）の説明書」と書きます。しかし、通常は何も書きません。空欄でかまいません。

　以上で、書類作成は終了です。上書き保存をして、ここまで作ってきたデータを保存しましょう。それでは最後に、今まで作ってきた商標出願書類の完成見本を見てみましょう。

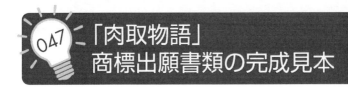

今までの手順で作ると、このような商標出願書類に仕上がります。

```
 特　許
 印　紙
(12,000円)
【書類名】　　商標登録願
【整理番号】　T－2014－01
【提出日】　　平成○○年○月○日
【あて先】　　特許庁長官　殿
【商標登録を受けようとする商標】

┌─────────────────┐
│                                 │
│                                 │
│          肉取物語              │
│                                 │
│                                 │
└─────────────────┘

【指定商品又は指定役務並びに商品及び役務の区分】
　　【第２５類】
　　【指定商品（指定役務）】　　コルセット
【商標登録出願人】
　　【識別番号】
　　【住所又は居所】　○○都○○区○○町○丁目○番○号
　　【氏名又は名称】　○○　○○(印)又は〔識別ラベル〕
　　【電話番号】　　○○－○○○○－○○○○
【提出物件の目録】
　　【物件名】
```

その他の商標制度

通常の商標登録とは違う、新しい目的によって生まれた制度もあります。特に、地場産業の育成を目的にした「地域団体商標」の登録制度は、テレビでも取り上げられるほど話題になっている、重要な制度です。

団体商標制度

社団法人・事業共同組合などの団体が、その構成員に使用させる商標について登録を受けることができる制度です。

地域団体商標登録制度

一般的に「地名＋商品名」で表される商標は、識別力がないという理由から、商標登録を受けることができません。

しかし、地名と商品名とが組み合わされた地域ブランド商標を育成し保護をするため、商標登録を認める制度が、2005年の法改正で新たに導入されました。たとえば、栃木県宇都宮市の有名な「宇都宮餃子」という商標は、地域団体商標の例です。商標権を持つ「共同組合宇都宮餃子会」の団体員であれば、「宇都宮餃子」の商標を使用できるようになります。

地域団体商標の登録に際しては、商標が周知されているか、商品が地域と密接な関連性を持っているかといった点からも審査されます。

地域団体商標として登録された例として、「大間まぐろ」「長崎カステラ」などの食品の他、「博多織」「美濃焼」などの商品名や、「横濱中華街」「草津温泉」などの地名も登録されています。

防護標章制度

指定された区分や類似する商品や役務しか保護できない商標法の弱点をカバーする為の制度です。たとえば、有名な電化製品メーカーの「ソニー」の名前を、お菓子であるチョコレートに「ソニーチョコレート」として第三者が使用すると、消費者は有名な電化製品メーカーの「ソニー」がチョコレートの販売を始めたかと「出所の誤認」をする恐れがあります。

このような著名商標の保護を目的とした制度が防護標章制度です。

049 商標国際分類表

　この商標の国際分類表は、商標登録を受けたい商品や役務が、何類に分類されているのかを調べるために使います。下記はその抜粋になります。

　第1類から第34類までは、商品についての区分です。第35類から第45類までは、役務（サービス）についての区分です。

　なお、商標の国際分類の詳細については、次の特許庁ウェブサイトのページをご参照ください。

- 類似商品・役務審査基準「国際分類第10-2015版対応」
（1～45類までのPDFファイルが掲載されています）

　URL　http://www.jpo.go.jp/shiryou/kijun/kijun2/ruiji_kijun10-2015.htm

●商標国際分類表（抜粋）

分類	商品の概要
第1類	化学品、植物成長調整剤類、のり及び接着剤（事務用又は家庭用のものを除く）、高級脂肪酸、非鉄金属、非金属鉱物、原料プラスチック、パルプ、工業用粉類、肥料、写真材料、試験紙、人工甘味料、陶磁器用釉薬
第2類	塗料、染料、顔料、印刷インキ、絵の具、「塗装用・装飾用・印刷用又は美術用の非鉄金属はく及び粉」、「塗装用・装飾用・印刷用又は美術用の貴金属はく及び粉」、カナダバルサム、壁紙剥離剤、コパール、サンダラック、セラック、松根油、ダンマール、媒染剤、防錆グリース、マスチック、松脂、木材保存剤
第3類	せっけん類、香料類、化粧品、かつら装着用接着剤、つけづめ、つけまつ毛、つけまつ毛用接着剤、歯磨き、家庭用帯電防止剤、家庭用脱脂剤、さび除去剤、染み抜きベンジン、洗濯用柔軟剤、洗濯用でん粉のり、洗濯用漂白剤、洗濯用ふのり、つや出し剤、研磨紙、研磨布、研磨用砂、人造軽石、つや出し紙、つや出し布、靴クリーム、靴墨、塗料用剥離剤
第4類	工業用油、工業用油脂、燃料、ろう、靴油、固形潤滑剤、保革油、ランプ用灯しん、ろうそく
第5類	薬剤、歯科用材料、医療用腕環、医療用油紙、衛生マスク、オブラート、ガーゼ、カプセル、眼帯、耳帯、おむつ、おむつカバー、人工受精用精液、生理帯、生理用タンポン、生理用ナプキン、生理用パンティ、脱脂綿、乳児用粉乳、乳糖、はえ取り紙、ばんそうこう、包帯、包帯液、防虫紙、胸当てパッド
第6類	鉄及び鋼、非鉄金属及びその合金、金属鉱石、建築用又は構築用の金属製専用材料、金属製建具、金属製金具、金属製建造物組立てセット、金属製貯蔵槽類、金属製の滑車・ばね及びバルブ（機械要素に当たるものを除く）、金属製包装用容器、金属製荷役用パレット、金属製フランジ、コッタ、いかり、金属製ビット、金網、ワイヤロープ、犬用鎖、金属製家庭用水槽、金属製工具箱、金属製貯金箱、金属製のきゃたつ及びはしご、金属製郵便受け、金庫、金属製立て看板、金属製彫刻、金属製の墓標及び墓碑用銘板、つえ用金属製石突き、アイゼン、カラビナ、拍車、ハーケン

分類	商品の概要
第7類	金属加工機械器具、鉱山機械器具、土木機械器具、荷役機械器具、化学機械器具、繊維機械器具、食料加工用又は飲料加工用の機械器具、製材用・木工用又は合板用の機械器具、風水力機械器具、農業用機械器具、漁業用機械器具、ミシン、ガラス器製造機械、靴製造機械、製革機械、たばこ製造機械、機械式の接着テープディスペンサー、自動スタンプ打器、起動器、交流電動機及び直流電動機（陸上の乗物用の交流電動機及び直流電動機（その部品を除く。）を除く。）、交流発電機、電気洗濯機、電気掃除機、電機ブラシ、電気ミキサー、電動式カーテン引き装置、陶工用ろくろ、塗装機械器具、乗物用洗浄機、廃棄物圧縮装置、廃棄物破砕装置、機械要素（陸上の乗物用のものを除く。）
第8類	手動工具、くわ、鋤（すき）、電気かみそり及び電気バリカン、ひげそり用具入れ、ペディキュアセット、まつ毛カール器、マニキュアセット、エッグスライサー（電気式のものを除く。）、かつお節削り器、角砂糖挟み、缶切、くるみ割り器、スプーン、チーズスライサー（電気式のものを除く。）、フォーク、電気アイロン、糸通し器、チャコ削り器、水中ナイフ、水中ナイフ保持具、ピッケル、五徳、殺虫剤用噴霧器（手持ち工具に当たるものに限る。）、十能、暖炉用ふいご（手持ち工具に当たるものに限る。）、パレットナイフ、火ばし
第9類	理化学機械器具、測定機械器具、救命用具、電気通信機械器具、レコード、メトロノーム、業務用テレビゲーム機用プログラム、家庭用テレビゲーム機用プログラム、携帯用液晶画面ゲーム機用のプログラムを記憶させた電子回路及びCD-ROM、火災報知機、ガス漏れ警報機、消火器、消火栓、消火ホース用ノズル、消防車、消防艇、スプリンクラー消火装置、盗難警報器、保安用ヘルメット、防火被服、防じんマスク、防毒マスク、電子出版物、タイムレコーダー、電子計算機、パンチカードシステム機械、潜水用機械器具、レギュレーター、検卵器、電子応用扉自動開閉装置、耳栓
第10類	医療用機械器具、おしゃぶり、氷まくら、三角きん、支持包帯、手術用キャットガット、吸い飲み、スポイト、乳首、氷のう、氷のうつり、ほ乳用具、魔法哺乳器、綿棒、指サック、避妊用具、人工鼓膜用材料、補てん充てん用材料（歯科用のものを除く。）、医療用手袋、家庭用電気マッサージ器、しびん、病人用лл差し込み便器、耳かき
第11類	電球類及び照明用器具、あんどん、石油ランプ、ちょうちん、ほや、原子炉、ボイラー、ガス湯沸かし器、調理台、流し台、加熱器、冷凍機械器具、アイスボックス、乾燥装置、換熱器、蒸煮装置、蒸発装置、蒸留装置、熱交換器、暖冷房装置、便所ユニット、浴室ユニット、浄水装置、家庭用電熱用品類、業務用衣類乾燥機、浴槽類、家庭用浄水器、水道蛇口用座金、ごみ焼却炉、し尿処理槽、洗浄機能付き便座、洗面所用消毒剤ディスペンサー、便器、和式便器用いす、あんか、かいろ、かいろ灰、化学物質を充てんした保温保冷具、湯たんぽ
第12類	船舶並びにその部品及び附属品、航空機並びにその部品及び附属品、鉄道車両並びにその部品及び附属品、自動車並びにその部品及び附属品、二輪自動車並びにその部品及び附属品、自転車並びにその部品及び附属品、乳母車、車いす、人力車、そり、手押し車、荷車、馬車、リヤカー、タイヤ又はチューブの修繕用ゴムはり付け片、乗物用盗難警報機、落下傘
第13類	鉄砲、銃砲弾、火薬、爆薬、火工品及びその補助器具、戦車
第14類	キーホルダー、宝石箱、記念カップ、記念たて、身飾品、貴金属靴飾り、時計
第15類	楽器、楽譜台、指揮棒、音さ、調律機
第16類	紙類、紙製包装用容器、紙製ごみ収集用袋、プラスチック製ごみ収集用袋、型紙、紙製テーブルクロス、紙製テーブルナプキン、紙製タオル、紙製手ふき、紙製のぼり、紙製旗、紙製ハンカチ、裁縫用チャコ、荷札、印刷物、書画、写真、写真立て、文房具類、印字用インクリボン、活字、タイプライター、チェックライター、謄写版、凸版複写機、文書細断機
第17類	ゴム、ゴムひも、ゴム製栓、ゴム製ふた、ゴム製包装用容器、プラスチック基礎製品、雲母、岩石繊維、コンデンサーペーパー、ガスケット、絶縁手袋、農業用プラスチックシート、パッキング、防音材（建築用のものを除く。）
第18類	皮革、かばん類、袋物、携帯用化粧道具入れ、かばん金具、がま口金具、傘、ステッキ、つえ、つえ金具、つえの柄、乗馬用具、愛玩動物用被服類

分類	商品の概要
第19類	建築用又は構築用の非金属鉱物、陶磁製建築専用材料、れんが及び耐火物、リノリューム製建築専用材料、プラスチック製建築専用材料、合成建築専用材料、アスファルト及びアスファルト製の建築用又は構築用の専用材料、しっくい、石灰製の建築用又は構築用の専用材料、石こう製の建築用又は構築用の専用材料、繊維製の落石防止網、建造物組立セット（金属製のものを除く。）、セメント及びその製品、木材、石材、建築用ガラス、建具（金属製のものを除く。）、鉱物性基礎材料、タール類及びピッチ類、可搬式家庭用温室（金属製のものを除く。）、人工魚礁（金属製のものを除く。）、セメント製品製造用型枠（金属製のものを除く。）、道路標識（金属製又は発光式若しくは機械式のものを除く。）、石製彫刻、石製郵便受け、コンクリート彫刻、大理石製彫刻、灯ろう、飛び込み台（金属製のものを除く。）、墓標及び墓碑用銘板（金属製のものを除く。）
第20類	家具、カーテン金具、くぎ・くさび・ナット・ねじくぎ・びょう・ボルト・リベット及びキャスター（金属製のものを除く。）、クッション、座布団、まくら、アドバルーン、犬小屋、うちわ、買物かご、額縁、工具箱（金属製のものを除く。）、小鳥用巣箱、ししゅう用枠、植物の茎支持具、食品見本模型、すだれ、スリーピングバッグ、せんす、つい立て、ネームプレート及び標札（金属製のものを除く。）、旗ざお、びょうぶ、ベンチ、帽子掛けかぎ（金属製のものを除く。）、揺りかご、木製彫刻、あし、すげ、竹、竹皮、とう、麦わら、木皮、わら、鯨のひげ、さんご、ぞうげ、角、歯、べっこう、海泡石、こはく
第21類	なべ類、鉄瓶、やかん、泡立て器、魚ぐし、携帯用アイスボックス、こし器、こしょう入れ・ようじ入れ（貴金属製のものを除く。）、米びつ、ざる、栓抜、大根卸し、タルト取り分け用へら、なべ敷き、はし、はし箱、ひしゃく、ふるい、まな板、魔法瓶、麺棒、焼き網、ようじ、レモン絞り器、デンタルフロス、おけ用ブラシ、金ブラシ、管用ブラシ、工業用はけ、船舶ブラシ、ブラシ用豚毛、洋服ブラシ、靴ブラシ、靴べら、靴磨き布、アイロン台、植木鉢、小鳥かご、小鳥用水盤、じょうろ、寝室用簡易便器、せっけん用ディスペンサー、貯金箱（金属製のものを除く。）、トイレットペーパーホルダー、ねずみ取り器、はえたたき、へら台、浴室用腰掛け、浴室用手おけ、花瓶（貴金属製のものを除く。）、ガラス製又は磁器製の立て看板、香炉、コッフェル
第22類	原料繊維、編みひも、真田ひも、のり付けひも、よりひも、鋼索、網類（金属製のものを除く。）、衣服綿、ハンモック、布団袋、布団綿、布製包装用容器、わら製包装用容器、ターポリン、帆、雨覆い、天幕、ザイル、登山用又はキャンプ用のテント、靴用ろう引き絹糸、おがくず、カポック、かんなくず、木毛、もみがら、ろうくず、牛毛、たぬきの毛、豚毛（ブラシ用のものを除く。）、羽、馬毛
第23類	絹糸、毛糸、ガラス繊維糸、金属繊維糸、より糸、糸ゴム
第24類	織物、メリヤス生地、フェルト及び不織布、オイルクロス、ゴム引防水布、ビニルクロス、ラバークロス、レザークロス、ろ過布、布製身の回り品、織物製テーブルナプキン、ふきん、かや、敷布、布団、布団カバー、布団側、まくらカバー、毛布、織物製いすカバー、織物製壁掛け、カーテン、シャワーカーテン、テーブル掛け、どん帳、織物製トイレットシートカバー、遺体覆い、経かたびら、黒白幕、紅白幕、布製ラベル、ビリヤードクロス、のぼり及び旗（紙製のものを除く。）
第25類	被服、ガーター、コルセット、キャミソール、靴下止め、ズボンつり、バンド、ベルト、履物、仮装用衣服、運動用特殊衣服、運動用特殊靴
第26類	編みレース生地、刺しゅうレース生地、組みひも、テープ房類、リボン、ボタン類、針類、メリヤス機械用編針、編み棒、裁縫箱、裁縫用へら、裁縫用指抜き、針刺し、針箱（貴金属製のものを除く。）、被服用バッジ（貴金属製のものを除く。）、衣服用バックル、衣服用ブローチ、腕止め、帯留、ボンネットピン（貴金属製のものを除く。）、ワッペン、腕章、頭飾物、つけあごひげ、つけ口ひげ、ヘアカーラー（電気式のものを除く。）、靴飾り（貴金属製のものを除く。）、靴はとめ、靴ひも、靴ひも代用金具、造花
第27類	敷物、畳類、洗い場用マット、人工芝、体操用マット、壁掛け（織物製のものを除く。）、壁紙
第28類	遊戯用器具、囲碁用具、将棋用具、歌がるた、さいころ、すごろく、ダイスカップ、ダイヤモンドゲーム、チェス用具、チェッカー用具、手品用具、ドミノ用具、トランプ、花札、マージャン用具、ビリヤード用具、おもちゃ、人形、愛玩動物用おもちゃ、運動用具、スキーワックス、釣り具、昆虫採集用具、遊園地用機械器具（業務用テレビゲーム機を除く。）

分類	商品の概要
第29類	食肉、食用魚介類(生きているものを除く。)、肉製品、加工水産物、豆、加工野菜及び加工果実、冷凍果実、冷凍野菜、卵、加工卵、乳製品、食用油脂、カレー・シチュー又はスープのもと、なめ物、お茶漬けのり、ふりかけ、油揚げ、凍り豆腐、こんにゃく、豆乳、豆腐、納豆、食用たんぱく
第30類	コーヒー及びココア、コーヒー豆、茶、調味料、香辛料、食品香料(精油のものを除く。)、米、脱穀済みのえん麦、脱穀済みの大麦、食用粉類、食用グルテン、穀物の加工品、ぎょうざ、サンドイッチ、しゅうまい、すし、たこ焼き、肉まんじゅう、ハンバーガー、ピザ、べんとう、ホットドッグ、ミートパイ、ラビオリ、菓子及び麺、即席菓子のもと、アイスクリームのもと、シャーベットのもと、イーストパウダー、こうじ、酵母、ベーキングパウダー、氷、アイスクリーム用凝固剤、家庭用食肉軟化剤、酒かす、ホイップクリーム用安定剤
第31類	あわ、きび、ごま、そば、とうもろこし、ひえ、麦、籾米、もろこし、うるしの実、麦芽、ホップ、未加工のコルク、やしの葉、食用魚介類(生きているものに限る。)、海藻類、獣類・魚類(食用のものを除く。)・鳥類及び昆虫類(生きているものに限る。)、蚕種、種繭、種卵、飼料、釣り用餌、果実、野菜、糖料作物、種子類、木、草、芝、ドライフラワー、苗、苗木、花、牧草、盆栽、生花の花輪、飼料用たんぱく
第32類	ビール、清涼飲料、果実飲料、飲料用野菜ジュース、乳清飲料、ビール製造用ホップエキス
第33類	日本酒、洋酒、果実酒、中国酒、薬味酒
第34類	たばこ、紙巻きたばこ用紙、喫煙用具(貴金属製のものを除く。)、マッチ
第35類	広告業、トレーディングスタンプの発行、経営の診断又は経営に関する助言、市場調査、商品の販売に関する情報の提供、ホテルの事業の管理、財務書類の作成又は監査若しくは証明、職業のあっせん、求人情報の提供、競売の運営、輸出入に関する事務の代理又は代行、新聞の予約購読の取次ぎ、書類の複製、速記、筆耕、電子計算機・タイプライター・テレックス又はこれらに準ずる事務用機器の操作、文書又は磁気テープのファイリング、建築物における来訪者の受付及び案内、広告用具の貸与、タイプライター・複写機及びワードプロセッサの貸与、自動販売機の貸与、小売・卸売関係
第36類	預金の受入れ(債権の発行により代える場合を含む。)及び定期積金の受入れ、資金の貸付け及び手形の割引、内国為替取引、債務の保証及び手形の引受け、外国有価証券市場における有価証券の売買取引及び外国市場証券先物取引の委託の媒介・生命保険の引受け、建物の管理、建物の貸借の代理又は媒介、建物の貸与、建物の売買、建物の売買の代理又は媒介、建物又は土地の鑑定評価、土地の管理、土地の貸借の代理又は媒介、土地の貸与、土地の売買、土地の売買の代理又は媒介、建物又は土地の情報の提供、骨とう品の評価、美術品の評価、宝玉の評価、企業の信用に関する調査、税務相談、税務代理、慈善のための募金
第37類	建設工事、建築設備の運転、船舶の建造、船舶の修理又は整備、航空機の修理又は整備、自転車の修理、自動車の修理又は整備、鉄道車両の修理又は整備、二輪自動車の修理又は整備、医療用機械器具の修理又は保守、美容院用又は理髪店用の機械器具の修理又は保守、プラスチック加工機械器具の修理又は保守、包装用機械器具の修理又は保守、傘の修理、ガス湯沸かし器の修理又は保守、加熱器の修理又は保守、なべ類の修理又は保守、楽器の修理又は保守、かばん類又は袋物の修理、金庫の修理又は保守、靴の修理、釣り具の修理、時計の修理又は保守、はさみ研ぎ及びほうちょう研ぎ、畳類の修理、被服の修理、布団綿の打直し、煙突の清掃
第38類	電気通信(放送を除く。)、放送、報道をする者に対するニュースの供給、電話機・ファクシミリその他の通信機器の貸与
第39類	鉄道による輸送、車両による輸送、船舶による輸送、航空機による輸送、貨物のこん包、貨物の積卸し、貨物の輸送の媒介、船舶の貸与・売買又は運航の委託の媒介、船舶の引揚げ、水先案内、主催旅行の実施、旅行者の案内、水の供給、熱の供給、係留施設の提供、倉庫の提供、駐車場の提供、飛行場の提供、ガソリンステーション用装置(自動車の修理又は整備用のものを除く。)の貸与、自動車の貸与、船舶の貸与、荷役機械器具の貸与、包装用機械器具の貸与、冷凍機械器具の貸与

分類	商品の概要
第40類	布地・被服又は毛皮の加工処理（乾燥処理を含む。）、裁縫、ししゅう、紙の加工、金属の加工、ゴムの加工、プラスチックの加工、食料品の加工、石材の加工、セラミックの加工、剥製、木材の加工、グラビア製版、印刷、製本機械の貸与、繊維機械器具の貸与、たばこ製造機械の貸与、廃棄物圧縮装置の貸与、廃棄物破砕装置の貸与、パルプ製造用・製紙用又は紙工用の機械器具の貸与、ミシンの貸与
第41類	技芸・スポーツ又は知識の教授、動物の調教、植物の供覧、動物の供覧、図書及び記録の供覧、美術品の展示、庭園の供覧、洞窟の供覧、電子出版物の提供、映画・演芸・演劇又は音楽の演奏の興行の企画又は運営、映画の上映・制作又は配給、スポーツの興業の企画・運営又は開催、競馬の企画・運営又は開催、競輪の企画・運営又は開催、競艇の企画・運営又は開催、小型自動車競走の企画・運営又は開催、当せん金付証票の発売、通訳、翻訳、写真の撮影、ラジオ受信機の貸与、図書の貸与、レコード又は録音済み磁気テープの貸与、録画済み磁気テープの貸与、おもちゃの貸与、遊園地用機械器具の貸与、遊戯用器具の貸与
第42類	医薬品・化粧品又は食品の試験・検査又は研究、機械・装置若しくは器具（これらの部品を含む。）又はこれらの機械等により構成される設備の設計、建築物の設計、測量、地質の調査、デザインの考案、電子計算機・自動車その他その用途に応じて的確な操作をするためには高度の専門的な知識・技術又は経験を必要とする機械の性能・操作方法等に関する紹介及び説明、気象情報の提供、計測器の貸与、製図用具の貸与、電子計算機の貸与、理化学機械器具の貸与
第43類	宿泊施設の提供、宿泊施設の提供の契約の媒介又は取次ぎ、飲食物の提供、保育所における乳幼児の保育、動物の宿泊施設の提供、カーテンの貸与、会議室の貸与、家具の貸与、加熱器の貸与、壁掛けの貸与、敷物の貸与、タオルの貸与、調理台の貸与、展示施設の貸与、流し台の貸与、布団の貸与
第44類	医業、健康診断、歯科医業、調剤、あん摩・マッサージ及び指圧、カイロプラクティック、きゅう、柔道整復、はり、栄養の指導、医療情報の提供、介護、美容、理容、入浴施設の提供、動物の治療、動物の飼育、庭園又は花壇の手入れ、庭園樹の植樹、肥料の散布、雑草の防除、有害動物の防除（農業・園芸又は林業に関するものに限る。）、医療用機械器具の貸与、植木の貸与、漁業用機械器具の貸与、芝刈機の貸与、農業用機械器具の貸与、美容院用又は理髪店用の機械器具の貸与
第45類	結婚又は交際を希望する者への異性の紹介、葬儀の執行、墓地又は納骨堂の提供、施設の警備、身辺の警備、個人の身元又は行動に関する調査、家事の代行、占い、ファッション情報の提供、衣服の貸与、火災報知機の貸与、祭壇の貸与、消火器の貸与

第6章

書類の出し方と
手続きの流れ

出願の準備

　作成した書類は、特許庁に出さなければ、権利を得ることはできません。そのためには、特許庁に書類を出すことが必要です。
　この願書を出す行為を「出願(しゅつがん)」といい、出願に必要な書類は、第5章までの解説で作ることができます。
　出願には、特許庁へ出願データを送信してオンラインで出願する方法と、出願書類を作成して、特許庁へ郵送、または特許庁に持参して出願する方法があります。
　本書では、書類を作成して、紙出願する方法を解説いたします。

「特許印紙(とっきょいんし)」の購入

　「特許印紙」は、10円から10万円までの11種類があります。平成23年4月より、デザインが新しくなりました。

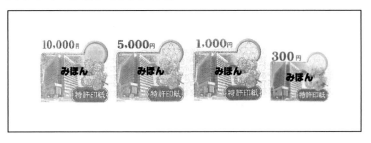

　特許印紙は、全国の郵便局（主に集配局）で販売しています。
　小さな郵便局には、置いていないところもありますので、購入の際は、最寄りの郵便局を「日本郵便株式会社ホームページ(http://www.post.japanpost.jp/top.html)」で調べて、電話確認の上、購入してください。
　また、特許庁へ書類を持参して出願する際は、特許庁1階の発明協会売店でも販売していますので、あらかじめ購入する必要はありません。現地で購入しましょう。
　なお、「特許印紙」は「登記印紙」や「収入印紙」と間違えやすいので、注意が必要です。郵便局では数種類の印紙を販売しており、買う側は、「特許印紙」であることを十分確認する必要があります。
　特に収入印紙は、特許印紙に比べてポピュラーなため、うっかり間違えて購

入してしまう場合があります。印紙は、いったん買ってしまうと、間違って買ってしまったとしても、返品を受け付けてくれません。また、間違った収入印紙のままで出願をしてしまうと、面倒な印紙間違いの手続きが必要となり、手間が増えてしまいます。購入前には十分に確認しましょう。

出願のときに必要となる費用

「特許出願」に掛かる費用は、請求項の数にかかわらず、出願料のみの1万4,000円です。

「実用新案登録出願」の場合は、出願料の他に、3年分の登録料を合算した、2万600円(一請求項の場合)を納めなければいけません。このとき、登録料は請求項の数によって変わりますので、注意しましょう。

「意匠登録出願」は1万6,000円です。

「商標登録出願」は1万2,000円です。商標登録出願の場合は、多区分制による出願の場合、区分の数に応じて、費用が変わります。

なお、この出願費用は、法改正などによって変わる可能性あります。出願前には必ず特許庁に電話(TEL03-3581-1101)で確認しましょう。

また、特許庁のホームページでも、料金などに関する情報が公開されています。情報の見方は、72ページで紹介した出願書類様式の探し方とまったく同じです。

❶「費用について」をクリックします。

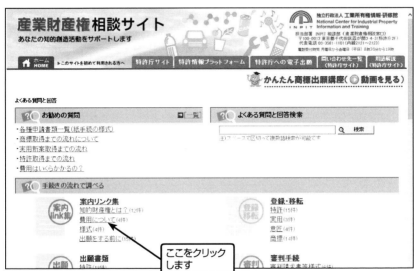

❷「費用はいくらかかるの?」をクリックします。

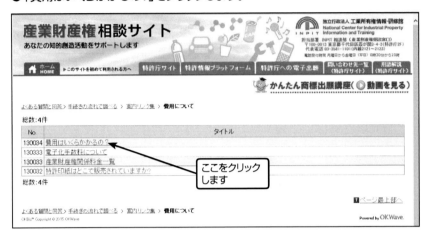

❸ 費用に関する情報が調べられます。

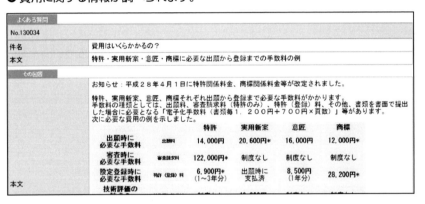

　出願のときにかかる費用だけでなく、今後掛かる費用についても、一覧表で見ることができます。この図は特許庁ホームページから転載した料金一覧表です。

支払うタイミング	名前	特許	実用新案	意匠	商標
出願時に 必要な手数料	出願料	14,000円	20,600円	16,000円	12,000円
審査時に 必要な手数料	審査請求料	122,000円	制度なし	制度なし	制度なし
設定登録時に 必要な手数料	特許(登録)料	6,900円 (1〜3年分)	出願時に支払済	8,500円 (1年分)	28,200円
技術評価の 請求の手数料	技術評価 請求料	制度なし	43,000円	制度なし	制度なし
合計		142,900円	63,600円	24,500円	40,200円

特許印紙の貼り方

　特許印紙の張り方は、書類の所定の場所に、切手を封筒に貼るときと同じ要領で、水で濡らして貼ります。
　それでは、具体的に、貼り方について解説していきましょう。

◆特許出願の場合

　特許出願の場合は、1万4,000円という額面の特許印紙はありませんので、1万円と1,000円の特許印紙を並べて貼ります。3,000円と1,000円の特許印紙を組み合わせて貼っても大丈夫です。

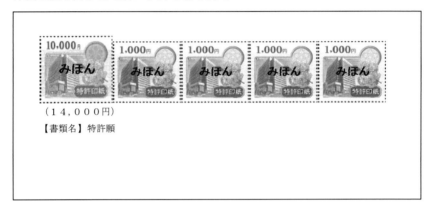

（14,000円）
【書類名】特許願

◆実用新案登録出願の場合

　実用新案登録出願の場合は、1万円2枚と、500円1枚、100円1枚を購入することになります（請求項1の場合）。100円の特許印紙がなければ、300円の特許印紙を2枚買って、600円分になるようにしましょう。

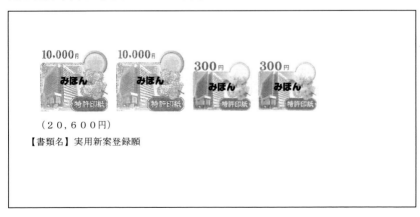

（20,600円）
【書類名】実用新案登録願

◆ 意匠出願の場合

　意匠出願の場合は、1万6,000円です。この金額は、どんな場合でも変わりません。

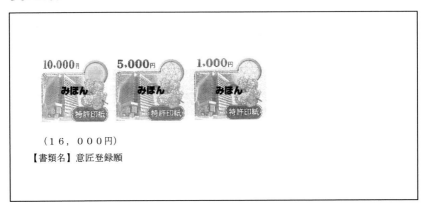

（16,000円）
【書類名】意匠登録願

◆ 商標出願の場合

　商標出願の場合は、1万2,000円（3,400円＋1区分×8,600円）となります。もし、多区分での出願の場合、たとえば、2区分の場合は2万600円（3,400円＋2×8,600円）、3区分の場合は2万9,200円（3,400円＋3×8,600円）となります。

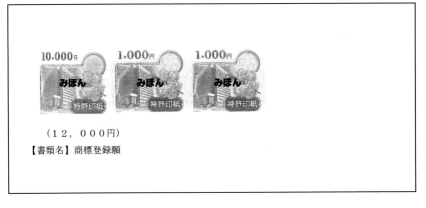

（12,000円）
【書類名】商標登録願

　なお、すべての出願の場合において、「特許印紙」に「割印」をしてはいけません。十分に注意しましょう。

出願書類の綴じ方

出願の際は、出願書類を綴じる順番に注意しましょう。

◆ 特許、実用新案登録の場合

「①願書」「②明細書」「③特許請求の範囲（実用新案登録請求の範囲）」「④要約書」「⑤図面」を順番に重ねてください。

明細書や図面など、複数枚になっている書類があるときは、ページ数の順番になっていることも確認してください。特許の場合は、図面がない場合もありますが、実用新案の場合は、図面は必ず必要です。

すべての書類が揃っていることを確認しましょう。また、関係のない書類や、書き損じた出願書類などがまぎれていないか確認しましょう。関係ない書類が入ったまま出願してしまうと、その書類まで電子化され、出願情報としてデータ公開されてしまいます。

これらを完全に確認したら、ホッチキス（左側2カ所）で綴じます。

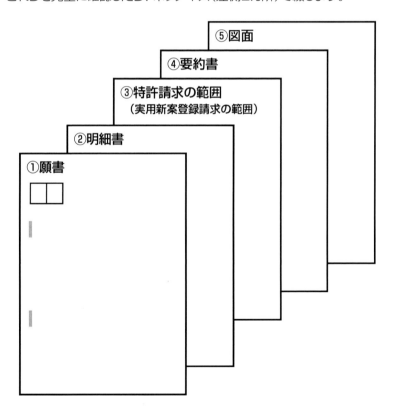

◆ 意匠の場合

　意匠出願の場合は、願書と図面の2種類しか書類がありません。出願には、「①願書」と「②図面」を重ねてホッチキス（左側2カ所）でとじます。

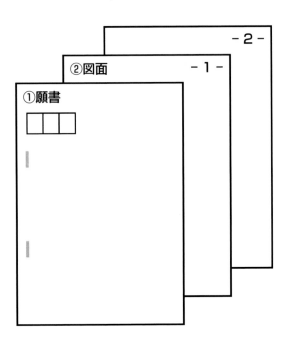

◆ 商標の場合

　商標の場合は、「①願書」しかありません。指定商品（指定役務）の内容が多い場合や、多区分での出願をするため区分の表記が長くなる場合は、複数枚にわたるケースもありますが、大体の場合は、書類一枚だけでの出願となります。

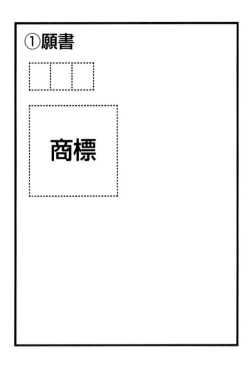

出願のしかた

　出願には、特許庁へ「郵送」、「持参」して出願する方法があります。なお、オンラインで出願する電子出願という方法もありますが、本書では解説しません。

◆郵送の場合

　郵便局から出願書類を送る上でのポイントを解説しましょう。

●封筒の書き方

　郵送の場合は、出願書類を折らなくても入るように、A4版の書類が折らずにそのまま入る「角2サイズ」の封筒を用意します。封筒のあて名は、下記の通り書きます。

```
〒 100-8915　　東京都千代田区霞が関 3-4-3
                      特許庁　御中
                              ≪○○出願書類　在中≫
```

封筒には、内容物がわかるように、「○○出願書類在中」(○○には、特許・実用新案登録・意匠・商標のいずれかを入れましょう)と、赤ペンで、朱書きしておきます。

封筒の裏面には、必ず出願人の住所氏名を書いておきましょう。

● 発送の方法

発送の方法は、最寄りの郵便局より、必ず「書留」で出しましょう。書留は、差出日の記録が、差出人と郵便局の両方に残るため安心です。書留で郵送した際の発送記録は大切に保管しておきましょう。

郵送で出願された書類の「出願日」は、差出日に郵便局で押される「消印の日付」となります。たとえば、東京都内から郵送し、翌日には特許庁に届く場合と、特許庁へ郵便物が届くまで何日も掛かるような、離島の郵便局から出す場合の不公平をなくすための配慮です。

なお、郵便以外の方法で送ると、出願日が「差出日ではなく到着日になってしまう」ことに注意が必要です。

たとえば、特許庁に出願するために「ゆうパック」を利用した場合は、「特許庁に到達した日」が出願日になってしまいます。これは、「小包類(ゆうパックなど)」が郵便物に該当しないためです。

同じ内容の発明が出願された場合、1日でも出願日が早いほうに、権利が与えられます。つまり、もし同じ日に、同じ発明内容の出願書類が送付された場合、郵便で送付した人と、小包で送付した人とでは、出願日に差が付いてしまい、権利を逃すことになります。

タッチの差で権利を逃すことのないように、書留で郵送するようにしましょう。

● 受理確認用のはがきを入れよう

郵送で出願する場合、出願人は何日の出願扱いとなったのか、書類が受理されたかがわからないため、不安になります。

この場合、受理確認用のはがきを同封すると安心です。

受理確認用のはがきには、表面に出願人(自分)の住所、氏名を書きます。裏面には、出願の内容がわかる「整理番号」「発明の名称」(または登録を受けようとする意匠名や、商標名と区分)を書きます。

そして、封筒の中に、「※書類を受領されましたら、同封の受理確認はがきに

受領印を押印の上、ご返送くださいますようお願いいたします。」という指示を入れた書類送付書を、出願書類やはがきと一緒に同封します。出願書類が受理されると、後日、「差出日印（出願日とされた日の認定印）」「出願支援課受領印」などが押されたはがきが返送されてきます。

　この受理確認はがきの同封は、出願に際し必須のものではなく、あくまでも自分が確認し、安心するためのものです。出願する際は、必要に応じて利用してください。

●書類送付書の例

```
　　　　　　　　　　　　　　　　　　　　平成○○年○月○日
　特許庁長官殿
　　　　　　　　　　　　　　　　　　〒349－○○○○
　　　　　　　　　　　　　　　　　埼玉県○○市○○町○－○－○
　　　　　　　　　　　　　　　　　　　　　　出願人の氏名
　　　　　　　　　　　　　　　　　　TEL 090-0000-0000

　　　　　　　　　出願書類送付のお知らせ

拝啓
　ますます御健勝のこととお喜び申し上げます。平素は格別のご高配を賜り、厚くお礼
申し上げます。
　下記の通り、出願書類一式をお送り致します。
　引き続き倍旧のご厚情を賜りたく、切にお願い申し上げます。
　　　　　　　　　　　　　　　　　　　　　　　　　　　敬具

　　　　　　　　　　≪同封書類内訳≫

①　○○出願書類　　　　　1通
②　受理確認はがき　　　　1枚

※書類を受領されましたら、同封の受理確認はがきに受領印を押印の上、ご返送
　下さいますようお願い致します。


　以上
```

●受理確認ハガキ(裏面)に押された、適合印と受理印の例

【整理番号】　　Ｎ２０１３－００１
【商標名】
　　　ジェネリック発明（１６類）

―――――――――――――――――――

【整理番号】　　Ｎ２０１３－００２
【商標名】
　　　ジェネリックアイデア（１６類）

―――――――――――――――――――

【整理番号】　　Ｎ２０１３－００３
【商標名】
　　　ジェネリックデザイン（１６類）

平成２５年４月　３日登庁

◆持参（窓口出願）の場合

　特許庁へ書類を持参して出願する場合は、特許庁が開庁している、平日の午前9時から午後5時までの間に行きます。出願のための訪庁に際して、事前の連絡は不要です。土・日・祭日および年末年始は閉庁しています。詳しくは出かける前に特許庁（TEL03-3581-1101）へ問い合わせましょう。

　特許庁への交通手段などについては、特許庁ホームページ『特許庁へのアクセス』をご参照ください。

　持参する持ち物としては、「出願書類一式」、特許印紙を特許庁内の売店で購入する人は「出願費用分のお金」、念のために「印鑑」、特許庁内に入る際に必要となる「身分証明書（免許証など）」を用意しましょう。

電子化手数料の納付

　出願をした後、特許庁では、その内容をデータ化するために、特許庁が指定する機関に書類が送られて、データ化されます。

　これにより、手続を早く、効率的に処理することができるようになります。また、たくさんの特許情報を、特許電子図書館ホームページでも公開できるようになるメリットも生まれます。

　これが、「電子化」の目的です。

　特許出願などの特許庁への各種手続は、パソコンなどを利用して行う電子出願と、書類（紙）による手続の2通りの方法があります。今回、本書で解説している書類による出願では、電子化が必要になり、そのために掛かる必要な費用を、出願人が負担する必要があります。つまり「電子化手数料」とは、書類で出願する人に対して請求される、データ化に際して掛かる実費分を請求する費用のことです。

　この「電子化手数料」の請求は、出願の日から2週間後ぐらいまでに「一般財団法人工業所有権電子情報化センター」から、支払用の払込用紙が送られてきます。

　払込用紙が届いたら、払込用紙に記載されている電子化手数料を、郵便局より早急に払い込みましょう。この払い込みがないと、手続きが進まないので、注意が必要です。

　払い込む費用は、出願の際の書類枚数によって変わります。基本は、書類提出1件につき、「1,200円＋700円（書類1枚）×書類の枚数」です。たとえば、「願書1枚」「明細書3枚」「特許請求の範囲1枚」「要約書1枚」「図面3枚」からなる特許出願のときは、書類の枚数が合計9枚になります。この場合、電子化手数料7,500円の請求書が届きます（1,200円＋700円×9枚＝7,500円）。商標出願の場合は、出願書類1枚で済んでしまう場合が多いため、「1,200円＋700円×1枚」なので、1,900円となります。

　この費用は、特許・実用新案・意匠・商標のいずれの出願の場合でも共通です。

051 ● 電子化手数料の納付

●電子化手数料払込用紙

〒349-0000
埼玉県

松野　泰明　殿

受付番号：21320620016

工業所有権電子情報化センター
〒102-0076
東京都千代田区五番町5番地5
TEL 03-3237-4511 FAX 03-5210番

平成25年04月10日

整理番号　N2013-001　番の書類の電子化料金の内訳

電子化料金　　　　1,900　円（基本料金1,200＋枚数　1 枚＊700円）

払込金受入票（振込依頼書）

00160-1　254696
工業所有権電子情報化センター
金額　1900
〒349-0000
埼玉県
松野　泰明

振替払込請求書兼受領証（振込金（兼手数料）受領書）

00160-1　254696
工業所有権電子情報化センター
金額　1900
〒349-0000
埼玉県
松野　泰明
受付番号：21320620016

6　書類の出し方と手続きの流れ

052 「特許」出願後の流れ

それでは、特許出願後に始まる手続きの流れを説明しましょう。特に、重要な要点だけをやさしく解説します。

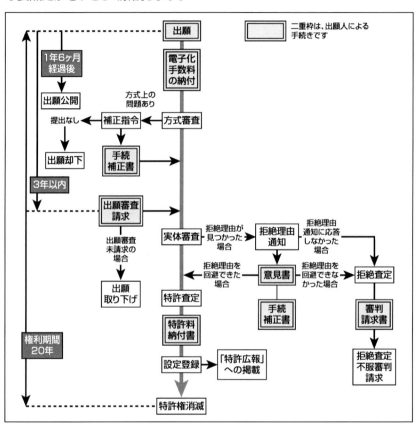

❶出願

特許権を得るには、「①願書」「②明細書」「③特許請求の範囲」「④要約書」「⑤図面（なくてもよい）」の書類を、特許庁に出す必要があります。この、特許庁に書類を出すことを「出願」といいます。

❷出願日へすすむ　⇒

❷出願日

　出願には「電子出願」「郵送」「持参」の3通りの方法があります。本書の場合は、「郵送」「持参」の場合に必要となる書類（紙）出願を例に解説をしています。

　「郵送」で出願した場合は、郵便局から郵送した「差出日」、特許庁へ書類を「持参」して出願した場合は「窓口で提出した日」が出願日となります。

　この出願日には、誰に権利が与えられるのかを左右する、重要な日付となります。特許権は「先願主義」であり、先に出願した人に権利が与えられます。そのため、同じ内容の発明が出願された場合、出願日が早いほうに権利が与えられ、たった1日でも遅ければ、権利を逃すことになります。

◆同じ日に、同じ発明の出願があった場合

　同じ日に、同じ発明の出願があった場合を、同日出願といいます。この場合は両方の出願人で「協議」してどちらか1つに決めます。もし協議が成立しないと、どちらも権利を受けることができなくなります。そのため、一方の出願を取り下げ、残した出願に、新たに出願人の名前を加えて、共同出願にしてしまう場合が一般的です。

- 電子化手数料を納付後
   ❸方式審査へすすむ　⇒

❸方式審査

　「審査」には、「書類の形式に関する審査」と「発明の内容に関する審査」があります。方式審査は、前者の、出願書類の形式や書き方などの「方式（形式）上の審査」をするものです。もし、書類の形式に不備があれば、間違ったところが指摘され、訂正してくださいという指示がきます。それが「補正指令」です。「補正指令」がきたら、指示に応じて、書類を書き直すなどして、再提出が必要です。

- 書類の訂正等が必要な場合
   ❹手続補正へすすむ　⇒

- 書類に問題がない場合
   ❺出願公開へすすむ　⇒

❹手続補正

出願書類を直すことを、「手続補正」といいます。また、受け取った補正指令に対して行う補正を、「命令補正」といいます。

手続補正を行うには、「手続補正書」を提出し、不備や内容の訂正を行います。「手続補正」をしないと、出願は「出願却下」になります。手続補正には期限があるので、必ずその期限内に行うことが必要です。

なお「手続補正」には、指令に応じて行う「命令補正」の他に、「自発補正」があります。これは、自分の意思で自発的に訂正をすることを指します。ただし、自発補正には、時期、内容の制限があり、すべての補正が認められるというわけではありません。

●手続補正書の様式

```
   ┌─────────┐
   │ 特  許  │
   │         │
   │ 印  紙  │
   └─────────┘
  （　円）
【書類名】手続補正書
【提出日】平成　年　月　日
【あて先】特許庁長官　殿
　（特許庁審査官　殿）
【事件の表示】
　【出願番号】
　【発明の名称】
【補正をする者】
　【事件との関係】
　【識別番号】
　【住所又は居所】
　【氏名又は名称】　（印）
【発送番号】
【補正による増加する請求項の数】
【手続補正1】
　【補正対象書類名】
　【補正対象項目名】
　【補正方法】
　【補正の内容】
【手続料補正】
　【補正対象書類名】
　【納付金額】
```

●手続補正書の書きかた

見出し項目	内容
【出願番号】	「特願0000-000000」というように出願番号を書きます
【事件との関係】	特許出願人と書きます
【補正による増加する請求項の数】	「特許請求の範囲」に書いた請求項の数を補正により、増加する場合は、増加した請求項の数を書きます
【補正対象書類名】	明細書、図面、……、というように補正する書類名を書きます
【補正対象項目名】	発明が解決しようとする課題、図面の簡単な説明、……、というように補正する単位名を書きます
【補正方法】	変更、削除、追加などと書きます
【補正の内容】	補正後の内容を書きます

・書類の補正ができた場合
　❺出願公開へすすむ　⇒

・補正指令に対して手続補正をしない場合
　出願が却下されたものとなります　終

❺出願公開

　出願の日から1年6カ月すると、出願内容が、「公開特許公報」に掲載されます。また、特許情報プラットフォームでも公開され、世界中誰でも、出願内容の他、出願人の住所氏名まで見ることができます。この出願公開制度は、すでに出願がなされた発明の重複研究・出願を防ぎ、技術の進歩を促進することを目的にした制度です。

◆早期公開

　出願人の請求により、1年6カ月を経過するよりも前に、早期公開することもできます。

◆補償金請求権

　公開公報に載ると、書類の内容がすべて公開されます。すると、他の人（第三者）がこれを見て、その発明の内容を実施することもできてしまいます。これでは出願した人が損をしてしまいます。そのため、出願人には「補償金請求権」が認められています。
　無断で同じ発明を実施しているときは、まず、その人に警告をします。そうすれば、警告後の実施については、実施料にあたる補償金の請求ができます。なお、補償金の請求ができるのは、審査の結果、特許権が得られ、権利が登

録されてからです。もちろんですが、審査の結果、権利が得られなかった場合は、その請求はできません。

◆ 情報提供

　出願日から1年6カ月すると、書類はすべて「公開公報」に載って内容が一般に公開されます。そのとき、公開された発明と同じ発明がすでにあるときは、誰でも特許庁長官に、刊行物、または、先願の公報の写しなどにより、「その発明は特許権が取れない」ということを示す情報を提出できます。そのときに、提出する書類を「刊行物等提出書」といいます。

- 権利化を望む場合
　❻出願審査請求へすすむ　⇒

- 権利化を望まない場合。または出願から3年以内に出願審査請求をしなかった場合
　出願から3年が経過すると、自動的に取り下げとなります　終

❻出願審査請求(しゅつがんしんさせいきゅう)

　特許権は、出願しただけでは権利はもらえません。特許庁には、たくさんの件数が出願されます。しかし、その中の全員が、権利が欲しい人ばかりではありません。

　ライバル会社に関する技術を、偶然発明したA社の例で考えてみましょう。その技術は、A社では必要ありませんが、ライバル他社に特許を取られたら、他社に利益を生んでしまいます。そのため、他社の特許権獲得を邪魔するように、A社が出願だけしておく場合があるのです。

　権利化できた技術を、他社に譲渡するなどして利益が見込めるようなことがない限り、A社に、費用を掛け権利化する意思はありません。このような、権利化する意思がない出願まで、すべて審査していたのでは、本当に権利が欲しい人の審査が遅れてしまいます。そのため、特許権が欲しい場合は、出願後、特許庁に「権利が取れる発明であるか」の審査を申し込まなければいけません。

　審査の効率を促進するために、審査を申し込み制にしたのが、出願審査請

求制度の主な目的です。そのときに提出する書類を「出願審査請求書」といいます。出願審査請求は、特許出願の日から3年以内にしなければいけません。3年を過ぎると、その出願は、自動的に取り下げられたものとみなされます。

●出願審査請求書の様式

```
┌─────────────────────────────────────────┐
│  ┌─────┐                                │
│  │ 特 許│                                │
│  │     │                                │
│  │ 印 紙│                                │
│  └─────┘                                │
│  （  円）                               │
│                                         │
│  【書類名】出願審査請求書               │
│  【提出日】平成　年　月　日             │
│  【あて先】特許庁長官　殿               │
│  【出願の表示】                         │
│  　【出願番号】                         │
│  【請求項の数】                         │
│  【請求人】                             │
│  　【識別番号】                         │
│  　【住所又は居所】                     │
│  　【氏名又は名称】　（印）             │
│  【提出物件の目録】                     │
└─────────────────────────────────────────┘
```

　【出願の表示】の【出願番号】には「特願0000－000000」のように出願番号を書きます。

　【請求項の数】には、出願審査請求をする時点において、「特許請求の範囲」に書かれた請求項の数を書きます。

　出願審査請求には費用（11万8,000円＋請求項数×4,000円）が掛かります。なお、出願人の条件によっては、費用の減免措置を受けられ、無料や半額になる場合があります（詳しくは317ページ参照）。

　「出願審査請求書」を提出しないと、出願人には、特許庁からは何の通知も来ないままです。「出願審査請求書」を提出すれば、今度は内容の審査に進むため、審査の結果によって、「登録査定の通知」、または「拒絶理由の通知」の通知がきます。なお、出願審査請求の取り下げはできません。

❼**実体審査へすすむ**　⇒

❼実体審査

　出願審査請求がされると、発明の内容を審査する実体審査を受けることができます。特許権が与えられるかどうかは、特許として登録される条件を満たしていなければいけません。この条件のことを登録要件といいます。これらの条件を満たしているかという面から、実体審査では審査が行われます。

　特許の登録要件の代表的なものは次の通りです。

◆産業上利用できること

　特許制度は、産業の発展のために設けられているため、産業上の利用価値があることが必要です。

◆新規性があること

　「公知」「公用」「刊行物」の3点がポイントとなります。特許出願前に日本国内または外国で知られていたり（公知）、すでに実施されていたり（公用）、雑誌やテレビ・ラジオ・インターネット上で公開（刊行物記載）されていたりする発明は新規性を失い特許となりません。出願をする前に、やたらに人に見せたり、雑誌で発明を発表したり、販売しないほうがよいといわれています。その理由は、これらを行うことで、自分で新規性をなくしてしまうことになるからです。

　なお、特許を受ける人が、出願前に発明の内容を、論文や研究会などで発表したり、テレビで紹介されたり、販売などをした場合などは公知の状態になり、新規性を喪失するため、特許を受けることはできません。しかし、新規性喪失の原則を貫くと、技術の進歩に影響してしまいます。そこで、出願人の権利保護を目的に、新規性喪失の例外規定が設けられました。新規性喪失の例外規定の適用を受ける場合は、公表した日から6カ月以内に公表をしたことを書き添えて特許出願を行い、その出願日から30日以内に公表を証明する書面を提出すれば特許を受けることが可能となります。

◆進歩性があること

　簡単に考えられるかどうかという、困難さの条件のことです。その発明に関する技術分野で、通常の知識を持っている人が、公知・公用・刊行物に記載されている技術から、容易に創作できないものは進歩性があると判断されます。単なる寄せ集めや材料、形状、配置、数値の変更は進歩性が無いため特許となりません。

◆ **先願の発明であること**

わが国の産業財産権法は、先願主義です。つまり早く出願した方が勝ちとなります。

◆ **出願書類が完備していること**

特許権を得るには書類又はデータでの特許出願が必要です。書類に不備があると権利を得られません。

◆ **不特許事由に該当しないこと**

たとえば、偽札印刷機の発明の場合、どんなに本物そっくりに印刷できる高度な技術を持っていたとしても、公序良俗に反するという、不特許事由に該当するため、特許となりません。

特許権が与えられるかどうかが決まる、大切な審査です。出願審査請求後に実体審査が行われ、特許庁から最初の審査結果通知が来るまでに、約20.1カ月の時間が掛かっています(参考:2013年度版　特許行政年次報告書)。なお、中小企業や個人、教育機関による出願であれば、「早期審査制度」を活用することで、2カ月程度まで、審査を短縮させることもできます。

- 登録要件を満たしている場合
  ❶**特許査定**へすすむ　⇒

- 登録要件を満たさなかった場合
  ❽**拒絶理由通知**へすすむ　⇒

❽拒絶理由通知
（きょぜつりゆうつうち）

出願書類の内容について審査官が審査をした結果、登録要件を満たしていないと判断された場合、拒絶する理由が書かれた「拒絶理由通知書」が出願人に届きます。この拒絶理由通知書は「○○という理由で拒絶します。意見があれば申し出なさい」といった内容の書類です。

権利化を目指す場合は、意見書と、必要に応じて補正書の提出が必要となります。また、意見書や補正書を提出しなかったり、審査官の拒絶理由に納得した場合は、権利化はできなくなります。

なお、特許出願をしたケースにおいては、ほとんどの場合、拒絶理由通知が届くことになります。そのため、最初から拒絶理由通知が届くことを意識しておけば、心の負担は少なくなるでしょう。

それでは、「拒絶理由通知」の内容例を紹介しましょう。

● 拒絶理由通知の例

```
                              発送番号　０００００００
                              発送日　平成００年０月００日
              拒絶理由通知書
   特許出願の番号特願００００－００００００
   起案日平成　年　月　日
   特許庁審査官　○○　○○
   特許出願人○○　○○様
   適用条文　第００条第０号

    この出願は、次の理由によって拒絶をすべきものです。これについて意見がありました
   ら、この通知の日から６０日以内に意見書を提出してください。
                  理　由
    この出願の……発明は、………………………………………、特許法
   第２９条第２項の規定により特許を受けることはできない。
```

この書類のケースでは、「特許法第２９条第２項の規定により拒絶します。その拒絶する理由に異議がある場合や、書類のどこかを直して再審査を受けたい場合は、６０日以内に申し出なさい。」という内容のことが書かれています。

この拒絶理由通知を読む上で大切なことは、どのような理由で拒絶されたのかを、理解することです。拒絶理由がわからなければ、審査官に納得してもらうための説明もできず、意見書が書けないということになってしまいます。

それでは先の例の拒絶理由をもう一度確認してみましょう。今回の出願のケースでは、「特許法第２９条第２項」に該当すると判断されたことが原因であることがわかります。特許法のこの項目は、登録要件の１つ、「進歩性」に関する条文です。つまり、「出願された内容を審査したけれど、カンタンに考えられるものであり、進歩性がないと審査官の私は判断したので、特許権はあげられませんよ。反対意見があったら申し出なさい」という内容であることがわかります。

これらの拒絶理由は、他に何パターンもあり、それぞれに拒絶の根拠となる条文や特許文献の番号などの引例で説明されています。条文は、インターネットでも調べることができますが、初心者には、その理由そのものがわかりにくいはずです。

このような、拒絶理由通知書に書かれている拒絶理由がよくわからない場合は、拒絶理由通知の書類に書いてある審査官に直接電話してみましょう。また、審査官に直接面談を申し込むことも可能です。

　電話や面談では、言葉で説明を聞くことができ、文章で理解するよりも、より多くの情報を知ることができます。電話で質問をするには、拒絶理由通知に記載されている特許庁の電話番号に電話をし、拒絶理由通知書類の右上に印刷されている発送番号を伝えれば、拒絶理由通知を発行した審査官と電話で直接、質問ができます。どんな理由でダメなのかを聞いてみましょう。

　拒絶した理由を一番よく知っているのは、拒絶する判断をした審査官です。そして、どうすればよいかを一番知っているのも審査官です。出願人が一方的な理論で解決法を考えるのではなく、審査官が一番気になっていることはどんなことで、それを回避するためにはどうすればよいのか、という解決法を、的確に把握しなければいけません。

　「特許請求の範囲と明細書の、○○の部分を削除すれば、権利化できます」のように、解決方法と書類を訂正する箇所を教えてくれる場合もあります。逆に、「そもそも、まったく同じ内容の発明が見つかったので、権利化はどうしても無理」ということがわかる場合もあります。

　意見書と補正書を出すことで拒絶理由を回避する場合は、期限が決められています。理論的に説明できる文章を考えることも大変ですし、その書類を作るためにも時間が掛かります。

　拒絶理由通知が届いたらショックだと思いますが、書類到着日に、すぐその理由を審査官に直接確認した後、解決策を練り、書類を作る時間を確保することが大切です。

　筆者も以前、商標出願の拒絶理由通知の対応をした経験があります。そのとき、拒絶理由の根拠となっていた文言を削除すれば登録になることを審査官に電話で教えてもらい、出願書類の一部を補正書で削除する手続きをすることで、権利化できたことがあります。

　書類を見てもわからなければ、聞いてしまうのが一番オススメであるのは、特許に限ったことではなく、実用新案、意匠、商標の場合もすべて同様です。

　なお、電話や面談で質問をする前には、拒絶理由の根拠とされる条文や先願の内容は必ず準備し、読み込んでおきましょう。

- 意見書を提出して権利化を目指す場合
  ❾**意見書へすすむ** ⇒

- 意見書を提出しない。拒絶理由を受け入れる場合
  ❿**拒絶査定へすすむ** ⇒

❾意見書
　拒絶理由通知書に書いてある拒絶理由によっては、何らかの補足説明をすることで、拒絶理由を回避・解決できる場合があります。この場合、出願人は、その拒絶された理由に対する説明のために「意見書」を提出して、再度審査をお願いすることができます。

　また、書類の一部分を修正することで拒絶理由を回避できる場合は、書類を削除、修正、加筆するための「補正書」も作成することもできます。

　書類を補正する場合は、「補正書によって、問題箇所を削除しました。これにより、拒絶理由を回避できるはずなので、もう一度審査してください」という内容にまとめた意見書も一緒に提出します。

　意見書と補正書は、拒絶理由通知書に書かれた所定の期限内に、特許庁に郵便で送らなければいけません。審査官は、発明者から送られてきた意見書と補正書を読み込んで、拒絶理由が解消されるかどうかを再度審査して、権利として認めるかどうかの判断をします。

●意見書の様式

```
【書類名】意見書
【提出日】平成　年　月　日
【あて先】特許庁審査官　殿
【事件の表示】
　【出願番号】
【特許出願人】
　【識別番号】
　【住所又は居所】
　【氏名又は名称】　　（印）
【発送番号】
【意見の内容】
【証拠方法】
【提出物件の目録】
```

◆意見書の書きかた

【出願番号】には、「特願0000-000000」のように書きます。【証拠方法】には、たとえば、「○○実験証明書」や、「○○成績証明書」などを根拠として提出するときは、その書類名を書きます。

```
【事件の表示】
   【出願番号】　特願0000-000000
```

```
【証拠方法】
   ○○実験証明書
   ○○成績証明書
```

「意見書」を書くときは、構成の違いが新たな効果の違いを生んでいる点を書きます。「拒絶理由通知」の中に書いてある引例(特許公報)を読んで、自分の発明との違いを箇条書きにして、わかりやすく書くことが大切です。

そのとき、「着想がどう違うか」「目的、用途がどう違うか」「その構成がどう違うのか」「そのために使い方、発明の効果がこう違う」などのように書くのがよい方法です。

それらを箇条書きにして、「このように○○の違いがあります。だから、新規性、進歩性があります」とまとめます。

- 意見書と補正書により、拒絶理由が回避できた場合
   ❷**特許査定**へすすむ　⇒

- 意見書と補正書を出したが、拒絶理由を回避出来なかった場合。または意見書を出さなかった場合
   ❿**拒絶査定**へすすむ　⇒

❿拒絶査定(きょぜつさてい)

拒絶理由通知書の拒絶理由を受け入れた場合、または意見書や補正書を提出し、拒絶理由の回避に努めたが、やはり権利性が認められなかったときは、拒絶査定となり、権利化できない状態となります。これまでに納めた費用は、戻ってきません。

- 拒絶査定に納得できた場合
  審査は終了します　終

- それでも拒絶査定に納得できない場合
  ❶❶審判へすすむ　⇒

❶❶審判

　審査官によって、権利化のための審査が行われますが、その判断に誤りがないとはいえません。そこで、審査官による判断の誤りをなくすために審判制度が設けられています。

　もし、審査官が決定した「拒絶査定」に納得できず、不満（不服）があるときは、拒絶査定に対する拒絶査定不服審判の手続きをして、もう一度審査をやり直してもらうことができます。この場合、その査定の謄本の送達の日から30日以内に行う必要があります。

- 審判の結果、ダメだった場合
  権利化できない状態になります。終

- 審判の結果、よかった場合
  ❶❷特許査定へすすむ　⇒

◆ その他の審判制度
　その他の審判制度には、次のようなものがあります。
- 特許無効審判
　本来、特許されるべきでないものに特許された場合、その特許を無効にする審判を請求することを、特許無効審判制度といいます。
- 特許異議の申立て制度
　現行の無効審判制度は「誰でもいつでも請求可能」な審判制度であるため、せっかく権利化できたにもかかわらず、いつ、誰から権利が無効であるとする主張を受けるかもしれない期間が半永久的に続くこととなり、権利の不安定化につながるという側面をもっていました。
　そのため、特許権の早期安定化を図るために法律が改正され、「特許異議

の申立て制度」が創設されました(2015年4月1日より施行)。

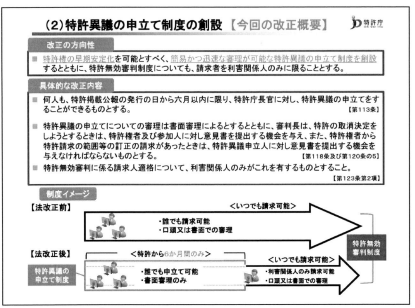

※特許庁ホームページより
https://www.jpo.go.jp/torikumi/ibento/text/pdf/h26_houkaisei/h26text.pdf

⑫特許査定

　登録要件を満たしていた場合、または、意見書と補正書を提出し、拒絶理由を回避できた場合、特許査定となります。しかし、特許査定の書類が届いただけでは、権利は発生しません。権利の発生には、指定された期日内に、登録料納付書で登録料を納付することが必要となります。

- 登録料納付書を出して登録料を納付
  ⑬設定登録へすすむ　⇒

⑬設定登録

　特許権は、特許査定送達日から30日以内に、「第1年から第3年の特許料」をまとめて納付し、「設定登録」されることで発生します。特許料は、特許料納付書に特許印紙を貼り付けて、納付します。

052 ●「特許」出願後の流れ

◉特許料納付書の様式

```
【書類名】特許料納付書
【提出日】平成年月日
【あて先】特許庁長官　殿
【出願番号】
【請求項の数】
【特許出願人】
　【識別番号】
　【住所又は居所】
　【氏名又は名称】
【納付者】
　【識別番号】
　【住所又は居所】
　【氏名又は名称】
　【特許出願人との関係】
【納付年分】　第１年分から第３年分
────────────────────────
　（６，９００円）
　┌──────┐
　│特　　許│
　│　　　　│
　│印　　紙│
　└──────┘
※余白部分に「特許印紙」６，９００円分を貼りつける。
　（請求項１の場合）
```

◉特許料

期間	特許料
第1から3年まで毎年	2,100円＋請求項数×200円
第4から6年まで毎年	6,400円＋請求項数×500円
第7から9年まで毎年	19,300円＋請求項数×1,500円
第10から25年まで毎年	55,400円＋請求項数×4,300円

　最初に納付することになる3年分の特許料は、合計で6,900円です（請求項1の場合）。特許権が設定登録されると、発明の内容が「特許公報」に掲載されます。なお、更新する場合は、納付年ごとの金額を変えて特許料を納付します。

　❶実施権にすすむ　⇒

⓮実施権

　設定登録をすることで、特許権を持つ特許権者となります。発明の実施は、この特許権者が行うのが一般的ですが、特許権者以外の者に実施する権利を与えることもできます。発明家が企業とロイヤリティ契約を交わすケースなどが、これに当たります。この特許権を実施する権利のことを実施権といいます。
　実施権には、大きく分けて2つあります。

◆専用実施権

　特許を実施しようとする人に特許発明の実施を独占させるものです。特許権者であっても製造・販売はできません。専用実施権は専用実施権者を特許庁に登録する必要があります。

◆通常実施権

　専用実施権のように実施権を独占するのではなく、実施させてもらうだけの状態です。特許権者も製造・販売することが可能ですし、場合によっては、同業他社が同様に通常実施権を持ち、同じ特許技術も利用した商品を製造販売することもあります。
　技術を先に使用していた先使用権者にも、この通常実施権が与えられることになります。

⓯権利期間へすすむ　⇒

⓯権利期間

　特許権の権利期間は、出願日から20年間（医薬品の場合、5年延長可）です。権利期間中、特許料の納付を忘れてしまうと、権利はなくなってしまいます。権利を維持するつもりであれば、納付を忘れることがないように注意が必要です。更新により、権利が続きます。

- 権利期間を更新する場合
  - ⓭設定登録で紹介した特許料納付書で、特許料を納付する

053 「実用新案登録」出願後の流れ

　それでは、実用新案登録出願後に始まる手続きの流れを説明しましょう。特に、重要な要点だけをやさしく解説します。

　なお、特許出願の場合の流れと、同じ項目もあります。これらは、特許の場合と同じです。

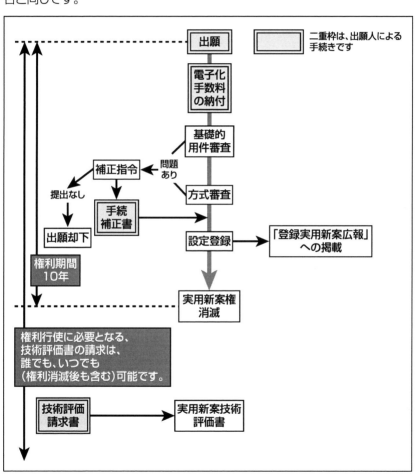

053 「実用新案登録」出願後の流れ

❶出願

実用新案登録をするには、「①願書」「②明細書」「③実用新案登録請求の範囲」「④要約書」「⑤図面（必須）」の書類を、特許庁に出す必要があります。この、特許庁に書類を出すことを「出願」といいます。

　　❷出願日へすすむ　⇒

❷出願日

「郵送」で出願した場合は、郵便局から郵送した「差出日」、特許庁へ書類を「持参」して出願した場合は「窓口で提出した日」が出願日となります。

また、先に出願した人に権利が与えられる「先願主義」であることも、特許の場合と変わりはありません。

◆ 同じ日に、同じ考案の出願があった場合

実用新案登録の場合の同日出願の対処ついては、特許と違いがあります。特許出願の場合、協議によって、登録となる余地がありました。しかし、実用新案の場合は、同一の考案について同日に2以上の実用新案登録出願があった場合、どちらも登録されません。

・電子化手数料を納付後
　　❸基礎的要件審査へすすむ　⇒

❸基礎的要件審査

実用新案では、実用新案として認められる基礎的な要件を備えているかどうかの審査が行われます。

◆ 物品の形状、構造、組み合せであるかどうか

実用新案制度における保護対象は、物品の形状、構造または組み合せに係る考案です。方法のアイデアは、対象外であるため登録されません。

◆ 明細書や図面に必要なことがしっかりと書かれているかどうか

方式要件に違反しなくても、実質的に出願書類としてしっかりとした内容になっていないものまで登録するのはよくないので、登録前に判断されます。

その他、わいせつなものや、反社会的なものではないか。2つ以上の考案を出願する場合、それぞれが関係するものであるかどうか（ボルトとナットの組み合わせの関係）という単一性を満たしていることが、審査の対象となります。

❹方式審査へすすむ　⇒

❹方式審査

　実用新案制度には、特許制度と同じく、書類の形式に関する方式審査があります。もし、書類の形式に不備があれば、間違ったところが指摘され、訂正してくださいという指示がきます。それが「補正指令」です。もし、基礎的要件、方式に不備があった場合、1つの書類にまとめられた補正指令書が届きます。

- 書類の訂正等が必要な場合
  ❺手続補正へすすむ　⇒

- 基礎的要件、方式、共に問題がない場合
  ❻設定登録へすすむ　⇒

❺手続補正

　出願書類を直すことを、「手続補正」といいます。また、受け取った補正指令に対して行う補正を、「命令補正」といいます。
　手続補正を行うには、「手続補正書」を提出し、不備や内容の訂正を行います。「手続補正」をしないと、出願は「出願却下」になります。手続補正には期限があるので、必ずその期限内に行うことが必要です。
　なお、特許制度の場合と同じく、意匠制度には、指令に応じて行う「命令補正」の他に、「自発補正」があります。

- 書類の補正ができた場合
  ❻設定登録へすすむ　⇒

- 補正指令に対して手続補正をしない場合
  　出願が却下されたものとなります　終

❻設定登録

　実用新案制度では、特許制度のような「考案の内容に関する実体的要件に関する審査」は行われません。また、実用新案制度には、特許制度の場合の「出願審査請求」のような、権利化するために内容の審査をお願いする制度もありません。基礎的要件、方式の審査共に、特に問題がなければ、そのまま権利として設定登録されます。

　権利として設定登録され、登録証が発行されるまで、出願から約6カ月の時間がかかります。実用新案権が設定登録されると、考案の内容が「登録実用新案公報」に掲載されます。

　さて、内容の審査がないまま登録証が発行される実用新案は、特許証をもらうための必要条件であった、新規性や進歩性などの審査を受けることなく、権利が取れてしまうことになります。

　そのため、実用新案制度では、登録証が発行され、権利は得られているにもかかわらず、もしかしたら、同じ内容の技術がすでに存在していて、新規性がない場合も考えられるのです。

　それでは、たとえば登録証が発行されたこの時点で、他の人（第三者）が、自分の実用新案登録の内容と同じものを実施していた場合、実用新案権の権利行使をして、やめてもらうことはできるのでしょうか。

　実は、登録証が発行された現時点では、権利が取れたといっても、独占権が取れるための具体的な新規性や進歩性などの内容の審査はされていないため、その権利の実体はあやふやなものなのです。そのため、現時点では、「実施をやめてください」とはいえないのです。

　もし、権利主張をしたい場合は、新規性や進歩性などの独占権が取れるための条件「実体的登録要件」を満たしているかを確認するため、実用新案技術評価書を請求し、その権利の内容について調べる必要があります。

- ●権利主張をする場合
　　❼**実用新案技術評価書**へすすむ　⇒

- ●模倣者への権利主張などの必要がない場合
　　❽**権利期間**へすすむ　⇒

❼実用新案技術評価書

　登録された実用新案権が、実体的登録要件を満たしていて、権利に有効性があるかどうかを判断するには、客観的な判断材料が必要です。

　この公的な評価をするのが、実用新案技術評価書です。「実用新案技術評価書」を請求するには、4万2,000円＋（請求項の数×1,000円）の費用が掛かります。

　申し込みがあったものについては、「新規性（新しさ）」や「進歩性（困難さ）」「産業発展の役に立つか」などの具体的な内容のチェック項目に従って、特許庁の審査官が判断し、考案の技術的な評価をまとめた書類が送られています。評価が高い場合は、実用新案技術評価書のコピーを、侵害者に送付して権利行使を行うことができます。逆に、実用新案技術評価書の評価が低い場合は、権利主張は困難となります。

❽権利期間へすすむ　⇒

❽権利期間

　実用新案権の権利期間は、出願日から10年間です。特許の権利期間が20年だったのに比べ、短くなっています。

　なお、更新には、登録料の納付が必要です。

●実用新案権の登録料

期間	登録料
第1年から第3年まで	毎年2,100円に1請求項につき毎年100円を加えた額
第4年から第6年まで	毎年6,100円に1請求項につき毎年300円を加えた額
第7年から第10年まで	毎年1万8,100円に1請求項につき毎年900円を加えた額

　出願のときに、第1年分から第3年分までの登録料は納付済みなので、次に更新する場合は、第4年から第6年までを納付することになります。

「意匠」出願後の流れ

それでは、意匠出願後に始まる手続きの流れを説明しましょう。特に、重要な要点だけをやさしく解説します。

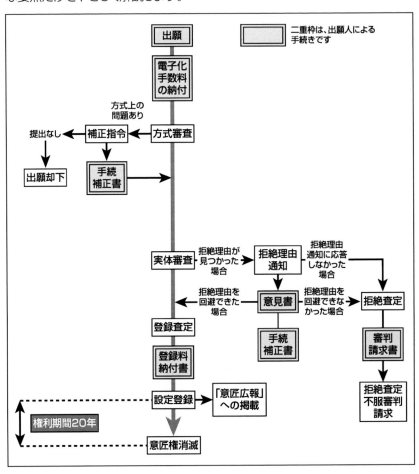

❶出願

意匠登録をするには、「①願書」と「②図面」の書類を、特許庁に出す必要があります。これらの書類を特許庁に出すことを「出願」といいます。

願書以外に、明細書や特許（実用新案登録）請求の範囲などの書類が必要となる、特許や実用新案の出願に比べ、2種類の書類だけで出願が可能です。

また、「②図面」の代用として「写真」、「ひな形」、「見本」で提出することもできます。

　❷出願日へすすむ　⇒

❷出願日

「郵送」で出願した場合は郵便局から郵送した「差出日」、特許庁へ書類を「持参」して出願した場合は「窓口で提出した日」が出願日となります。また、先に出願した人に権利が与えられる「先願主義」であることも、特許や実用新案の場合と変わりはありません。

◆ 同じ日に、同じ意匠の出願があった場合

意匠出願の場合でも、特許や実用新案と同様に、同日出願となるケースが考えられます。この場合は、両方の出願人で「協議」してどちらか1つに決めます。もし協議が成立しないと、どちらも権利を受けることができなくなります。そのため、一方の出願を取り下げ、残した出願に、新たに出願人の名前を加えて、共同出願にしてしまう場合が一般的です。

●電子化手数料を納付後
　❸方式審査へすすむ　⇒

❸方式審査

「審査」には、「書類の形式に関する審査」と「意匠の内容に関する審査」があります。方式審査は、前者の、出願書類の形式や書き方などの「方式（形式）上の審査」をするものです。もし、書類の形式に不備があれば、間違ったところが指摘され、訂正してくださいという指示がきます。それが「補正指令」です。「補正指令」がきたら、指示に応じて、書類を書き直すなどして、再提出が必要です。

●書類の訂正等が必要な場合
　❹手続補正へすすむ　⇒

●書類に問題がない場合
　❺実体審査へすすむ　⇒

❹手続補正(てつづきほせい)

出願書類を直すことを、「手続補正」といいます。また、受け取った補正指令に対して行う補正を、「命令補正(めいれいほせい)」といいます。

手続補正を行うには、「手続補正書」を提出し、不備や内容の訂正を行います。「手続補正」をしないと、出願は「出願却下」になります。手続補正には期限があるので、必ずその期限内に行うことが必要です。

なお、特許制度の場合と同じく、意匠制度には、指令に応じて行う「命令補正」の他に、「自発補正(じはつほせい)」があります。

- 書類の補正ができた場合
  ❺実体審査へすすむ　⇒

- 補正指令に対して手続補正をしない場合
  出願が却下されたものとなります　終

❺実体審査(じったいしんさ)

特許の場合、実体審査を受けるためには、出願審査請求の手続きが必要であり、また、審査を受けるために、出願料とは別に費用も必要でした。

しかし、意匠制度では、実体審査を受けるために必要となる手続きはなく、方式審査を通過したものは、自動的に、意匠の内容を審査する、実体審査を受けることができます。

意匠に、出願審査請求制度がなく自動的に審査が行われるのは、意匠は流行に左右されやすいため、審査を迅速化して早く権利を与えた方が出願人の保護につながることを考慮されていることが理由です。

意匠権が与えられるかどうかは、意匠として登録される条件を満たしていなければいけません。この条件のことを登録要件といいます。これらの条件を満たしているかという面から、実体審査では審査が行われます。

意匠の登録要件の代表的なものは次の通りです。

◆ 工業上利用できること

工業的量産が可能であるということを指します。自然物(アンモナイトの化石、流木など)や、純粋美術(彫刻、陶芸作品など)はいずれも同一物であり、

工業的量産がされないものであるため、意匠の対象とはなりません。

◆ 新規性を有すること

意匠出願前に日本国内・外国で知られた意匠（公知）、または頒布された刊行物に記載された意匠ではないこと。

なお、出願された意匠が出願以前に公知となった場合などは、新規性の喪失を理由に拒絶されて通常は登録できません。しかし、製品の市場調査のために展示会などで意匠を公表や販売をすることがあり、このような事例にも新規性がないとしたのでは、社会の実情にそぐわないことになります。そこで、公表してから6カ月以内に願書を提出し、かつ、出願の日から30日以内に公表を証明する書面を提出すれば、新規性喪失の例外規定の適用を受けることが可能となります。

◆ 創作性があること

容易に創作できない意匠であるということを指します。三角形など、ありふれた形状や模様でないこと、東京スカイツリーなど、有名な建造物の模倣でないこと、自動車の形をした貯金箱など、ただの転用でないこと、などが挙げられます。

◆ 不登録事由に該当しないこと

王室、皇室、国旗などを表したもの、わいせつなものは登録できません。

◆ 一意匠一出願であること

物品の区分ごとに、一意匠ずつ、登録しなければなりません。
なお、組物の意匠というのものあります。通常組物として販売され、使用される2以上の物品である場合は、それらを一意匠としてまとめて登録を受けることが可能となります。たとえば、「一組の自動車用ペダルセット」「一組のドラムセット」などがあります。組物の意匠として出願した場合は、組物全体としての意匠として成立しているため、個々の物品の模倣を差し止めることはできなくなります。

◆ 先願であること

他人よりも早く出願していることが必要です。

意匠権が与えられるかどうかが決まる、大切な審査です。方式審査の後、実体審査が行われ、特許庁から最初の審査結果通知が来るまでには、約6.3カ月の時間がかかっています（参考：2013年度版　特許行政年次報告書）。

なお、「早期審査に関する事情説明書」を提出し、早期審査の対象と判断されると、2カ月程度まで、審査を短縮させることもできます。

早期審査が受けられる条件としては、登録を受けようとしている意匠について、第三者から実施許諾を申し込まれている場合、また、同じ意匠を第三者が模倣し、実施している場合など、権利化に緊急性がある場合に、認められます。

- 登録要件を満たしている場合
  ❽登録査定へすすむ　⇒

- 登録要件を満たさなかった場合
  ❻拒絶理由通知へすすむ　⇒

❻拒絶理由通知（きょぜつりゆうつうち）

出願書類の内容について審査官が審査をした結果、登録要件を満たしていないと判断された場合、拒絶する理由が書かれた「拒絶理由通知書」が出願人に届きます。この拒絶理由通知書は「○○という理由で拒絶します。意見があれば申し出なさい」といった内容の書類です。権利化を目指す場合は、意見書と、必要に応じて補正書の提出が必要となります。

また、意見書や補正書を提出しなかったり、審査官の拒絶理由に納得した場合は、権利化はできなくなります。審査官への電話質問や、面談による質問なども利用しましょう。

- 意見書を提出する場合
  ❼意見書へすすむ　⇒

- 意見書を提出しない。拒絶理由を受け入れる場合
  ❿拒絶査定へすすむ　⇒

❼意見書

拒絶理由通知書に書いてある拒絶理由によっては、何らかの補足説明をすることで、拒絶理由を回避・解決できる場合があります。

この場合、出願人は、その拒絶された理由に対する説明のために「意見書」を提出して、再度審査をお願いすることができます。

また、書類の一部分を修正することで拒絶理由を回避できる場合は、書類を削除、修正、加筆するための「補正書」も作成することもできます。

書類を補正する場合は、「補正書によって、問題箇所を削除しました。これにより、拒絶理由を回避できるはずなので、もう一度審査してください」という内容にまとめた意見書も一緒に提出します。意見書と補正書は、拒絶理由通知書に書かれた、所定の期限内に、特許庁に郵便で送らなければいけません。審査官は、発明者から送られてきた意見書と補正書を読み込んで、拒絶理由が解消されるかどうかを再度審査して、権利として認めるかどうかの判断をします。

- 意見書と補正書により、拒絶理由が回避できた場合
    ❽登録査定へすすむ　⇒

- 意見書と補正書を出したが、拒絶理由を回避できなかった場合。または意見書を出さなかった場合
    ❿拒絶査定へすすむ　⇒

❽登録査定

登録要件を満たしていた場合、または、意見書と補正書を提出し、拒絶理由を回避できた場合、登録査定となります。しかし、登録査定の書類が届いただけでは、権利は発生しません。権利の発生には、指定された期日内に、登録料納付書で登録料を納付することが必要となります。

- 登録料納付書を出して登録料を納付
    ❾設定登録へすすむ　⇒

❾設定登録(せっていとうろく)

意匠権は、登録査定送達日から30日以内に、「第1年分の登録料」を納付し、「設定登録」されることで発生します。

登録料は、登録料納付書に特許印紙を貼り付けて、納付します。特許の場合は、登録料を3年分まとめて納付しなければいけませんでしたが、意匠の場合は1年分の登録料8,500円だけでも登録が可能になります。

流行に左右されやすいデザインに関しては、数年足らずで商品価値がなくなる場合もあります。そのため、権利存続の経済的負担を減らすために、1年単位からの納付が可能になっています。ただし、権利を維持することが最初から決まっているならば、更新忘れによる権利喪失や、登録料納付のための書類作成負担や手間を減らすために、初めから複数年単位での納付にしておくとよいでしょう。

意匠権が設定登録されると、意匠の内容が「意匠公報」に掲載されます。また、この時点で、秘密意匠制度の申請をすることも可能です。

●意匠権の登録料

期間	登録料
第1年から第3年まで	毎年8,500円
第4年から第20年まで	毎年1万6,900円

❷権利期間へすすむ ⇒

❿拒絶査定(きょぜつさてい)

拒絶理由通知書の拒絶理由を受け入れた場合、また、意見書や補正書を提出し、拒絶理由の回避に努めたが、やはり権利性が認められなかったときは、拒絶査定となります。権利化できない状態となります。これまでに納めた費用は、戻ってきません。

- 拒絶査定に納得できた場合
  審査は終了します　終

- それでも拒絶査定に納得できない場合
  ⓫審判へすすむ ⇒

⓫審判

　審査官によって、権利化のための審査が行われますが、その判断に誤りがないとはいえません。そこで、審査官による判断の誤りをなくすために審判制度を設けています。

　もし、審査官が決定した「拒絶査定」に納得できず、不満（不服）があるときは、拒絶査定に対する拒絶査定不服審判の手続きをして、もう1度審査をやり直してもらうことができます。

　この場合、その査定の謄本の送達の日から30日以内に行う必要があります。

- ●審判の結果、ダメだった場合
    　権利化できない状態になります　終

- ●審判の結果、よかった場合
    　❽登録査定へすすむ　⇒

⓬権利期間

　意匠権の権利期間は、設定登録の日から20年間です。特許や実用新案の権利存続期間が、出願日からだった点に違いがあります。権利期間中、登録料の納付を忘れてしまうと、権利はなくなってしまいます。権利を維持するつもりであれば、納付を忘れることがないように注意が必要です。更新により、権利が続きます。

- ●権利期間を更新する場合
    　❾設定登録で紹介した意匠権の登録料に従い、登録料を納付する

055 「商標」出願後の流れ

それでは、商標出願後に始まる手続きの流れを説明しましょう。特に、重要な要点だけをやさしく解説します。

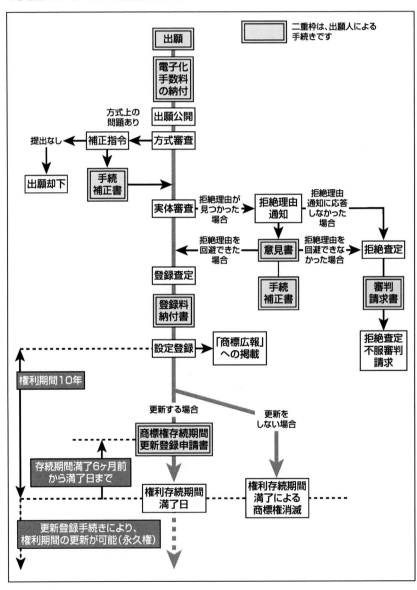

❶出願

商標登録をするには、商標登録を受けようとする商標を書いた「①願書」の書類を、特許庁に出す必要があります。この、書類を特許庁に出すことを「出願」といいます。

願書以外に、明細書や図面など、数種類の書類が必要となる特許や実用新案、意匠の出願に比べ、商標登録出願は、書類一枚のみで出願が可能です。

❷出願日へすすむ　⇒

❷出願日

「郵送」で出願した場合は郵便局から郵送した「差出日」、特許庁へ書類を「持参」して出願した場合は「窓口で提出した日」が出願日となります。

また、先に出願した人に権利が与えられる「先願主義」であることも、特許や実用新案、意匠の場合と変わりはありません。

◆ 同じ日に、同じ商標の出願があった場合

商標登録において、同一または類似の商標について、同日に2以上の商標登録出願があった場合（同日出願）、協議によって1つに定めます。しかし、協議が成立しない場合は、くじによって定めた商標登録出願人が商標登録を受けることができます。

- 電子化手数料を納付後
  ❸出願公開制度へすすむ　⇒

❸出願公開

商標登録出願の後、出願内容が公開されます。これが出願公開制度です。出願公開の時期については、特に規定はなく、商標登録出願人の氏名や住所、願書に書いた商標などが商標公報に掲載されます。

なお、出願公開に伴う出願人の不利益を救済するために「補償金請求権の行使」を認めています。つまり、商標登録出願後、その内容と同じ商標を使用している第三者に対し警告をして、その商標がやがて登録になったときは、出願中使用していたものに対し、業務上の損失を受けたとして相当額の金銭の

支払いを請求することができます。この場合の、保証金請求権の行使は、商標権の設定の登録になってからです。

　　❹**方式審査**へすすむ　⇒

❹方式審査

　「審査」には、「書類の形式に関する審査」と「商標の内容に関する審査」があります。方式審査は、前者の、出願書類の形式や書き方などの「方式(形式)上の審査」をするものです。もし、書類の形式に不備があれば、間違ったところが指摘され、訂正してくださいという指示がきます。それが「補正指令」です。「補正指令」がきたら、指示に応じて、書類を書き直すなどして、再提出が必要です。

- 書類の訂正などが必要な場合
　　❺**手続補正**へすすむ　⇒

- 書類に問題がない場合
　　❻**実体審査**へすすむ　⇒

❺手続補正

　出願書類を直すことを、「手続補正」といいます。また、受け取った補正指令に対して行う補正を、「命令補正」といいます。手続補正を行うには、「手続補正書」を提出し、不備や内容の訂正を行います。「手続補正」をしないと、出願は「却下」になります。手続補正には期限があるので、必ずその期限内に行うことが必要です。
　なお、特許制度の場合と同じく、商標制度には、指令に応じて行う「命令補正」の他に、「自発補正」があります。

- 書類の補正ができた場合
　　❻**実体審査**へすすむ　⇒

- 補正指令に対して手続補正をしない場合
　　出願が却下されたものとなります　終

❻実体審査

特許の場合、実体審査を受けるためには、出願審査請求の手続きが必要であり、また、審査を受けるために、出願料とは別に費用も必要でした。しかし、商標制度では、実体審査を受けるために必要となる手続きはなく、方式審査を通過したものは、自動的に、商標の内容を審査する実体審査を受けることができます。

商標権が与えられるかどうかは、商標として登録される条件を満たしていなければいけません。この条件のことを登録要件といいます。

また、もし登録となった場合、他の商標との間にさまざまな不具合が生まれないことも、登録される条件に含まれる事になります。この条件のことを「不登録事由」といいます。これらの条件を満たしているかという面から、実体審査が行われます。

商標の登録要件（不登録事由）の代表的なものは次の通りです。
- 商標であること
- 自己の業務に係る商品やサービスについて使用をする商標であること
- 識別力があること
  ①普通名称ではないこと
   　商品「電話機」に「テレフォン」／サービス「自動車の修理」に「車修理」
  ②商品または役務について慣用されている商標ではないこと
   　商品「日本酒」に「正宗」／サービス「宿泊施設」に「観光ホテル」
  ③商品の産地・販売地・品質・原材料・効能・用途・範囲を表示する標章のみからなる商標ではないこと
   　商品「納豆」に「水戸納豆」／サービス「荷物の発送」に「関東一円」
  ④ありふれた氏または名称を、普通に用いられる方法で表示する標章のみからなる商標ではないこと
   　商品に「鈴木」「山田」／サービスに「田中商店」
  ⑤簡単でありふれた標章（○、△、□）またはアルファベット１〜２文字のみからなる商標ではないこと
   　商品に「A」「X」／サービスに「Z保険」
- 使用により識別力が発生した商標であること
   　アサヒビールの「スーパードライ」は、品質表示でしかないため、登録になりませんが、大ヒット商品になったことで、識別力が発生したと判断され、

発売から3年後に登録になりました。「HONDA」「SUZUKI」などのメーカー名もこれに含まれます。
- 他人の先願に係る登録商標と同一・類似であって、同一・類似の商品・役務について使用をするもの
    公序良俗に該当するわいせつな名称ではないこと
    誤認混同を起こさせるものではないこと（日本料理店の名前に「フランス料理の○○屋」）
    商品の品質、内容の表示を誤認させるものではないこと（カニの缶詰の名前に「サバのみそ煮缶」）
- 先願であること

◆ **商標の類似**

たとえば、この中で、他の登録商標と同一、類似の商標で、商標の商品・役務区分が同一、類似であるものは登録することができません。同じもの（似ているもの）同士、かぶってしまうからです。

他の商標と類似して、紛らわしい商標であるかどうかを「商標の類似」と判断する基準としては、次に紹介する、外観（見た目）、称呼（呼び方）、観念（意味合い）の3点から判断されます。
- 外観類似（がいかんるいじ）…「ロッテ」と「ロッチ」のように、視覚で見たときに似ているケース
- 称呼類似（しょうこるいじ）…「太陽」と「大洋」のように、呼び名が紛らわしいケース
- 観念類似（かんねんるいじ）…「キング」と「王様」のように、意味・意義が似ているケース

これらの場合、見た目や呼び方、意味が似ているので、商標登録できないと判断されることになります。先願の商標と比較しながら、登録の可否を判断する目安にもなりますので、参考までに覚えておきましょう。ここで行われる審査は、商標権が与えられるかどうかが決まる大切なものです。

方式審査の後、実体審査が行われ、特許庁から最初の審査結果通知が来るまでには、約4.7カ月の時間がかかっています（参考：2013年度版　特許行政年次報告書）。

なお、「早期審査に関する事情説明書」を提出し、早期審査の対象と判断されると、2カ月程度まで、審査を短縮させることもできます。早期審査が受けられる条件としては、登録を受けようとしている商標について、第三者から実

施許諾を申し込まれている場合、また、同じ商標を、第三者が模倣し、実施している場合など、権利化に緊急性がある場合に、認められます。

- 登録要件を満たしている場合
  ❾登録査定へすすむ　⇒

- 登録要件を満たさなかった場合
  ❼拒絶理由通知へすすむ　⇒

❼拒絶理由通知(きょぜつりゆうつうち)

出願書類の内容について審査官が審査をした結果、登録要件を満たしていないと判断された場合、拒絶する理由が書かれた「拒絶理由通知書」が出願人に届きます。この拒絶理由通知書は「○○という理由で拒絶します。意見があれば申し出なさい」といった内容の書類です。

権利化を目指す場合は、意見書と、必要に応じて補正書の提出が必要となります。また、意見書や補正書を提出しなかったり、審査官の拒絶理由に納得した場合は、権利化はできなくなります。

審査官への電話質問や、面談による質問なども利用しましょう。

- 意見書を提出する場合
  ❽意見書へすすむ　⇒
- 意見書を提出しない。拒絶理由を受け入れる場合
  ❿拒絶査定へすすむ　⇒

❽意見書(いけんしょ)

拒絶理由通知書に書いてある拒絶理由によっては、何らかの補足説明をしたり、書類を訂正したりすることで、拒絶理由を回避・解決できる場合があります。

この場合、出願人は、その拒絶された理由に対する説明のために「意見書」を提出して、再度審査をお願いすることができます。

また、書類の一部分を修正することで拒絶理由を回避できる場合は、書類を削除、修正、加筆するための「補正書」も作成することもできます。

補正書を作成する場合は、意見書に「補正書によって、問題箇所を削除し、拒絶理由を回避できるはずなので、もう一度審査してください」という内容に書類をまとめます。
　意見書と補正書は、拒絶理由通知書に書かれた所定の期限内に、特許庁に郵便で送らなければいけません。審査官は、発明者から送られてきた意見書と補正書を読み込んで、拒絶理由が解消されるかどうかを再度審査して、権利として認めるかどうかの判断をします。

- 意見書と補正書により、拒絶理由が回避できた場合
  ❾登録査定へすすむ　⇒

- 意見書と補正書を出したが、拒絶理由を回避できなかった場合、または意見書を出さなかった場合
  ❿拒絶査定へすすむ　⇒

❾登録査定

　登録要件を満たしていた場合、または、意見書と補正書を提出し、拒絶理由を回避できた場合、登録査定となります。しかし、登録査定の書類が届いただけでは、権利は発生しません。権利の発生には、指定された期日内に、登録料納付書で登録料を納付することが必要となります。

- 登録料納付書を出して登録料を納付
  ⓫設定登録へすすむ　⇒

❿拒絶査定

　拒絶理由通知書の拒絶理由を受け入れた場合、また、意見書や補正書を提出し、拒絶理由の回避に努めたが、やはり権利性が認められなかったときは、拒絶査定となります。権利化できない状態となります。これまでに納めた費用は、戻ってきません。

- 拒絶査定に納得できた場合
  審査は終了します　終

- それでも拒絶査定に納得できない場合
    ⓭審判へすすむ　⇒

⓫設定登録(せっていとうろく)

　商標権は、登録査定送達日から30日以内に、「10年分（または5年分）の登録料」を納付し、「設定登録」されることで発生します。登録料は、登録料納付書に特許印紙を貼り付けて、納付します。

●商標権の登録料

商標設定登録料の支払い方法	商標設定登録料
一括納付（10年分）	区分数×28,200円
分割納付（前期・後期5年分ずつ）	区分数×16,400円

　5年分ずつの分納をする場合は、10年分一括で支払うのに比べて、4,600円の割高となります。この場合、5年後の後期分の登録料納付を忘れないようにしましょう。商標権が設定登録されると、商標の内容が「商標公報」に掲載されます。

- 10年後、権利期間を更新する場合
    ⓬権利期間と更新登録へすすむ　⇒

⓬権利期間と更新登録(けんりきかん こうしんとうろく)

　商標権の権利期間は、設定登録の日から10年間です。特許や実用新案の権利存続期間が、出願日からだった点に違いがあります。そして、10年ごとに更新さえすれば、永久に権利を独占することができます。そのため、商標は「永久権」であるともいわれています。

　なお、まったく使用していない商標権については、法律により権利として保護すべきではありません。そのため、存続期間を定めることによって更新登録願をさせ、真に保護に値するもののみを存続させていくことにしています。

　更新登録の申請は、商標権の存続期間の満了の6カ月前から満了日までの間に、商標権存続期間更新登録申請書を提出します。

　さて、商標権は、特許や実用新案、意匠と違い、権利期間を更新できるところに特徴があります。これは、商標法の目的が、商標を使用する者が長年積

み重ねて作り上げてきた業務上の信用を保護することにあり、存続期間を限ってしまうことは制度目的に反するからです。たとえば「味の素」という商標は、1905年（明治38年）に登録になっており、以来約100年以上もの間、商標権が維持されています。そして今後も、味の素の商標権は、永久に存続されることでしょう。

◉更新登録料

更新登録料の支払い方法	商標権存続期間更新登録料
一括納付（10年分）	区分数×38,800円
分割納付（前期・後期5年分ずつ）	区分数×22,600円

◉「商標権存続期間更新登録申請書」の形式

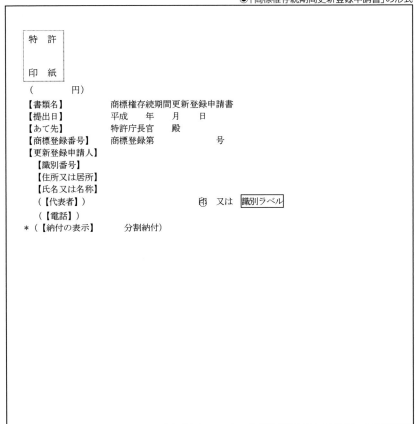

- さらに権利期間を更新する場合
  ⓬**権利期間と更新登録**を繰り返す

⓭審判

　審査官によって、権利化のための審査が行われますが、その判断に誤りがないとはいえません。そこで、審査官による判断の誤りをなくすために審判制度を設けています。もし、審査官が決定した「拒絶査定」が納得できず、不満（不服）があるときは、拒絶査定に対する拒絶査定不服審判の手続きをして、もう1度審査をやり直してもらうことができます。この場合、その査定の謄本の送達の日から30日以内に行う必要があります。

- **審判の結果、ダメだった場合**
　　権利化できない状態になります　終

- **審判の結果、よかった場合**
　　❾**登録査定**へすすむ　⇒

056 各種中間手続書類の様式をダウンロードしよう

　72ページで、出願書類の様式を特許庁ホームページからダウンロードできることは、その手順と一緒に、すでに解説しました。

　しかし、ダウンロードできる書類の様式は、出願書類だけでなく、出願後の中間手続きに必要となる手続き書類の様式も、ダウンロードすることが可能です。

　今回は、特許の中間手続きを例に解説しましょう。

❶「特許に関する申請書類一覧」をクリックします。

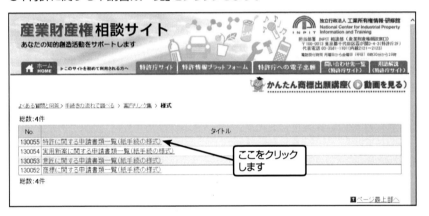

❷ 書類様式の一覧表が表示されます。さまざまな様式がダウンロードできるようになっています。必要な書類のWord形式のリンクをクリックしましょう。

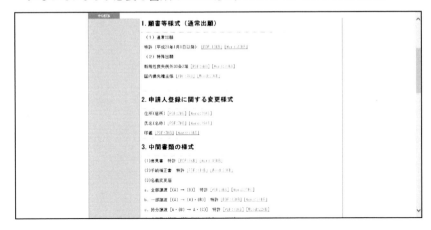

これらのダウンロードできる書類一覧を見ると、最初の出願書類だけでなく、中間手続きなど、さまざまなケースごとに必要となる書類様式が紹介されているのがよくわかります。

　たとえば審査の結果、内容が認められると、「特許査定」の書類が送られてきます。その手紙の中には、権利化に必要となる「特許料納付書」の書式説明書が同封されてきます。この場合、「特許料納付書」の書類様式をダウンロードし、必要な内容を入力して書類を仕上げれば、書類を作る手間が省けます。

　なお、PDF形式のデータは書き込みができません。実際に入力しながら書類を作るには、文字の入力が可能なWord形式のデータをダウンロードするようにしましょう。

第7章
発明アイデアQ&A集

本章について

　最後の第7章では、出願書類の書き方から少し幅を広げ、発明の事業化や知的財産権に関する内容をまとめ、解説しています。

　大衆発明家の指導を行ってきた経験のなかでは、アイデアの商品化を目指す際の疑問が特に多く、そのため本章では、権利や法律論のみの観点からの解説が少なくなっています。中には主婦を代表するような自分のアイデアの事業化を目指す大衆発明家に解説の的を絞った項目もあります。

　純粋な書類作成法や法律論のみを求める方には興味がない話もあるかもしれませんが、読み物としてお付き合い頂ければ幸いです。

　なお、本章の中には、拙著『「発明・アイデア」の教科書』（C&R研究所）と、一部内容が重複している項目がございますので、あらかじめご了承ください。

058 特許庁について教えてください

　出願書類を提出する「特許庁」は、経済産業省に属する官庁で、産業財産権の受け付けや、審査、審判などの業務を受け持っています。

住所	〒100-8915 東京都千代田区霞が関3丁目4番3号
開庁日	月曜日から金曜日(平日)
代表電話の受付時間	8時30分から18時15分まで
電話番号	03-3581-1101(代表)
URL	http://www.jpo.go.jp/indexj.htm

　特許庁舎は、東京都千代田区霞ヶ関にあり、書類受付から審査、登録証発行など、さまざまな業務に従事する職員の方々が働いています。また、本書でも解説した、先願の技術が検索できる「特許情報プラットフォーム」や、出願書類様式がダウンロードできる「工業所有権情報・研修館」の両ホームページを運営する「独立行政法人工業所有権情報・研修館」も、特許庁と同じく経済産業省所管の団体です。

　1885年(明治18年)4月18日に公布された、現在の特許法にあたる「専売特許条例」によって、アイデアを保護する制度が確立しました。以来わが国では、この条例が初めて施行されたことを記念して、4月18日を「発明の日」として定めています。

　専売特許条例(現在の特許法)」制定以来、出願されたさまざまな発明やデザイン、商標が特許庁に収録されています。それらの中には、子供のころ、伝記で読んだこともある、有名な発明家による出願も含まれています。

　たとえばこれは、御木本幸吉氏による「養殖真珠」の発明に関する明細書です。

特許第二六七〇號

第九十一類

出願　明治二十七年九月十三日
特許　明治二十九年一月二十七日
特許年限　十五年
存續期間經過許可　明治四十年
存續期間　十年　明治四十四年二月二十六日

三重縣答志郡鳥羽町百八十四番屋敷
特許權者　御木本幸吉

明細書

眞珠素質被着法

本發明ハ人工眞珠捺養法ニ改良ヲ加ヘ以テ使用スル所ノ核ニ眞珠素質ヲ良好ニ被着セシムヘキ方法ニ係リ其目的トスル所ハ第一眞珠屑ノ附着ヲ平等ナラシメ且ツ核ヲ以テフルコトヲ得セシメ以テ眞珠ノ光澤ノ調子ヲ任意ナラシメ第三珠ト介殼トノ聯絡ヲ虞ルヘク薄弱ナラシメ第四珠ノ核ヲ吐出セシメサルニアリ

本發明ニ使用スル所ハ眞珠ニ比重ノ著シキ差等ナキ物質卽チ硝子、陶磁器介殼又ハ下等ノ眞珠ノ球形ノ小粒トナシテ能ク其面ヲ滑澤ニシタル所ノ核ニ著シキ差等ナキ物質卽チ硝子、陶磁器介殼又ハ下等ノ眞珠ノ球形ノ小粒トナシテ能ク其面ヲ磨キ抛光シ其附着ヲ防クヘク、ナルヘクシテ之ヲ使用スルニハ前記小粒ノ多數ヲ入レタル器中ニ珠樂シ殘形ノ儘又ハ粒ノ小部分ニ露落シタル設ケシ其蠕動ヲ防クヘク、ナルヘクシテ之ヲ使用スルニハ前記小粒ノ多數ヲ入レタル器中ニ食鹽ヲ投シテ能ク攪拌スルカ又ハ濃厚ナル食鹽水ニ浸シ一定時ヲ經テ次出シ生活セル眞珠介ノ外套腦ニ接シテ挿入スルナリ

若シ眞珠介ヲ開クコトヲ難シトスル時ハ少時之ヲ水中ヨリ取出シテ其興脅ノ弱ヘリタルヲ候ヒ之ツ開クモ可ナリ

眞珠ニハ蒼珠、銀珠、金珠等ノ獅アリテ各其光澤ノ調子ヲ異ニスルナリ故ニ若シ此等ノ別ヲ生セシメントスルトキハ核ノ質ノ邊明又ハ白色賣色等ニナスコトニ因テ能ク其色澤ヲ變更シ得ルモノトス

前記ノ如クニ製作シタル核ヲ使用スルトキハ其附着スル所ノ眞珠屑ハ一樣ニシテ其反射力ニ蒼等ナキノミナラス核ヲ邊明又ハ白色賣質ニテ聯絡着合セシムルコト厚強トナルコトナクシテ其分界落ジクナルカ又ハ鮨シト介殼ト着合セサル眞珠ヲ得ヘシ若シトヲ眞珠素質ニテ聯絡着合セシムルコト厚強トナルコトナクシテ其分界落ジクナルカ又ハ鮨シト介殼ト着合セサル眞珠ヲ得ヘシ若シ

特許第二六七〇號

五十九

世界に誇る「ミキモトパール」は、この出願書類からスタートしました。明治27年9月13日に出願されたこの発明をきっかけに、「ミキモト」の名前が世界に轟くことになります。

　余談ですが、筆者が仕事でアメリカを訪れた際、ニューヨークの五番街にあるミキモトパール販売店を訪れました。『真珠王からのメッセージ』（ミキモト真珠島）には、御木本幸吉氏が、1905年に明治天皇に拝謁した折、「世界中の女性の首を、真珠で絞めてご覧に入れます」と申し上げたとのユーモアあふれるエピソードが紹介されています。自分が発明した養殖真珠で、世界を舞台にビジネスをする決意と夢を語った言葉は現実のものとなりました。筆者が目にしたミキモトパールニューヨーク店は、明治天皇に申し上げた御木本幸吉氏による決意の言葉の、まさに106年後の姿でした。自分と同じ日本人による発明品が、世界中の人々を魅了している光景には、大変誇らしい気持ちになったものです。

　今日の日本があるのは、必死に発明に取り組んだ先人達のおかげです。そして今、主婦や学生でも考えられるような、身の回りの不便を解決する、台所や趣味の分野から生まれた身近なアイデアであっても、真珠の発明と同じく、産業の発展や、社会に貢献できる道が開かれています。

　家庭用品の発明も、世界一の技術となった養殖真珠の発明も、世のため人のために貢献したいという発明者の心意気に差はなく、両者の発明に上下貴賤の別はありません。

　自分でアイデアを考えて、それを特許庁に出願するということは、御木本幸吉氏をはじめ、日本を支えたたくさんの発明家と共に、名を連ねることでもあります。

　本書を読まれた読者の皆様には、発明に情熱を傾け、日本を支えたたくさんの発明家たちに続き、日本という祖国の発展と世の人々の豊かな暮らしのため、そして、発明によって得られる心豊かな生活やロイヤリティ収入を目指し、頑張っていただきたいと思います。

059 アイデアを商品化する方法を教えてください

アイデアを考えてから、そのアイデアを育て、やがて世の中に商品として送り出していくまでには、たくさんの行程があります。

アイデア商品化に必要な14階段を登ろう

アイデアを商品化するためには、「企業に採用してもらう方法」と「自分で商品化する方法」の、2つがあります。一般的な順番としては、アイデアを創作した後、試作品を使った実験で効果を確認し、権利対策をした後、企画提案書を企業に送付して、契約書を交わすというのが、商品化を目指す発明家なら、誰でも通る行程です。

それでは、企業にアイデアを採用してもらうために必要な行程がどのようなものか、詳しく見てみましょう。

●アイデア成功への全行程14階段

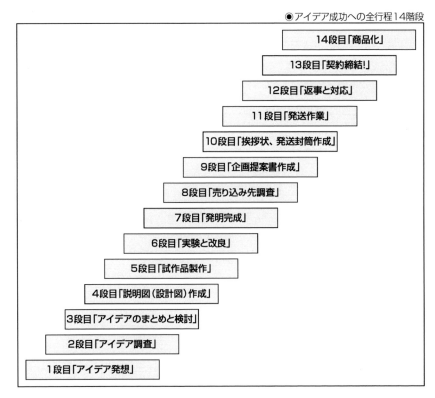

- 14段目「商品化」
- 13段目「契約締結!」
- 12段目「返事と対応」
- 11段目「発送作業」
- 10段目「挨拶状、発送封筒作成」
- 9段目「企画提案書作成」
- 8段目「売り込み先調査」
- 7段目「発明完成」
- 6段目「実験と改良」
- 5段目「試作品製作」
- 4段目「説明図(設計図)作成」
- 3段目「アイデアのまとめと検討」
- 2段目「アイデア調査」
- 1段目「アイデア発想」

紹介した図が、アイデアを商品化するために必要な14ステップに分けられた、行程図です。アイデアを商品化するには、この行程図に基づいて、まず自分がどの位置にいるかを把握すること。そして、次に何をすればよいのかという課題を見つけ、階段を登るようにそれを実行して、先に進むことが必要です。

　もし、売り込みがうまくいかなければ、悪いところ、改善できるところを探します。アイデアが悪い場合は、そのアイデアの悪いところを改善して、再度売り込みをします。また、売り込み先の企業に問題がありそうなら、同じ分野の他の企業を探し、同様に売り込みをします。現在、マスコミなどで紹介される、発明主婦に代表される大衆発明家の方々は、すべてこの道のりをたどった結果、アイデアの商品化に成功しています。

　また、発明家の中には、7段目の発明完成の時点で、自分で商品化をしてしまう人もいます。工場で大量生産した商品をデパートに卸し、大規模なビジネスをする人から、自分でコツコツと商品を手作りして小規模に販売する人まで、そのスタイルはさまざまです。自分で事業化する場合、やることが多くて大変ではありますが、企業に採用してもらい、売れた分に応じたロイヤリティをもらう方法に比べて、利益が格段に大きいのが特徴です。

　この、アイデア商品化に必要な、アイデア創作に役立つ発想法や、売り込みに必要な企画提案書の作り方、企業への売り込みや、ロイヤリティをもらうために必要な、契約書の書き方などの各行程については、拙著『「発明・アイデア」の教科書』(C&R研究所)に、詳しくまとめてあります。

　この本には、大衆発明家として現在活躍中の方々の体験談や実例を交え、解説しています。アイデアの商品化に興味がある方は参考にしてください。

発明成功の秘訣は「頑張らないこと!」

　「えっ?　がんばらなくていいの?」とビックリされた方もいるはず。筆者がお伝えしたいのは、「無理なく、自分の力で、試作も実験もできる分野」に挑戦することが大切だということです。

　企業が発明家のアイデアを採用し、ロイヤリティ契約をしてくれるのはなぜでしょう?

　それは、お金も手間もかかるリサーチから試作品作成、実験、改良、テスト販売までの商品開発を、すべて社外の発明家が、無休でやってくれたからなのです。そのため、試作品を作らずにアイデアが採用された例は、大変まれ

です。

　その証拠に、アイデアが企業に採用され、成功する方の特徴を見ると、「試作品を手作りできるレベルの課題」に取り組んでいる点が挙げられます。

　これを、筆者は「自分サイズのアイデア」と呼んでいます。

　試作品を、自力で無理なく作れるため、何度も改良し、試すことができます。そのため、「頑張っている」という気持ちそのものがありません。それどころか、試作品を作り試すことが、大好きだった「理科や技術、家庭科」の実験や工作実習に似ていて、楽しくてたまらないぐらいです。

　やがて「自分にとっての必需品」にまでなれば、企業の社長が大喜びして採用してくれる「すぐ商品化できる、良いアイデア」にまで育っていることでしょう。

　発明で成功するためには、自分では試作品が作れない専門知識が必要な分野への挑戦や、大金を使って試作品作成・権利化するような、能力的にも、経済的にも無理に頑張るようなことはやめましょう。

　何より重要な、「アイデア成功への全行程14階段」の最初の1段目、「アイデア発想」のコツは、自分の身の回りから探すことです。

　「あれっ？　こんな道具があったら便利なのに！」という発想が浮かんだら大チャンス！

　自分が「専門家」でいられる、台所やお風呂場、掃除洗濯のような日常生活や、ペット、庭いじり、釣り、ゴルフなどの趣味を通して気が付いた、「自分サイズ」でできる、身近なヒントに目を向けて、チャレンジしてみましょう！

060 権利対策のタイミングを教えてください

出願書類を作り、出願することを一般的に権利対策といいます。問題は、商品開発の行程の中で、いつの時点で出願するのか、ということです。

図解で見る権利対策のタイミング

下図は、アイデアを発想してから、商品化されるまでの全行程を14ステップで示した図です。物の構成と組み合わせから新しい機能と効果を生み出すようなアイデアの場合は、特許や実用新案登録出願を行います。

また、ハート型のバケツなどのように、物の形が重視される場合は、意匠出願。商品や、サービスの名前を考えた場合は、商標出願を行うことになります。

本書では、特許、実用新案、意匠、商標、それぞれの出願書類の書き方を説明しましたが、問題はどの段階で書類を作り、その出願をいつするかということです。

●権利対策のタイミング

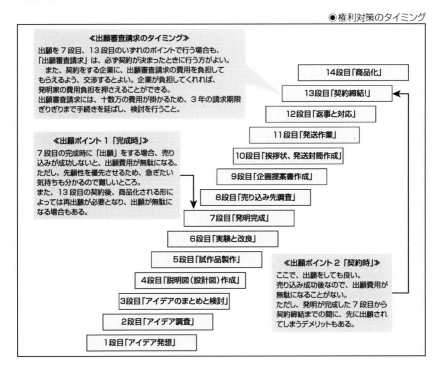

◆ 作品完成時（7段目）に出願する場合

　自分で商品化する場合は、この時点で権利対策を行うとよいでしょう。また、企業に企画書を送り、企業に採用してもらって事業化を目指す場合も、できるだけ早いこの時点で権利対策を行うとよいのですが、問題もあります。

　1つ目は、出願内容とは違う形で商品化されることになった場合です。この後、実際に企画提案書を作りアイデアを売り込んでいくことになります。もし採用された場合、企業との検討の結果によって、デザインや構造などが若干手直しされることがあります。

　つまり、採用決定前の、発明が完成した時点で特許出願をしてしまうと、企業との検討で手直しされたものと、出願書類に書いた内容が変わってしまうことになります。この場合は、再出願が必要になるため、書類作成の手間も費用も、二度手間になる可能性があります。

　2つ目は、費用の問題です。自分で書類を書けば、特許の場合は1万4,000円で特許出願ができます。しかし、自分で出願書類が書けない場合は、特許事務所の弁理士に書類を作ってもらうことになります。弁理士とは、産業財産権の書類作成代行を行う国家資格者です。書類作成でお金を得ることは、弁理士以外は法律で禁止されています。この書類作成に、数十万円の費用が必要となります。

　大金を掛けて出願したとしても、売り込みはそう簡単にはうまくいきません。何度も売り込みをしながらも、採用が決まらないことの方が大半です。売り込みが成功せず、新しいアイデアを売り込む度に、出願に掛かる費用を払うことになると、経済的なリスクを負うことになってしまいます。そのため、本書では、できるだけ費用を掛けないように、自分で書類を作ることをオススメしています。もし、書類の内容に自信がない場合は、弁理士による書類チェックサービスなどを利用してもよいでしょう。

　これにより、自分で書類を作れば、出願費用の14,000円のみで出願が可能で、さらに、書類チェックサービスを利用しても、出費を数万円に抑えることが可能です（詳細は298ページ参照）。

◆ 契約時（13段目）に出願する場合

　発明家の中には、売り込み後、企業との打ち合わせで好感触だった場合にのみ、出願をする方もいます。見込みのあるアイデアだけ出願するため、確

かに費用が抑えられるメリットはあります。しかし、その分だけ出願の時期が遅れるため、その間に先を越される危険があり、権利化のチャンスを逃してしまうデメリットもあります。

日本は先願主義なので、1日でも早く特許出願した方に権利が与えられます。そのため、発明が完成した現時点で出願を急ぎたい気持ちと費用を抑えたい気持ちも共に理解できるため、難しいところです。

また、出願をせず売り込むため、売り込み先の企業にアイデアを取られてしまうかも、という心配がある場合は、早々に出願を済ませて心配を減らすしかありません。

それぞれのメリットとデメリットを理解した上で、各自の判断と責任で権利対策をしましょう。

出願審査請求をする時期の判断

特許権を得るためには、発明の内容を審査してもらう出願審査請求の手続きが必要となります。この出願審査請求には、12万2,000円の費用が掛かります。そのため、企業に発明を採用してもらうことが決まるなどの、権利化が必要になってから、出願審査請求を行うことが、最も経済的負担が少ない、オススメの方法といえるでしょう。

幸い、出願審査請求ができる期限として、出願から3年の期間が与えられています。特許出願後は、すぐに出願審査請求はせずに、特許出願中(PAT.P)の状態のまま、発明の売り込みに力を注ぎます。多くの大衆発明家の場合も、企業に発明の売り込みが決まり、契約の際に、権利化を企業から要望された際、初めて出願審査請求を行うようです。中には、商品の売れ行きを見て、商品としての価値を確認するまで未請求とする場合もあります。

「出願審査請求書」は、出願の日から3年以内であれば、本人だけでなく、発明を採用してくれる企業などの他の人(第三者)でも、手続きができます。そのため、審査請求の費用は、発明を採用してくれる企業に負担してもらえるように、契約書の内容に盛り込む場合もあります。

発明の売り込みは、採用してくれる企業がなかなか見つからず大変です。ほとんどのケースでは、採用を断られることになります。

特許出願からの3年間は、売り込みや事業化が成功しない場合、その発明に見切りを付けて、権利化をあきらめる判断をするために与えられた期間に

活用できます。

　逆に、事業化が実現しなくても、将来、採用されることを見越して、権利化に踏み切るケースもあります。特許出願から3年後の、出願審査請求の手続き期限日は、自分の発明に対する評価を下す、分岐点になる日ともいえるでしょう。

　なお、特許庁には、資力に乏しい個人などを対象に、審査請求費用などが無料になる、特許料などの減免制度があります。この制度も有効に使うと、主婦、学生、年金生活をされている方、生活保護を受けている方、フリーターなどの方なら、審査請求費用や、権利化後の特許料が免除されるため、権利化の判断をする決め手にもなります。

　減免制度については、317ページをご参照ください。

061 権利化＝商品化ではないのですか？

　発明相談に来る大衆発明家の第一声で多いのは、「これは、特許になりますか？」というものです。しかし、権利化と商品化は、必ずしも一致しません。

　たとえば、仮に特許になったとしても、「産業上、利用価値があり、新しくて簡単に考えることができない発明」ということが、特許庁に認められただけであり、「商品として市場に受け入れられる、経済的価値がある発明」であるということが認められたわけではないのです。

　その証拠に、特許情報プラットフォームで公開中の特許権が発生している発明の6割とも7割ともいわれる膨大な数の権利が、活用されておらず休眠状態です。つまりこれらは、特許にはなっても、権利利用者とのマッチングが悪い場合や、経済的価値がないため商品化されなかった例といえるのです。

　その一方で、特許権がないアイデアであっても商品化されている例は数え切れないほどあります。「鉄しゃもじ」は、その一例です。

　ぬかみそに鉄クギを入れると、鉄イオンの働きで、なす漬け等の漬物の色がよくなることが知られています。そのため、なす漬けなどの漬物の色をよくするために「鉄タマゴ」や「鉄なすび」などが商品化されています。主婦の池田真由美さんは、既存の商品の形を、しゃもじ形に変えた「鉄しゃもじ」を考えて、企業に採用されました。

061 ● 権利化=商品化ではないのですか?

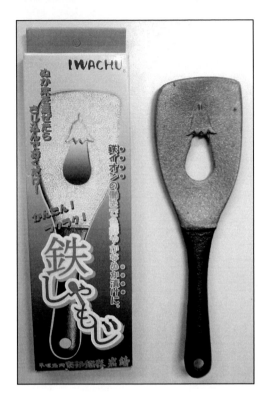

　この商品は、今までにある商品の形を「しゃもじ型」に変えたことで、新しい商品価値を生み出したものですが、単に形を変えただけのアイデアでは、特許権を取るのは難しいでしょう。
　しかし、このアイデアには、「臭いぬかみその中に手を入れなくても、ぬかみそを混ぜることができる」「においが手に移らない」「ぬかみそに差しておけば、既存の商品と変わらない鉄分補給効果がある」という魅力的な効果があり、結果として、この商品は特許権がないにもかかわらず、企業に採用され、商品化が実現しています。
　つまり、権利の取得に関係する技術的進歩性も重要ですが、何よりも、使う人間が魅力を感じる商品としての価値の方が、商品化においては重視されるのです。
　アイデアが事業化されることを前提に考えるのであれば、「特許になる、ならない」という問題は、他人の権利を侵害するようなことがない限り、商品化の必要条件ではありません。

アイデアの価値は、お客さまに買っていただき、喜んでもらえたときに初めて生まれるものです。
　権利を取ることが一番の目的であれば、登録要件を満たすことができず拒絶されてしまうことは残念なことです。しかし、商品化されることが一番の目的であるならば、権利にならないことや、拒絶され権利化できなかったとしても、商品としての価値まで拒絶された訳ではないので、がっかりすることはありません。
　自分のアイデアが「とても権利が取れそうもない、技術的に程度の低いアイデア」であったとしても、望みがまったくないわけではないのです。

062 既出のアイデアを調べる重要性を教えてください

　権利がとれない一番の理由は、「出願内容の発明が新しくないこと」が、実は大半です。特許庁の審査官が、すでに出願されている例を引いて、「○○○○年に登録になっている特許第○○○○○号と同じです。だから、許可（登録）できません」「○○○○年に公開された公開公報と似ているので、登録できません」という内容で拒絶されるのです。

　たとえば、出願した発明を、次のような理由で拒絶するという手紙（拒絶理由通知書）が届いてしまった場合は、権利はまず取れません。

- 単なる寄せ集めです。
- 構成の置き換え、他の技術分野の転用です。
- 単なる用途の変更です。
- 単なる材料の変更です。

　たとえば、発明家は、アイデアがひらめいた14階段行程図の1段目で、すぐに出願してしまう場合があります。うれしくて有頂天になったり、早く出さないと先を越されてしまうと不安になるのは、痛いほどよくわかります。

　しかし、たとえば書類の不備などは、ある程度補うことができますが、調査もしないまま、すでに出願されているアイデアを出願したのでは、救いようがありません。

　このようなことにならないように、アイデア調査を行うことは大変重要です。この既出の技術やデザイン、ネーミングを調べることを先願調査（せんがんちょうさ）といいます。それでは次項より、実際に「特許情報プラットフォーム」を利用した、一番基本となる先願調査の方法を解説いたしましょう。

063 特許情報プラットフォームを使ったアイデアの調べ方を教えてください

　パソコンとインターネットは、書類作成だけではなく、調査にも活用できます。それでは調査の手順を紹介していきましょう。

特許情報プラットフォームを活用しよう

　特許情報プラットフォーム（J-PlatPat:Japan Platform for Patent Informationの略称）は、特許庁が持つ約8400万件にも及ぶさまざまな出願情報を公開しているホームページです。過去にどういった先行技術（先願）があったか、先行技術（先願）の検索が可能で、無料で365日、24時間、自宅にあるパソコンで利用することができます。

- 特許情報プラットフォーム｜J-PlatPat
  - URL　https://www.j-platpat.inpit.go.jp/

　これから、特許、実用新案、意匠、商標の調査の方法の中で、一番簡単な方法を紹介いたしましょう。

「特許」「実用新案」を調査する方法

　たとえば、箸を正しく持てる「箸矯正具」を考えたと仮定し、特許情報プラットフォームで、このアイデアと同じものがあるかどうか、調べる方法を紹介しましょう。

❶特許庁ホームページ内の「特許情報プラットフォーム（J-PlatPat）」をクリックします。特許情報プラットフォームに移動します。

❷「特許・実用新案を探す」を選択します。

❸ 検索語句のキーワードを入力して、「検索」ボタンをクリックします。今回は、同じアイデアがあるかを調べるために、「箸」と「矯正」という、「商品名＋効果効能」という言葉の組み合わせで調べています。入力する検索語句が複数ある場合は、「スペース」を間に入れて区切りましょう。また、両方のキーワードを含まれるものを探す場合は、キーワードを入力する欄の右端にあるドロップダウンリストから「AND」を選択します。

❹ 検索結果画面が表示されます。この検索ワードが書類に含まれる特許・実用新案の技術情報が、何件見つかったか、検索結果画面が表示されます。これらの内容をすべて見ていくには、「一覧表示」をクリックします。

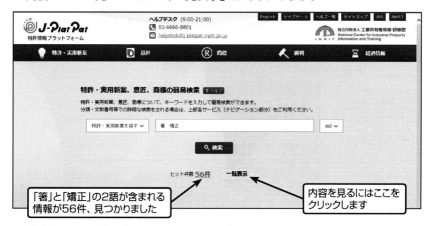

❺ 検索結果の一覧が表示されます。文献番号をクリックすると、詳細な内容を見ることができます。

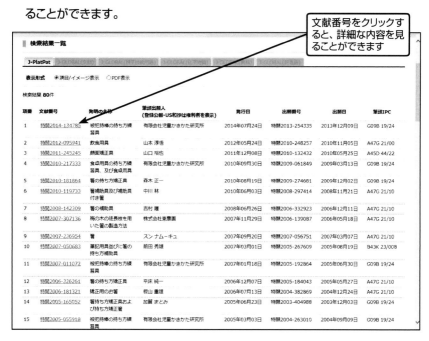

❻ **文献の内容が表示されます。**

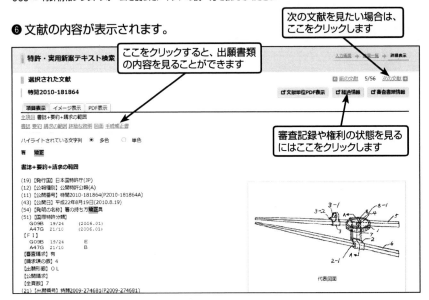

 文献番号をクリックすると、出願の詳しい内容を見ることができます。これに目を通し、大体のアイデアの内容を調べます。審査記録や権利の状態を見るには、「経過情報」をクリックします。次のアイデアを表示したい場合は、画面右上の「次の文献」をクリックします。

 以上が、特許・実用新案を対象にした先願調査の簡単な方法です。

「意匠」を調査する方法

 意匠検索をする方法にはいろいろありますが、今回は、物の名前から検索し、図面を一覧表示して調べる方法を紹介しましょう。検索の練習として調べるのは、図面の書き方でもテーマに選んだ「事務用クリップ」です。さあ、どんなクリップが出願されているのか、楽しみですね。

 まずは、特許情報プラットフォームのトップページからの、検索方法について説明します。トップページを開いてください。

❶ 画面上部の「意匠」にマウスポインターを移動させ、メニューを表示します。

❷ 表示されたメニューから「3.意匠公報テキスト検索」を選択します。

❸ 検索キーワードとして「事務用クリップ」と入力し、検索を実行します。

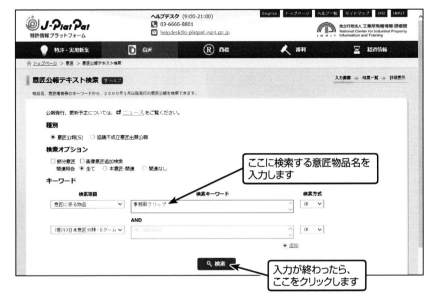

❹ 検索結果を確認します。「一覧表示」をクリックして詳しく見てみましょう。なお、検索の結果、1000件以上がヒットする場合は数が多すぎるため、詳細を表示することができません。キーワードや検索期間を変えて、再検索してみましょう。

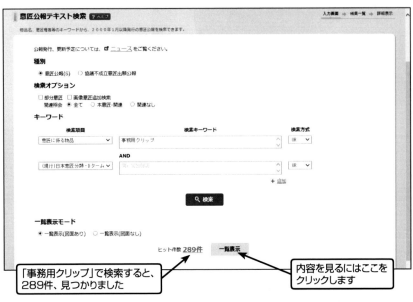

❺ 一覧表示画面が表示されます。画像をクリックすると、詳細画面が表示されます。

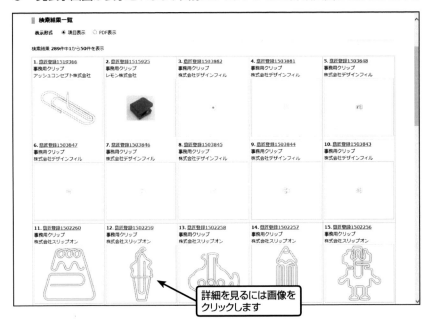

❻ 詳細画面で図面が表示されます。

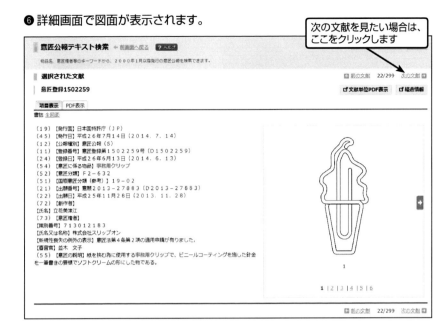

　意匠を調べる方法はこれで終了です。図面をどのように描けばよいか、六面図など、添付されたすべての図面を見ることができるため、図面の描き方の勉強にも最適です。

「商標」を調査する方法

　今回は特許、実用新案を検索するときにも使った、「特許・実用新案、意匠、商標の簡易検索」で商標を調べる方法を紹介しましょう。試しに、商標出願書類の書き方でも紹介した、シェイプアップサポーター「肉取物語」を例に調べてみましょう。調べ方の手順は下記の通りです。

❶「商標を探す」を選択します。

❷「検索したい商標」を入力します。検索する商標を「肉取物語」と入力して、検索をクリックします。

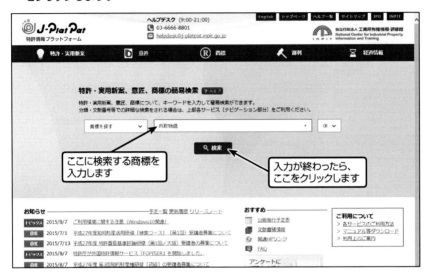

❸「検索結果」が表示されます。検索の結果、該当する商標の数が表示されます。詳細を確認するには、一覧表示をクリックしましょう。

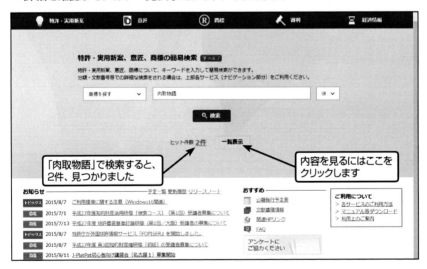

❹ 検索された商標のリストが表示されます。詳しい内容や、出願人の情報、商品または役務の区分などを調べるには、このリストの出願/登録番号をクリックします。

❺ 検索された出願/登録番号をクリックすると、詳しい情報を調べることができます。

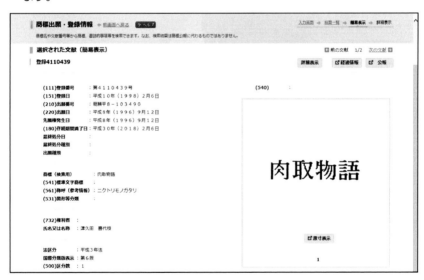

　「肉取物語」の商標権を持っているのは、大変有名な大衆発明家、津久田喜代枝さんです。それにしても、いい商品名ですね。話題性を主眼に置いたネーミング創作がされていることがよくわかります。
　商標の出願状況を調べる方法はこれで終了です。
　なお、「取」が「鳥」に変わった「肉鳥物語」などのような商標は、この検索方法では調べることができません。そのため、「にくとりものがたり」のような、読み方が同じ同音商標の検索漏れを防ぐ「称呼検索」などの調査も必要です。
　本書ではそこまで詳しい調査方法までは説明いたしませんが、特許情報プラッ

トフォームには、検索の方法を解説した「特許情報プラットフォーム（J-PlatPat）マニュアル」が無料で公開されています。調査に興味のある人は、さらに高度な調査の方法も勉強してみましょう。

検索ワードの選び方について

　検索ワードによっては、検索に漏れが出る場合があります。出願書類中の文章でアイデアの内容が説明される特許や実用新案では、特に検索漏れに注意が必要です。検索漏れをできるだけ防ぐためには、「類義語」や「表記、表現方法」の違いについても検索することが重要である、ということです。

　同じことを表す言葉でも、さまざまな表現方法があります。たとえば、「ホース」という言葉があります。庭に水をまいたり、車を洗車したりするときに、蛇口からホースで水を引いて使うはずです。また、水ではなく、空気を通す目的のものもあります。

　さて、このホースを使った洗車用具を考えた場合、「ホース」と「洗車」というキーワードで検索をするのが、まず頭に浮かびます。しかし、「ホース」と「洗車」の2語だけの検索で充分なのでしょうか。いいえ、実はそれではたくさんの検索漏れが出てしまう恐れがあります。

　「ホース」の役目をもう一度考えましょう。ホースは筒状にゴムなどの素材を成型したもので、水を運ぶ用途で登場しました。ということは、筒状になっているものであれば、とりあえず同じ効果を生むことになります。「ホース」の他にも、筒状の同じ効果が期待できるものとしては、「チューブ」や「管（かん）」「管（くだ）」「筒（つつ）」「パイプ」などの語句も、同様の効果が期待できることがわかります。

　特許情報プラットフォームには、約8400万件もの出願情報が詰まっています。その中には、同じ洗車をする目的で、水を運ぶために「ホース」という言葉を使って、出願書類を提出した人もいれば、「チューブ」と言う言葉を使って、出願した人もいるかもしれないのです。

　もし、「ホース」だけで検索した場合、同じ効果がある「チューブ」などの言葉を使った情報は、検索されないため、検索に漏れが生じてしまうのです。

　ここで皆さまにオススメしたいのは、類義語辞典や、類義語検索サイトを利用して、他の表現方法がないかを探すクセをつけることです。発明にかける無駄な時間を少しでも減らすために、できるだけ調査に漏れが出ないように、

冷静になって調べてみましょう。

　類義語以外にも、ひらがな表記の「洗う」と「あらう」の場合、カタカナ表記の「車」と「クルマ」の場合、また「フィルター」を「フィルタ」、「プリンター」を「プリンタ」と表現するような長音を取る場合、「取っ手」は「ハンドル」などの外来語表記の他、「取手」や「把手」と表現する場合もあり、書類中で使う言葉の使い方の違いなどにも注意して、検索ワードに盛り込みましょう。

検索ワードの選び方の検証実験

　それでは、調べ方によってどのような差が出るのでしょうか？

　調査のお題は、食べ物をすくい取って食べる食器の一種「スプーン」にしてみましょう。食器という用途に限らず、調理用などの用途も含め、スプーンと同じ形状で、同じ使い方をするものを、探してみることにします。なお、今回は、調査対象の言葉でどれだけ差が出るかを調べるだけなので、これ以上細かいキーワード指定はしないことにします。

　さて、簡易検索の検索語句を入れる部分に、「スプーン」と入力して、検索を実行してみます。何件が該当するでしょうか。

　何千単位での情報があることがわかりました。すごい数ですね。参考までに、検索語句はスプーンのみで調べましたので、スプーンそのものだけではなく、「スプーンホルダー」「スプーンの製造方法」まで該当してしまっているので、これだけの数になります。

　さて、それでは違う語句でも調べてみましょう。今度の検索語句は、「さじ」です。

063 ● 特許情報プラットフォームを使ったアイデアの調べ方を教えてください

　この検索語句では、170件程度が該当するにとどまりました。この中には、文章中、「さじ」の他に「スプーン」という両方の表現が使われているものもありました。それらの出願については、前の「スプーン」という言葉でのキーワード検索をした中に含まれているため、見逃すことはありません。

　しかし問題は、「さじ」という言葉だけで文章表現されている、調味料を量るための「計量さじ」という調理器具や、「飲食用さじ」という名前で出願されていた、スプーンに類する出願情報が見つかったことです。

　もし、「スプーン」というワードだけで調査をしていたら、今回見つかった「計量さじ」「飲食用さじ」は調査から漏れてしまい、見つけられなかったことになります。

　スプーンを、国語辞書や類語辞書で調べてみると、次の通り紹介されています。

【国語辞書】・・・スプーン【spoon】
1. 匙（さじ）。主に洋食でものをすくうためのもの。
2. ゴルフで、ウッドクラブ3番の称。3番ウッド。
3. ルアーの一。金属製の、さじに似た形の疑似餌（ぎじえ）。湾曲しているため、水中で独特の動きをする。

【類語辞書】・・・スプーン
○類語：　→　さじ【さじ】
○関連語の詳細：　さじ【さじ】
大匙　小匙　茶匙　スプーン　軽量スプーン　食匙（しょくし）　薬匙
木匙　陶匙　銀匙　蓮華（れんげ）　散り蓮華　杓子（しゃくし）　柄杓
茶杓　湯杓

簡易検索では、出願書類の中にある文章の中から、入力した語句を探してくる方法で、出願情報の抽出が行われます。たくさん検索された中には、本来検索したいと思っている「飲食用に使うスプーン」ではなく、ゴルフクラブや、ルアーの一種「スプーン」が検索されてきている場合も考えられます。飲食用のスプーンに関する発明をしたのであれば、「スプーン」という表現だけで検索するのではなく、同意語である「さじ」の他、漢字表記の「匙」や、「れんげ」「しゃくし」で、同じ工夫を施したアイデアが出ている可能性は十分にあります。

検索漏れにより、先願があることで自分の出願が拒絶されるだけならまだしも、事業化を開始してしまい、先願の権利を侵害してしまうようなことがあってはいけません。

調査の際には、辞書で同意語、類義語、関連語を調べる必要性があることも、ぜひ知っておきましょう。

漏れが少ない、分類検索をする方法

81ページで、IPCと呼ばれる国際特許分類について解説しました。おさらいですが、「消しゴム付き鉛筆」は、「B43K29/02」という分類記号で表すことができます。

ここで紹介するのは、この分類を利用した検索法です。「鉛筆」や「消しゴム」というワードで検索すると、どうしても言葉の使い方の違いなどで、検索漏れが出やすくなります。しかし、分類検索では、技術分類された記号で調べられるため、調査結果にばらつきのあるワード検索に比べて、検索漏れがさらに少なくなるメリットがあります。

それでは、分類検索をするにはどうすればよいのでしょうか？

たとえば、「筆記具に消しゴムをくっつけたアイデア」を考え、自分の他に、筆記具に消しゴムを付けたどのようなものが出願されているかを、調べたいとします。この場合、まず特許庁のホームページで公開されている「IPC分類表」で、「筆記具に消しゴムをくっつけたもの」がどのような分類記号で表されるかを調べます。自分のアイデアが「B43K　29/02」と表されることがわかったら、同じ記号で分類された出願内容だけを抽出するのです。

このような、技術的な観点から分類されているIPCを利用した検索方法とは別に、「Fターム」という目的や構造的観点から分類されている分類法を利用

して、検索をすることもできます。

　本書では、これらの分類検索手順については解説しませんが、特許調査に興味がある人は、特許情報プラットフォームで公開されている「特許情報プラットフォーム(J-PlatPat)マニュアル」で、詳しく勉強してみましょう。

発明のヒントを探す方法

　他の出願内容から、「新アイデアを発想するヒントを得る手段」として利用することも可能です。たとえば、「箸を正しく持てない子を多く見かけるが、どうしたら箸を正しく使えるように教えられるだろうか?」ということをひらめいたとします。

　この時点では、「正しく箸が持てるようになるには?」という課題だけで、「箸にどのような補助器具を付ければよい」というような、具体的な案はありません。つまり単なる着想の段階です。このときに、仮題を解決する器具の形をゼロから考えないで、まずは特許情報プラットフォームで、自分が目的とするアイデアに関連するものを、同じくワード検索してみます。

　この場合も、先願調査の手順とまったく同じです。文献の出し方もまったく同じで、「箸」と、箸を正しく保持できるように直す意味を持つ「矯正」という2語で検索すればよいのです。表記違いの「はし」などの言葉でも調べるとよりよいでしょう。

　さて、次は、出てきた出願情報をすべて見て、それぞれの発明ごとに異なる「箸を正しく持てるようになるために、どのような工夫をしたか」という解決手段を確かめます。図面を見れば大体わかりますね。

　権利が取れているからといって、すべて、よいアイデアではないはずです。また、権利が取れなかったものでも、大変単純であり、かつ見栄えもよい素晴らしいアイデアもあることでしょう。

　この調子でそれぞれの欠点や長所を探したら、その欠点や長所を参考に「私だったらこうするのに!」と、今ある出願内容の中から、さらに「どこかを変えられないか」という視点で改良案を練ります。少ない部品で小さく簡素化できれば、もっとよくなるものもあるでしょう。何よりも、既存の技術と違う商品となるため、既出の技術に触れない新しいアイデアになる点もメリットの1つです。

　特許情報プラットフォームを活用した発想法には3つのメリットがあります。

1つ目は、たくさんのお手本(先願の発明)を参考にして発想するため、ヒントが多くなり、問題の解決が容易になります。2つ目は、既出の技術であったことが後でわかってガッカリすることが少なくなります。3つ目は、既出の技術であったとしても、最初から権利が切れている技術に少しの改善や流行色を取り入れるなどのアレンジを加えれば、権利を侵害することなく、新しいアイデア商品として再商品化できることも大きなメリットです。

専門用語を調べよう

出願書類を作る上で必要になるのが、「専門用語の知識」です。特許出願書類は、一般的に使われている名称を使って、出願書類を作らなければいけないため、この専門用語がわからないと、書類すら作れないことになるからです。専門用語を調べる、オススメの方法は、やはり特許情報プラットフォームを活用する方法です。

特許出願をするときには、誰でも理解できる一般的な名前で、構造や効果を説明することになっています。ということは、出願書類の中で、調べたい商品の部品のことをどんな名前を使って説明しているかを調べれば、すぐに専門部位の名前を調べることができるのです。

それでは実際にやってみましょう。今回は、「めがね」を例に、各部の名前の調べ方を説明しましょう。手順は、先願調査をする場合とまったく同じです。

特許情報プラットフォームの簡易検索で「特許・実用新案を探す」を選択します(271ページ参照)。そして、検索キーワードを入力するところに、「めがね」という言葉を入力しました。

このとき、「メガネ」や「眼鏡」などの「めがね」という言葉の類義語に気を付ける必要は特に必要ありません。部分の名称を調べるだけだからです。

実際に調べてみると、「めがね」に関する出願情報がたくさん出てきます。その書類の中でどんな名前が使われているか、たくさんある出願情報から適当に引き出して、【符号の説明】の項目を調べればいいのです。

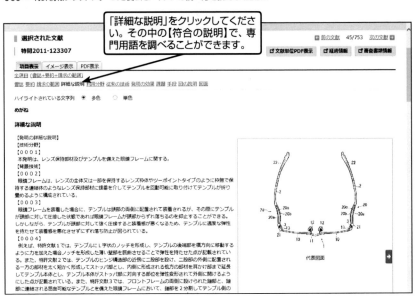

　何件かの出願情報を見れば、大体どのような名前で、めがねの各部が呼ばれているのかを知ることができます。これらの専門用語は、審査官にも理解してもらえるだけでなく、企画提案書などを作る際に使っても、通用する用語です。

　「テンプルの形を変えためがね」という題名の企画提案書であれば、企業の担当者は、すぐにどこを変えたのかを理解することができます。

　わかりやすい言葉で説明することがとても重要ですので、ぜひ、自分の発明品に関することは、先願の特許出願書類から、用語を色々調べておくようにしましょう。

公報に出てくる難しい語句について

　特許調査をしていくと、さまざまな特許公報を読む機会が増えます。この書類の文章には、意味や読み方がわからず、困る語句が出てくるはずです。

　これらの語句を「特許用語」といいます。特許用語は、専門用語ではなく、特許の業界で使われている慣用表現のようなものです。中には場当たり的に作られたような、広辞苑でも調べられない言葉（造語）もあります。このような語句は、特許出願書類を自分で作る際は、使う必要はありませんし、覚える必要もありません。「嵌合させる」ではなく、「はめ合わせる」と書けばよいのです。ただし、広報を読むときに限っていえば、知らないと意味がわからないた

め、発明の内容を理解できずに、困ってしまいます。ここでは、よく使われることがある難読語について、いくつかを紹介します。

用語(読み)	意味
圧着(アッチャク)	ある圧力でくっつける
回動(カイドウ)	回り動く
嵌合(カンゴウ)	はめ合わせる
貫設(カンセツ)	貫いて設ける
冠着(カンチャク)	かぶせてつける
嵌着(カンチャク)	はめこむ
嵌挿(カンソウ)	さしこんではめる
係合(ケイゴウ)	かかわり合う
掛合(ケイゴウ)	かけ合わせる
捲着(ケンチャク)	巻きつける
咬合(コウゴウ)	かみあって、くっつく
懸架(ケンカ)	ぶら下がったようにかけること
摺動(シュウドウ)	すり動く
植設(ショクセツ)	うえつける
軸着(ジクチャク)	軸でとりつける
充填(ジュウテン)	つめこむ
枢着(スウチャク)	回動自由にとりつける
穿設(セツセツ)	穴を開けること
装着(ソウチャク)	とりつける
挿着(ソウチャク)	さしこみとりつける
着脱自在(チャクダツジザイ)	つけたり、はずしたり自由にできる
当該(トウガイ)	その
突設(トッセツ)	つきだして設ける
撥条(ハツジョウ)	ばね
密着(ミッチャク)	ぴったりくっつく
螺杆(ラカン)	ねじぼう
螺子(ラシ)	ねじ
螺着(ラチャク)	ねじこんではめる
連動(レンドウ)	つらなり動く
溶着(ヨウチャク)	溶かしてつける

　以上のような語句を知っていれば、十分でしょう。このような特許用語で困っている人は大変多いようで、インターネット上では、特許用語を独自にまとめたホームページも数多く見つけることができます。紹介した特許用語以外の語句が出た場合は、ぜひインターネットで調べてみてください。しかし、「どのように読むか」すらわからないため、調べるのにちょっと手間が掛かります。オススメの方法は、調べたい特許用語を選択し、右クリックでコピーします。そして、その用語を、検索サイトの検索欄に貼り付けて調べれば、どこかのサイトで意味がわかるはずです。

064 試作品なしで特許は取れますか？

　試作品がなくても、アイデアを「願書」「明細書」「特許請求の範囲」「要約書」「図面」の5つ書類にまとめることができて、その内容が特許と認められるための条件を満たしていれば、特許権を取ることは可能です。特許権を得るためには、出願が必要となります。このとき、出願書類は必要ですが、試作品の提出は求められていません。唯一、現物が必要になるケースがあるとすれば、ひな形や見本、写真による意匠登録出願を行う場合ぐらいでしょう。

　だから、試作品がなくとも、出願書類に書かれた内容が、特許となるかどうかを判断する基準となる登録要件を満たしていれば、審査官はOKを出してくれるのです。試作品や現物がなくても権利化できるのは、実用新案や意匠、商標の場合も同様です。

　さて、筆者はこれまで、大衆発明家を支援する仕事を通じて、さまざまな成功例を見てきました。たしかに「権利化する上では試作品は不要」かもしれません。しかし、「アイデアを事業化する上では、やはり試作品を作ることが必要である」ということを感じました。

　それでは、試作品を作ることで、どのようなメリットが生まれるのかを見ていきましょう。

試作品を作る意味

　試作品がなくても、理論上では確かに特許は取れます。しかし、試作品は、頭の中の「想像」と、実際に使ってみて初めてわかる「現実」の間に生まれる問題を埋める実験には必ず必要で、よいアイデア作りには欠かせないものです。試作品がなければ、その効果は机上論でしかありません。実際に使ってみたからこそわかる改良点は、試作品で実験をすれば次々と生まれます。そのため、もし試作品を作らないとなると、これらの欠点は解決できていない、まだまだ改良の余地があり、不完全なアイデアである可能性もあります。

　それでは、試作品がもたらすメリットを、栗の皮むき器のアイデアが採用された大衆発明家、高橋宏三さんの例で見てみましょう。

064 ● 試作品なしで特許は取れますか？

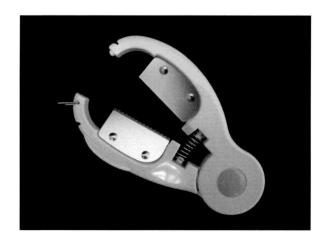

◆ メリット①～使い勝手を確認できる

　高橋さんがこの栗の皮むき器の発明に取り掛かってから、台所用品メーカーに採用されるまでに作った試作品の数は、なんと17点に上ります。

　ナイフのように皮をむく方法から、ハサミのように皮を切り取っていく方式に変えるなどの試行錯誤を繰り返した結果、試作品はこれだけの数になりました。写真は、硬い栗の皮をむく器具を発明する過程で作った試作品たちです。

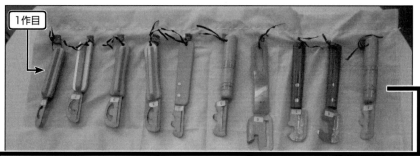

1作目

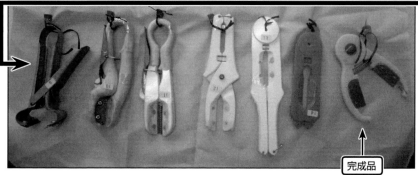

完成品

1段目の左から右、2段目の左から右の順番へ試作品を作りました。もちろんすべて手作りです。ナイフのような使い方だった1作目から、ハサミのような支点を持つ構造へ改良されていく、発明の変遷がよくわかります。結局、納得できる効果が出せるまで、17個もの試作品を作りました。

　試作品を実際に使用してみれば、どこかに欠点があるものです。自分が、この商品を買うお客様の立場に立って使ってみれば、「使いにくい」「角度が悪い」「握りにくい」「1つで何役にもなる機能が欲しい」などと、いろいろな改善点が見えてきます。それを解決したからこそ、大ヒット商品になるわけで、買ってはみたものの使いにくい商品では、お金を出して買ってくれたお客様にも、採用してくれる企業にも申し訳ないことになります。

　そもそも、使い勝手が悪い初期のアイデアで権利化できたとしても、果たしてその権利に価値があるのか、という点で不安が残ります。

◆ メリット②〜市場調査ができる

　試作品があれば、信頼できる家族や知人に、実際に使ってもらうことができます。台所用品を買うのは主婦です。高橋さんは男性ですが、男性目線ばかり考えていては、やはり不完全な発明になってしまいます。主婦をターゲットにした発明品であれば、実際に主婦に使ってもらい、もっとこうしろ、ああしろという意見を取り入れるからこそ、より多くの人に喜んでもらえる商品にすることができます。

　発明家に特に多いのは、技術的なことばかりに目がいってしまうことです。切れ味や持ちやすさにこだわりを持つのはよいことですが、それを買う主婦にしてみれば、そんなことは当たり前のことなのです。主婦が台所用品に求めているのは、効果に加え、台所に華を添え、嫌な家事がもっと楽しくなるようなかわいらしいデザインや、色使い、収納のしやすさ、機能の多さなどのドキドキ、ワクワクするような要素も重要なのです。

　このような視点は、男性発明家には皆無といってよいほどないものなので、やはりよい発明品に育てるには、実際に購買ターゲットとなる人に使ってもらい意見を聞くのが一番です。しかし、試作品がなくては、使ってもらうことが、そもそも不可能となります。

◆ メリット③〜企業が対等に接してくれる

　企業内で新商品開発をする場合は、何度も検討し、そして何度も試作品を作り直し、ようやく商品化されます。発明家は、いってみれば売り込みをしようとする企業の「社外企画開発部員のようなもの」と考えれば、試作品を作って実験をしなければならない理由がよくわかるはずです。

　手間と時間を掛け、試作品を使った実験を繰り返して、最良の形状を見つけ出してくれたからこそ、企業はその対価としてお金を払おうという気持ちになります。

　たくさんの試作品を作って実験をしたことは、企画提案書などにも活かすことができます。「これだけの試作品を作り、欠点を解決しました。また、実際に主婦に使ってもらい、かわいらしさや収納などの要望もできるだけ取り入れています。」というように売り込みができれば、「なぜその商品が必要なのか」という必要性の説明に、説得力が出ます。そして、それだけの結果を出せる人は、新商品開発の貴重なブレーンとなるため、企業は対等に接してくれます。これは、単なる思い付きを言うだけの人よりも、実際に手足を動かす実行力があり、問題点を限りなく解決した結果を提案できる人の方が評価されやすいことと同じです。

　このように、試作品を作ることには大きな意味とメリットがあります。主婦の発明家が、あれだけ発明で成功しているのは、自分たちが実体験から欲しいと思っているものを、実際に手作りで試作品を作って試せる、比較的簡単な家庭用品の分野において、発明をしているからです。

　もし、この質問主が発明家であり、かつ、自分のアイデアが企業に採用されて、ロイヤリティ契約をすることを目標としているならば、特許権が取れるかどうかを心配することも大切ですが、アイデアとしてよいものに仕上がっているかどうかを、何より心配すべきでしょう。

試作品がなくても、企業に採用される場合もある

　「ぬかみそ用の鉄しゃもじ」は、漬物を色よく漬けるための既存の商品「鉄タマゴ」や「鉄なすび」の形を、しゃもじ型に変えたことで商品化された例として、ご紹介しました。この鉄しゃもじの売り込みにおいては、試作品はなく、商品や使い方を説明したイメージイラストと説明文だけで採用が決まりました。

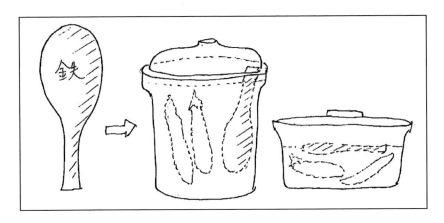

　しゃもじで混ぜれば、ぬかみそに触れなくても混ぜられることは誰でもわかります。また、鉄タマゴや鉄なすびなど、鉄イオンをぬかみそに補給することを目的にした既存の商品もありました。
　つまり、試作品がないにもかかわらず採用に至ったのは、すでに効果や理論が実証されていたからです。この2つの要素を組み合わせた商品であることが明白であるため、企業側も商品の価値を想像できたことが、試作品がなくても採用された理由だといえるでしょう。
　中には、このような例外もありますが、やはり、試作品はできるだけ作ること。また、自力で試作品が作れるぐらいのアイデアを選ぶことが、特許出願をする上でも、発明が事業化されるためにも、重要となります。

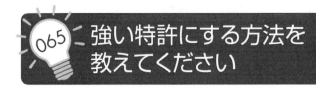
065 強い特許にする方法を教えてください

出願書類は、書類を書く人の「文章力」や「表現方法」によって、権利範囲が変わってしまう、ある意味「文学的センス」も求められています。

📝 文例で見る、権利の強弱に影響する文章

今まで、特許(実用新案)出願書類の文章作成法と、書類のまとめ方を説明してきました。特許出願書類というのは、文章で権利範囲を決めるため、言葉の使い方ひとつで、権利範囲が大きく変わる点に特徴があります。

さて、それでは、書類内で用いた言葉が、権利範囲にどのように影響するのでしょうか。ここでは、読者の皆さんが、はっさくや夏みかんなど、皮の厚いかんきつ類をむくための「みかんの皮切り具」を発明したと仮定して、その例を解説しましょう。この、小鳥形をしたみかんの皮切り具は大変有名で、誰でも一度は見たことがある商品です。皮を切る刃の部分を、鳥のくちばしにするデザインセンスは、特にすばらしいですね。

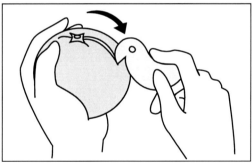

それでは、皆さんがみかんの皮切り具の「特許請求の範囲」の文章を書くことになったと仮定して、実際に、自分ならどのような文章を書くか、少々考えてみましょう。たとえば、次のような文章を書いたとしたらどうでしょう。

● 書類【特許請求の範囲】文章例(もったいない例)

【特許請求の範囲】
【請求項1】
　小鳥形本体のくちばし部を刃にして、胸部にふくらみ部を持たせたみかんの皮切り具。

自分の発明品のありのままを素直に表現している、とてもわかりやすい文章です。しかし、実は権利範囲が狭くなってしまう、もったいない表現で作られた文章でもあるのです。

　さて、それではここで問題です。この文章のどの部分が、権利範囲を狭めてしまうことに影響してしまっているのか、もう一度文章をよく読んで、探してみましょう。さあ、文章のどの部分が、権利範囲を狭くしてしまっているか、気が付きましたか。

　正解は「小鳥形」と形状を限定している点です。この発明品を、「小鳥形」にしたのは、可愛らしい商品になるようにデザインした結果に過ぎず、「小鳥形」であることに特別な意味はありません。つまり、「刃と、ふくらみ部さえあれば、どんな形をしていても、同様の効果を持つみかんの皮切り具になる」ことに気が付いた方は、アイデアの本質をよく理解しているといえます。

　もしこの文章で、特許請求の範囲を書いていたら、どんなことになってしまうのでしょうか。

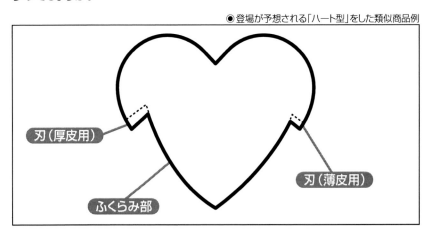

●登場が予想される「ハート型」をした類似商品例

　たとえば、このような「ハート型」をしたみかんの皮切り具の類似品が次々に登場してくることでしょう。ハート型でも、小鳥形の皮切り具と同じように使うことができます。しかし、「小鳥形」と限定してしまうことで権利範囲が狭くなってしまい、みかんの皮をむく使い方は同じでありながら、形だけが違う「ハート型」をした商品の製造販売を防ぐことができないのです。また、ハート型にすれば、刃は2カ所付けることができます。皮が厚いみかんと、薄いみかんがむけるように、左右の刃の大きさを変えるような付加価値を加えること

もこの商品ではできそうです。このような「ハート型」の皮むき具が製品化されたら、発明品の売り上げはあっという間に落ち込むはずです。せっかく利益を独り占めできるはずだったのに、とても残念なことです。

　文章を作る際は、特に「形状、種類、素材、比率、用途」などを詳細に指定すればするほど、限定されたとても狭い権利範囲となります。

　自分で作った発明の説明文が、「室内用〜」「小鳥形〜」「男性用〜」「プラスチック製〜」「○○を3％混ぜた〜」などの表現になっていないでしょうか？

　「屋外でも使えませんか？」「ハート型などにもできるのではないですか？」「女性も使えるのではありませんか？」「金属製でもよいのではないですか？」「○○を2〜4％の割合で適宜混ぜた〜でもよいのではないですか？」など、さまざまなケースを想像しながら、その表現で本当によいのか、何度も文章を見直してみましょう。

発明の要旨を権利化しよう

　この発明品において重要なところは、「突き出した刃」と「みかんの皮に押し当てる部分」です。これに沿って考えると、「小鳥のくちばし部」を、「突き出させて設けた刃」に、そして「小鳥の胸部」は単なる作用や目的を示す「押当」という表現に変えるべきです。

　さあ、それでは、最初の文章を直して書き直すと、どうなるでしょう。あくまでも、一例として参考にしてください。

●お手本となる【特許請求の範囲】文章例

```
【特許請求の範囲】
【請求項1】
　円弧状の押当を設けた板状本体と、この板状本体の押当の一端に、突き出させて設けた刃とからなるみかんの皮切り具。
```

　このような文章であれば、権利範囲もより広くなります。小鳥形の他、ハート型などの形が違うさまざまなみかんの皮切り具の商品もシリーズ化でき、より大きな利益が得られることでしょう。

特許が取れやすくなる方法

　特許権の権利範囲は、文章で表現された内容で決められます。類似商品の出現を抑えるには、できる限り広い権利となるように、出願書類の文章に対して、限定的な表現を使う事に注意が必要です。しかし、権利範囲を広く取れば取るほど、既存の技術に抵触してしまう幅が広くなり、その分、拒絶の対象になってしまう弊害もあります。

　この問題の解決方法としては、ある程度、文章の内容を広い権利範囲となるように書いておきます。そして、請求項2、3として、条件を限定し、権利範囲を狭めたものを付け加えておきます。

　特に特許請求の範囲などの出願書類には、後から文章を付け足すことができません。しかし、削除なら行うことが可能です。そのため、審査の結果に応じて、権利化できるぎりぎりのところまで権利範囲を徐々に狭めていけば、最初から狭い権利範囲となる文章で出願するのに比べて、可能な限り、広い権利範囲を獲得することができます。

　仮に、限定した内容を【請求項2】【請求項3】として掲載すると、このような形にすることができます。

●お手本となる【特許請求の範囲】文章例

【特許請求の範囲】
【請求項1】
　円弧状の押当を設けた板状本体と、この板状本体の押当の一端に、突き出させて設けた刃とからなるみかんの皮切り具。
【請求項2】
　板状本体を小鳥形に成形し、突き出させて設けた刃をくちばし部とした事を特徴とする、請求項1記載のみかんの皮切り具。
【請求項3】
　板状本体を、プラスチック製にした事を特徴とする、請求項1または2記載のみかんの皮切り具。

　請求項1は、ハート型や小鳥形などの形の違いをすべて含んだ範囲となっています。もし、これに抵触する権利があった場合は、形状を特定した請求項2や、さらには、素材を特定した請求項3など、権利範囲を少しずつ狭めた内容を活かして、権利化の望みをつなぐ可能性を残しています。

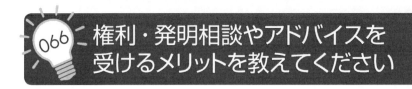
066 権利・発明相談やアドバイスを受けるメリットを教えてください

　発明で成功するためには、信頼できる相談相手を持つことが重要です。特に法律などの専門分野では、発明家に「安心」をもたらし、「不安」や「負担」を軽くしてくれます。

出願書類は自分で書こう

　出願書類は誰にでも作ることができます。現在では、特許庁のホームページで、Wordデータ形式の出願書類様式がダウンロードできるようになっています。アイデア説明文で作った文章を、この様式に当てはめていけば、書類作成がとても楽です。簡単な構造の発明であれば、ぜひ、自分で出願書類を作ってみることにチャレンジしてみましょう。

　しかし、特許や実用新案の出願においては、たとえ書類は簡単に作れたとしても、強い効果を発揮する文章になっているか、という点については、特に注意が必要です。293ページの「みかんの皮切り具」の例でもわかるように、権利範囲を意識した文章作成には、独特なコツが必要になるのです。

　つまり、「特許庁が指定する様式」に書類を作ることができるか、という問題よりも、「権利範囲を決める文章の内容」のほうが、何倍も重要なのです。

権利相談をする意味と価値

　たとえば、「小鳥形」と形状を限定することで失敗してしまった「みかんの皮切り具」の例で説明したように、発明内容の表現方法には、独特の知識と経験が必要になります。自分で出願書類を作ったとしても、もっと改善できる文章内容ではないかと不安であるはずです。そのため、最高の文章内容で出願ができるように、自分で作った出願書類は、できる限り専門家の目に入るようにしたほうがよいでしょう。

　産業財産権の出願代理人である弁理士への依頼や、発明家を支援する団体などの権利相談を利用するメリットはここにあります。発明家の説明を聞き、発明の本質を冷静に見極めて、よりよい文章になるようにアドバイスがもらえることでしょう。

　これらの方法の場合、自分で書類を作り出願するのに比べ、費用が大きな問題となります。大衆発明家には特に重要な問題です。書類を自分で作らず、

弁理士に出願書類作成をすべて頼めば、数十万円の費用が掛かります。権利化された場合、成功報酬も必要になるでしょう。商品化が決まる前に、この多額の費用を掛けることは大変なことです。

　しかし、弁理士による特許事務所の中には、「自分でする特許出願」を支援する、大衆発明家にとって力強いサポートをしてくれるところも近年見られるようになりました。発明家自身が作った特許出願書類一式を、弁理士が直接チェックしてくれて、安価に、長年の経験を活かしたアドバイスによって品質の高い明細書に仕上げることができるのです。

　たとえば、特許出願をすべておまかせで依頼した場合、数十万円の費用が必要となります。それに対し、自分が作った書類をチェックしてもらう場合は、相談1回あたり4万円ほどの費用でサービスが受けられます。

　書類チェックサービスを上手に利用すれば、出願費用（1万4,000円）を加えても、合計5万4,000円ほどで、安心し自信を持って特許出願ができるメリットがあります。何より、大衆発明家や自分で書類を書こうとする素人にも門戸を開く、このような特許事務所の存在は、とてもうれしいことです。

　アイデアの専門性や複雑さだけでなく、自分が作った書類に対する不安な気持ちなどに応じて、このようなサービスを利用するとよいでしょう。書類チェックサービスを実施する特許事務所の例を下記に挙げておきます。

- いわさき特許・商標事務所　弁理士　岩崎　博孝
    　TEL　TEL 048-452-8651　　FAX　048-452-8653
    　URL　http://www.iwapat.jp/info/index-7.html

※依頼に際しては、費用やサービス内容などを必ず各自でご確認の上、自己責任で行ってください。本書・筆者は発生するあらゆるトラブルには関知いたしません。

特許事務所の選び方

　特許事務所の選び方については、さまざまな方法があります。

　1つ目には、電気や科学、バイオ、ビジネスモデルなど、特許事務所それぞれの弁理士が得意とするジャンルで選ぶという方法です。そしてもう1つは、書類チェックサービスなども行い、大衆発明家などの素人にも門戸を開いているなど、サービス重視で選ぶ方法です。専門的な知識が必要とされる発明を出願する場合は、過去の実績などから、各分野の専門家を探すとよいでしょう。

　なお、大衆発明家の出願を考えた場合、たとえば、バイオなどの特殊な分野に関する発明はそう多くありません。たいていの場合は、「筆記具」や「調理

用具」「釣具」などの一般的な日用品です。この場合、アイデア説明文に発明の内容をまとめて、試作品を交えながら詳しく説明すれば、たいていの弁理士であれば理解はたやすく、どこの特許事務所でも対応は可能でしょう。

つまり、弁理士の専門性で選ぶというよりも、企業だけを相手にするのではなく、初心者にも門戸を開き、素人向けの説明と丁寧でやさしい対応が期待できるかどうかという点や、サービスや印象で決めるのも、初めて特許事務所の門をたたく発明初心者としては安心できる選び方だと思います。

それぞれの特許事務所のホームページや、電話対応などの印象も確認し、フィーリングの合いそうなところを探してみましょう。

図面作成サービス活用法

たとえば、意匠出願をする場合、図面を描く必要性が出てきます。しかし、図面を描くといっても、本書で練習した「事務用クリップ」ぐらいの簡単なものならいざ知らず、少々複雑な形になってくると、図面の作成だけに時間と労力を使ってしまうことにもなりかねません。

自力で描いたほうが、たしかに勉強にもなりますし、何よりお金の節約にもなります。しかし、出願したいのに、自分で図面が上手に描けないから、なかなか出願をすることができないということを理由に、長い間悩むことは時間の無駄ですし、チャンスを失うことにもなります。

この場合、図面作成サービスをする会社に、図面だけを描いてもらうのも方法のひとつです。

たとえば意匠出願には、願書と図面が必要です。まず願書だけは、自分で作ります。そして、図面のもととなる試作品を、特許・意匠図面事務所などの製図サービス会社に送付し、六面図や、必要に応じて断面図などを作図してもらいます。後は、納品された図面を、出願書類の様式に、六面図それぞれを縮小コピーなどで大きさを合わせた後、切り抜いて貼り付け、コピーをすれば、意匠出願に必要となる書類に仕上げることができます。図をデータでもらうことができれば、さらに書類作成は簡単になるでしょう。

図面を作図してもらう場合の費用は、製図事務所ごとに異なりますが、「1図面当たり2,000～3,000円」ぐらいが多いようです。六面図と断面図の7図面を描いてもらったとしても、1万4,000円～2万1,000円ということであれば、意匠出願費用の1万6,000円を加算したとしても、お小遣い程度でまかなえる金額ではないでしょうか。

この場合も、負担する金額に納得できるようであれば、作図を依頼することも1つの選択肢といえるでしょう。

同様に、写真で行う意匠出願のための、写真撮影も依頼することが可能です。

インターネットで「特許図面」「意匠図面」「意匠写真」などのキーワードで、作図や写真撮影をしてくれる事務所を探してみましょう。

試作品製作サービス活用法

試作品には、欠点が次々に見つかります。たとえば、288ページで紹介した、「栗の皮むき器」の発明品の場合、納得のいく効果が出せるまで、17個もの試作品を作っています。欠点を解決するため、それだけの回数が必要だったということです。

試作品の製作を依頼した場合の費用は、ものによって異なりますが、2〜3万円のものから、10万円を超えるものまでさまざまです。仮に、栗の皮むき器の発明の例で当てはめて、考えてみましょう。試作品製作1個にかかる費用が3万円の場合、3万円×17個ですから、その総額は51万円にもなります。一般の家庭で、50万円もの大金を使うのは、大変な負担です。最近では、企業における開発においても、この負担は深刻な問題となっています。

不景気により開発に掛かる予算が削られた結果、試作品製作を外注するための経費が、十分に掛けられないのです。そのため、自社内で試作品を作ったり、プラスチックを素材にした試作品製作を容易にした「3Dプリンター」を導入する企業も増えてきています。

試作品を作る目的は、効果を確認することであり、市販の商品のように、きれいに作ることが必要なのではありません。

欠点を解決するまでは、見た目が汚くてもかまいませんので、できるだけ自分で試作品を作り、完成度を高めるのがよいでしょう。

もし試作品の製作を依頼するのであれば、改良をし尽くし、発明が完成した時点で、デザイン性なども視野に入れた最終形態のもの1点を、売り込み先企業でのプレゼンなどに備える意味で、お金を掛けてきれいに作ってもらうとよいでしょう。

なお、依頼してきれいに作ってもらった試作品は、ひな形や見本による意匠出願に利用することも可能です。

先願調査サービス活用法

　先願調査は、本書でも解説している通り、ある程度のレベルの調査であれば、初心者でも自力で行うことができます。しかし、単なる参考として調べるのではなく、目的を持って調査する上では、わずかな調査漏れによって起こる権利侵害などの危険性は無視できなくなります。たとえば、出願前に行う先願調査であれば、仮に先願があったとしても、自分の出願が拒絶され、出願費用が無駄になる程度で済みます。

　しかし、これから製造販売を始めようとしている場合は、権利侵害をして、実際に相手方に損害を与えてしまうことになります。差し止め、損害賠償請求などの対象とならないよう、特に注意が必要です。

　このように、限りなく調査漏れをなくしたいという、シリアスな目的を持って調査を必要としている場合には、調査を専門とする専門家を活用するのもよいでしょう。

自分でやることの負担

　自分で出願書類や図面、試作品を作れば、費用も掛かりませんし、よい勉強になります。自分でできそうなものであれば、ぜひ自分で作ってみるべきです。

　しかし、矛盾しているかもしれませんが、特許出願書類や、意匠図面の作成、試作品の製作など、何かを作る上で、「何でも自分でやる」などのように、頑張り過ぎないこともまた、大切だと筆者は思います。どうしても自分で作れないことにプレッシャーを感じ、次の行程に進めなくなってしまうようなことがあれば、それはもったいないことです。また、お金を節約することだけを重視するあまり、不完全な内容で出願したり、たいした調査をせず、権利侵害の危険性を残したまま製造販売に踏み切ってしまうようでは、意味がありません。

　このような場合には、人の手を借りて問題を解決することも、手段の1つとして考えてみましょう。

　大切なこととして、まずは「見積もり依頼」をして、費用を確認することです。「権利化すれば儲かる」というような幻想に惑わされることなく、冷静に判断した上で、負担する金額に納得できるのであれば、人の手を積極的に使い、負担を軽減することも悪いことではありません。

　なお、どうしてもお金が掛かりすぎるようであれば、自分のできる範囲で試作品や書類が作れるような、「自分サイズ」のテーマにレベルダウンすることも、検討しましょう。

067 証拠を残す権利対策法を教えてください ～先使用権の活用～

　特許や実用新案、意匠、商標の権利対策を行う場合、できる限り早い時点で出願をすれば、先願権を勝ち取れるため、権利化にはそれだけ有利となります。しかし、経済的な問題など、出願人それぞれの事情によっては、発明品完成時の段階で特許出願をせず、企業との契約時までやむなく出願を延ばす判断をする例も、264ページで解説しました。

　このケースのように出願を後回しにすれば、それだけ先に出願、権利化されてしまうデメリットが生まれます。最悪の場合は、同じ発明の内容について実施することはできなくなります。そうなってしまうと、今までやってきた研究開発にかけた努力や時間、お金がムダになってしまうのです。

　しかし、相手の特許出願日よりも前から、試作品を作って実験などをして、販売などの準備をしていたことが証明できる場合に限り、「他人の特許と同じ内容のものを製造、販売してもよく、その権利は及ばない」とする例外が認められています。

　これを認めているのが、「特許法第79条」と「意匠法第29条」、「商標法第32条」が定める「先使用権(せんしようけん)」という権利です。権利取得するまでの間、自分で考えた発明やデザインについて、発想をして試作品を作り、実験を行い、事業化の準備をしているならば、最低限、この「先使用権」を主張できるようにしておきましょう。

　これにより、先に他人に権利を取得されてしまった場合であっても、他人の権利に束縛される心配がなく、商品化などの実施ができるメリットがあります。また、実際に販売を実施しているケースにおいても、この証拠を作っておきましょう。

　後に、他人から権利を侵害していると警告や告訴をされてしまった場合でも、実施の事実を証明する日付によっては、「先使用権」の主張が可能になる場合があるため、特許権などの権利を持っていなくても、権利者に対抗することも可能です。

　このように、先使用権は、自らを守るための備えとして利用することが可能なのです。

　なお、商標においては、自分の商標が需要者の間で広く認識されていなけ

れば、他人の商標登録出願前から、その商標を先に使っていたとしても、使用できないとされています（商標法32条1項）。たとえば、これから紹介する方法で、「先に使用していた事実証拠」を作っていたとしても、さらに「広く認知されている商標であるかどうか」という客観的な事実も立証できなければ、商標の自己使用を守ることはできません。そのため、商標の場合においては、できるだけ商標登録出願を行っておくようにするとよいでしょう。

さて、それでは、この先使用権についてわかりやすく図で見てみましょう。

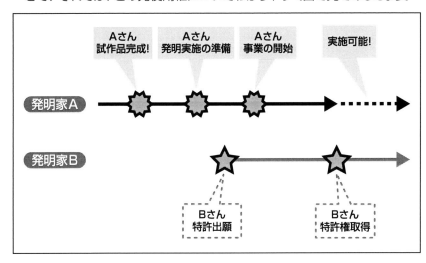

発明家Aさんは、特許出願をしていません。一方、発明家Bさんは、同じ発明について特許出願を行い、権利化されました。この場合、Aさんは、特許権を持つBさんの出願前から、発明の実施をしていたことを証明する証拠があれば、Bさんが権利取得した後も引き続き、発明の実施が可能となります。その場合、Bさんへの権利使用料の支払いも不要となります。

特許出願などの有無に関わらず、実施内容と時期を示す証拠によって、発明を実施する権利が保障されるのが、「先使用権」の効果です。

先使用権の主張に必要なもの

特許出願をすれば、「出願人、日時、出願内容」の3点の内容を証明する、明確な記録が自動的に残ります。対して、「実施していたという事実」は、明確な記録として残りません。

そのため、先使用権の主張をするためには、「他の人が特許出願した、出

願日よりも前に、同じ技術を考えて、試作と実験を繰り返し、商品化する準備を進めていたこと。または商品化をすでにしていたこと」を立証できるように、「創作者、日時、創作内容」を証明できる3点の証拠を、自分で意図的に作ることが必要となります。創作内容については、より具体的な実施内容や技術の進行状況などの内容が、詳細に立証できることが必要となります。

それでは、それらを立証できる資料には、どのようなものがあるのか、その例を見てみましょう。

●創作内容を証明できる資料の具体例

資料	説明
書類関係	研究・実験ノート(ラボノート)、打ち合わせ議事録、技術成果報告書、設計図、仕様書、事業計画書、事業開始決定書、帳簿類、作業日誌、下書き(設計図、カタログ、パンフレット、ポスター、商品取扱説明書、製品サンプル)、企画提案書発送記録表、企画提案書(送付後に返送されてきた、企業からの返事の手紙)、特許庁への出願を見送った未出願の出願書類
実物	発明品現物、試作品、発明品製作のための金型、型紙、部品、製品サンプル、商品を入れる容器(袋・包装紙、パッケージ)
印刷物	カタログ、パンフレット、ポスター、商品取扱説明書、ラベルシール、発行したチラシ類(ダイレクトメール)、これらの印刷物が完成するまでに作った下書き、ラフ原稿
各種記録	写真、ビデオ撮影した映像、音声データ
発行物	見積書、契約書、請求書、納品書、テレビや雑誌などの取材を受けて掲載・放映された場合はその記録、新製品発売を宣伝する、プレスリリースなどの掲載記事

発明は、ある日突然完成するものではありません。イラストから図面を描いて、それを元に試作品を作ってはまた改良します。それらの過程で生まれるこれらの資料が、技術の進行状況を証明してくれる重要な証拠となるのです。

証拠を作るタイミング

特許出願を行うタイミングとしては、263ページで解説した、14段ある行程の中で、7段目の発明品完成時(特許出願①)、または13段目の企業との契約を行い商品化される前(特許出願②)がありました。もちろんアイデア着想時で出願してもかまいませんが、たいていの場合は、思い付いただけの素案であることが多く、技術的に改良が必要な未完成である場合が大半です。

そのため、試作品製作と実験を繰り返し、少しずつ改良をしていくことになります。証拠を作るタイミングとしては、図面を引いた後、試作品を作り、それを実験する行程や、取扱説明書などの紙資料が完成するたびに、その日時と段階を証拠資料として立証するのが望ましいでしょう。1段目から14段目までのすべての行程で生まれた資料を、その都度立証するのが望ましいということになります。

●技術の進歩過程と権利対策のタイミングのイメージ図

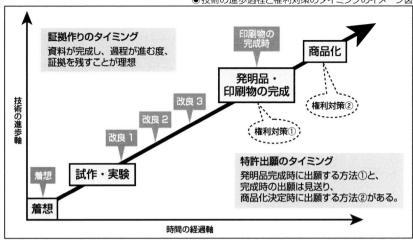

この立証を繰り返すことにより、時間が経過するに従い、だんだんと技術が進歩していく、試作品や文章表現などの内容の変遷の記録や、事業を実施するために準備していた過程など、継続的で明確な証拠を作ることができます。

証拠を作る上でのポイントは、アイデアが進化する過程で生まれた紙資料や試作品が、誰により実施され、いつの段階で存在したものであるかということを、明確な日時で証明することです。さらには、その立証の日から、加筆訂正などの、一切の改変がなされていないことも証明する必要があります。

証拠の作り方

日時を証明できる、証拠の具体的な作り方の一例としては、全国にある公証人役場で付与が受けられる「確定日付」を利用する方法があります。

ここで紹介するのは、封筒や箱を使い、内容物を物理的に封入して、信憑性のある証拠を、誰でも簡単に立証できるオススメの方法です。この立証方法は、特許庁のホームページで公開されている『先使用権制度ガイドライン（事例集）「先使用権制度の円滑な活用に向けて―戦略的なノウハウ管理のために―」』の中で紹介されている信頼性の高い立証方法で、証拠資料の作成が簡単な上に、1回の確定日付付与につき700円しか掛からず、経済的な負担が軽い点もメリットの1つです。手順は次の通りです。

❶ 資料が入る大きさの封筒を用意します。
❷ 図面や試作品などの資料を封筒に入れ、封が開けられないようにのり付けして封をします。
❸ 内容物などに関する書類を作成します。この書類には、「自分で管理するために付けた任意の管理番号、タイトル、内容物の概要、創作者名と押印、確定日付をもらう日付、住所」を記載します。この書類は、内容物を明確にするラベルとしての役割だけでなく、封筒の封印としての役割も持つ、大切な書類となります。そのため、封印として利用しやすいように、市販の「シール用紙」にあらかじめ印刷しておくと、貼付の際に大変便利です。
❹ 最寄りの公証人役場に、「資料を入れた封筒」と、「内容物に関する書類」を持ち込み、「確定日付をもらいに来ました」と伝えます。確定日付印は即時押印をもらう事ができます。費用は一件につき700円です。書類への押印で使用した印鑑も持参しましょう。
❺ 書類に確定日付印をもらったら、その場で、封筒裏面の封をする部分(ベロ部)や、最初から糊付けされている部分(折り返し部)、を覆うように、上から貼り付けて、開封が出来ないように封印します。
❻ 最後に、封筒に貼り付けた書類と、封筒本体にまたがるように、確定日付印で割り印をしてもらいます。また、自分の印鑑でも割り印を押しておきましょう。これで、完成です。

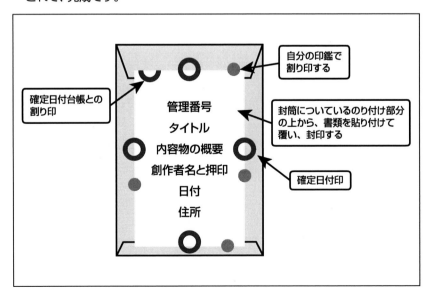

ここまでの作業で、写真のような状態の封筒が完成します。大切な証拠ですので、盗難、紛失、汚損の心配がない場所で保管しましょう。また、この封筒は、有事の際まで、封を開けてはいけません。

そのため、封を開けなくても封入した内容の確認がいつでもできるように、書類のコピーを取って、封筒とセットにして保管しておきましょう。

なお、封筒に入らない大きい試作品などを証拠資料として残す場合は、ダンボールを利用することも可能です。この場合は、ガムテープでダンボールを封印し、ガムテープの切断部を書類で覆うようにして、ガムテープを切らない限り、開封が出来ないように封印します。

このような手順で証拠を作ることにより、中に入っているものについては、その確定日付の押印日の時点で存在していたことを示すことができます。また、封印書類で封筒の口やガムテープの切断部を封印することで、確定日付の日付から開封がされておらず、証拠書類への加筆や訂正、試作品の修正や交換等などが行われていないことが証明でき、創作事実を立証する証拠としての信憑性も証明されます。

権利対策は、予防としての効果があります。訴訟に巻き込まれるなどの、いざこざの渦中に巻き込まれることがなければ、そのありがたみはわかりません。しかし、ほんの些細な証拠が、わが身を救うカギになる可能性もあるのです。

特許出願をする、しないにかかわらず、このような証拠を作っておくのは、大変有意義なことです。

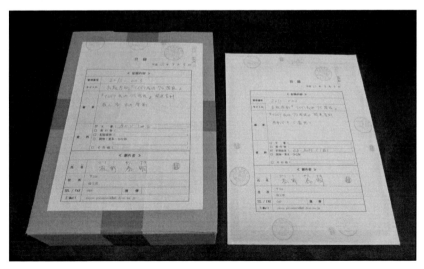

067 ● 証拠を残す権利対策法を教えてください〜先使用権の活用〜

　エジソンの研究で有名な浜田和幸氏の著書、『エジソンの言葉』(大和書房)と『快人エジソン』(日本経済新聞社)の中で、メモを重んじる発明王エジソンが実験の結果を克明に残したメモに何度も救われるエピソードが紹介されています。裁判で「発明を真似された」と訴えられたとき、先に発明に着手していた客観的な事実をメモが証明してくれて、真似をしていないことを示す重要な証拠となったのです。エジソンは裁判所を後にするたびに、「メモこそ命の恩人だ」とつぶやいたそうです。

　「目的を持ってメモを取れ。自分はメモ魔に徹したおかげで、命を救われたり、財産を築くことができた。」という言葉は、自分を守るため、先使用の証拠を残すことの重要性を示す、エジソンからのアドバイスともいえるでしょう。

その他の活用法1「著作権の権利主張」

　この立証方法は、著作権の権利主張を円滑にするための、創作事実の立証にも利用できます。著作権の権利主張する場合は、「誰が、いつ、何を創作したのか」を証明できる創作事実を、自分で立証しなければいけません。

　確かに、著作権は無方式で権利が発生し、何ら手続きを必要としていません。しかし、それだけでは、権利主張に必要となる信憑性のある創作事実を立証する証拠が残りにくく、事実上は権利主張が難しいという欠点があります。

　このような場合、封筒や箱に、文書やイラストなどの著作権を主張したい作品や、コピーを入れれば、その内容物がその日付の時点には存在した事実の立証が可能となります。

　また、権利主張に備えるだけでなく、独自創作であることの証拠とすることも可能です。短歌や小説などの文芸、美術作品、また論文などの研究成果などは、発表後、他の作品を模倣した疑いを掛けられる場合があります。この場合、相手の発表日よりも先に創作していた明確な日時と創作内容がわかる、客観的証拠を示すことにより、疑いを晴らすことができます。

　このため、創作の途中過程も含めた証拠を作っておくことで、独自創作物であることの主張に役立てることも可能です。

その他の活用法2「ノウハウの保護」

　特許出願をすると「出願公開制度」により、出願人の住所氏名の他、大切な発明の内容まで、特許電子図書館を通じて、世界中に公開されてしまいます。

　これでは、世界中に公開してしまった技術を活用した模倣品がたくさん出回

ることにもなりかねません。模倣者に対し、いくら損害賠償請求をしてみたところで、どれだけのお金が保証されるかはわかりませんし、何よりも、裁判費用の他、手間や労力、年月を要することも大変な負担です。

「出願すれば、権利が自分を守ってくれる」と無邪気に考えてはいけません。ケースによっては、公開されるだけバカを見るのが、特許制度の現状でもあるのです。この点、封筒や箱を利用して立証する場合は、大切なアイデアの内容を秘密にしておけるメリットがあります。

特許出願をするかどうかの判断基準としては、次のような観点から判断することができます。たとえば、「芋から、高効率で芋焼酎を精製できる方法」を発明したとします。このような「精製方法」は、市場に出回る完成品の芋焼酎そのものを調べてもわかりません。つまり、このような社外に漏れることがないノウハウなどを、あえて特許出願をして全世界に公開する意味はないのです。

逆に、製品そのものの構造の発明であれば、製品の模倣は簡単です。「消しゴム付き鉛筆」のように、商品を分解したら構造が明らかになってしまう場合は、特許出願をすべきといえるでしょう。

また、秘密の配合比で作られた「芋焼酎」も、製品から配合比を調べることは困難であるため、配合比率を明確な数値であからさまにしてしまう特許出願は、やはりオススメできません。「コカコーラ」が特許出願されていないのは、代表的な例です。

精製方法や配合比など、先に実施していた事実だけを残して公開をせず、営業秘密を守るノウハウの実施内容を社外秘の資料として管理し、有事の際にのみ立証できるようにしておくことが、わずか20年で終わってしまう、特許権などの権利期間以上の長期にわたるアイデアの保全にもつながります。

明確な実施の事実が残せるこの方法を活用すれば、同じ発明内容において、他の発明家や企業が、特許権を取得されたとしても、自社が先に発明を使っていることを証明できるため、他の特許権に影響を受けることなく、その発明の実施を末永く続けることができるのです。

💡 その他の活用法3「争いを回避する」

審判制度の中には、特許や実用新案、意匠、商標になったものについて、権利を無効とする「無効審判」などがあります。たとえば、自分の特許権に対して、無効審判が請求されることがあります。これは、自分の特許権を邪魔に

思う人が、権利をなきものとするべく、権利を抹消することを目的に起こされたものです。これにより、もし審判の結果、特許権が無効となってしまうと、せっかく取得した権利がなくなり、その権利行使もできなくなってしまいます。そのため、権利を維持したい場合は、答弁書によって、自分の権利が有効であることを主張し、対抗することになります。

　権利を取れば安泰であるかというと、一概にそうとは言えません。権利にまつわるいざこざは、自分の権利を侵す模倣者に対してこちら側から攻撃するときだけのことではありません。

　つまり、特許権者が持つ権利を邪魔に思い、それを無効にするために、逆に攻撃し襲ってくる敵と、相対しなければいけなくなる可能性もあるのです。権利によって技術を独占でき、利益に結びつくメリットが生まれる反面、無効審判に対する答弁書や各種手続きに追われるなど、争いの渦中に巻き込まれるかもしれないデメリットも知っておく必要があります。

　そのため、「芋から、高効率で芋焼酎を精製できる方法」の例のように、社外に漏れることがないノウハウなどについては、あえて争いに足を突っ込むきっかけとなる出願はせず、アイデアを公開せず秘密にできる権利対策に代える方法も視野に入れて、検討しましょう。

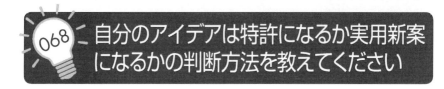
068 自分のアイデアは特許になるか実用新案になるかの判断方法を教えてください

　権利対策をする場合、自分のアイデアが特許になるのか、はたまた実用新案になるのかがわからず、どちらで出願すればよいか迷うケースが多くみられます。

　一般的に特許は「高度なアイデア」で、実用新案は「低度なアイデア」を保護するものと認識されています。特許権が保護の対象としている「発明」について、特許法第二条では『この法律で「発明」とは、自然法則を利用した技術的思想の創作のうち高度のものをいう』と説明しています。

　一方、実用新案権が保護の対象としている「考案」について、実用新案法第二条では、『この法律で「考案」とは、自然法則を利用した技術的思想の創作をいう』と説明しています。

　これら両条文を比べると、実用新案には「高度」という表現が抜けています。しかし、一言で「高度であるか、高度でないか」といっても、明確な線引きは難しく、法律的な解釈からは判断がつかず、どちらに該当するのか、迷ってしまうのも確かにうなずけます。

　しかし、「アイデアが高度だから特許、低度だから実用新案」というように、条文をそのまま鵜呑みにして、活用する権利を選択する方法とは別の考え方もあります。つまり、権利を利用する出願人それぞれが、自分の使い勝手のよいように、特許と実用新案を使い分けて、「どちらになるか」ではなく、「どちらにするか」という考え方で判断をするのです。「高度か低度か」という法律上の解釈とは違う観点で双方の権利を見比べるとどうなるか、特許と実用新案のどちらを選択するかの決め手となる判断のポイントについて、両方の視点から見ていきましょう。

🖐 特許の活用を選ぶ場合

　特許出願を選択するケースが大半を占めるのは、アイデアを、企業に採用してもらい商品化することが目標である場合です。

　特に、大衆発明家の方々が、売り込みを前提にした権利対策を行う場合、特許を選択する方が大半です。

　これは、費用の問題と、売り込みに割くことができる、権利化するか否かを

決める猶予期間を活用することを目的とする選択によるものです。

◆特許の方が出願時の費用が安いから

　アイデアの事業化は、メーカーに採用されること、または、自分が商品化することで果たされます。それでは、アイデアの事業化を目標にした際に、特許出願を選択した例で、その道のりを考えてみましょう。

　まず、アイデアが完成した時点で、「特許出願」だけを行います。特許出願に掛かる費用は、1万4,000円です。最低でも2万600円の費用が掛かる実用新案に比べて費用が抑えられるメリットがあります。

種類	出願時の費用
特許	1万4,000円
実用新案	2万600円（1請求項の場合）

◆特許は猶予期間が与えられるから

　また、特許出願をしたときは、特に目的がない限りは、出願審査請求はすぐ行わないようにしましょう。出願した時点では、メーカーに採用される保証はないからです。出願審査請求には、12万2,000円の費用が掛かるため、採用になるかわからないアイデアに対して、それだけの費用を掛けるのは大変な負担となります。そのため、権利化に必要な審査請求は、メーカーに採用され契約書を交わした後、メーカー側に費用を負担してもらい、手続きをしてもらえるように交渉するとよいでしょう。

　つまり出願審査請求ができる、出願から3年間の期限内に契約できるように、企画提案書を送付して売り込みを成功させることが、重要な問題となります。

　発明品を自分で商品化する場合も、3年の権利化の猶予期間を有効に使います。出願後、すぐに出願審査請求はせずに、特許出願中の商品（PAT. P）として販売をします。そして、その間、権利化するだけの価値のある商品であるかどうかを、売れ行きなどから探ります。出願審査請求の期限である3年後、売れ行きが伸び悩んでいるようであれば、商品としての価値を見限り、権利化を取りやめる判断をすることもできます。

　その他の判断材料としては、ロイヤリティ契約で、メーカーに採用してもらいたい場合です。特許の方がネームバリューなどの問題から契約しやすくなるため、特許が選択されるポイントの1つとなります。

なお、実用新案が保護の対象としていない「方法」に関するアイデアの場合は、無条件で特許を選択することになります。

種類	審査請求	審査請求費用
特許	出願日より3年以内	12万2,000円（1請求項の場合）
実用新案	無審査制度（基礎的要件を満たしていれば権利化可能）	なし（出願と同時に3年分の登録料を先払いするため）

実用新案の活用を選ぶ場合

一方、実用新案を積極的に使う人もいます。実用新案には、特許にはない別の魅力があるからです。特に、今すぐ自分で商品を製造し、商品化して販売を始めたいという人に多く見られる選択肢です。

◆実用新案は登録証がすぐにもらえる!

権利化によって得られる登録証は、言うなれば「水戸黄門の印籠」のような、競合他社や模倣者への強力なけん制効果を持っています。特許に比べて、登録証が速やかにもらえることに、実用新案登録出願を行うメリットがあります。そして、この登録証がもらえるまでの期間にも、特許と実用新案では大きな差が出ます。

約2年もの時間が掛かる上に、審査の結果次第では登録証がもらえない特許と違い、実用新案は、基礎的要件さえ満たしていれば、登録証が約6カ月でもらえます。

種類	登録証	拒絶されたときの対応
特許	審査請求後、審査を経て、登録になった場合にのみ授与される（出願と同時に審査請求をした場合は、約2年後に登録証受理）	査定不服審判、または放棄
実用新案	出願より基礎的要件のみの審査で登録証授与（出願後約6カ月後に登録証受理）	他者への侵害がなければ、評価低くとも権利保有可

実用新案権として登録番号が与えられるので、けん制する効果だけでなく、権利を持つ格の高い製品であることをアピールできる宣伝効果や、製造販売の優位性が得られる他、他社への実施許諾も可能となります。

これを意図的に活用する方法としては、特許にならないような、進歩性の低いアイデアであっても、実用新案登録を行い、速やかに権利化します。そして、印籠を振りかざすように、どんどん権利を主張して商品を売り広げ、商売を成功させ利益を獲得するという方法です。

侵害されても、権利行使をすることはあまり考えずに黙認し、それよりも、取得した登録証を宣伝にどんどん利用して、利益を最優先させるのです。

世の中には、特許性のない商品であっても、大ヒットしている商品はたくさんあります。つまり、権利が取れそうもないと、権利化をあきらめるのではなく、取れそうもないからこそ、実用新案権を取るという方法なのです。この点は、「権利化されているアイデアであること」を重視する企業にも、プラスに働きます。権利が発生し、登録証という後ろ盾があれば、企業との契約を、より有利にすることもできます。

◆ 実は大して差がない権利期間の問題

特許は、権利期間が20年であり、実用新案の10年と比べて倍です。

種類	権利期間
特許	出願日から20年
実用新案	出願日から10年

しかし、特許の場合、審査に時間が掛かり、審査請求の手続き後、特許庁から最初の審査結果通知が来るまでに、約20.1カ月の時間が掛かっています（参考：2013年度版　特許行政年次報告書）。仮に出願から3年間後に審査請求の手続きを行い、その時点から権利化されるまでの審査に約2年を要したとすると、出願から結果がわかるまで約5年の期間が必要になります。

つまり、実質的な権利期間は、20年から5年を指し引いた、15年ということになります。しかも、たいていの場合は拒絶理由通知をもらい、その対処に追われることになるため、権利期間はさらに短くなります。こうなると、実用新案権の倍あった権利期間の魅力も、色あせてきます。

また、特許の場合、それだけの時間を掛けてせっかく審査を依頼しても、拒絶されることがある一方、実用新案は無審査なので、方式上のミスがない限り、6カ月ほどで登録されます。

権利化できるかどうかわからない特許出願をするよりも、10年間の短期決戦で、事業化をして利益を上げることを前提に、実用新案登録出願をするのも、方法としてはアリとする判断も、あえて実用新案を選択する理由の1つなのです。

なお、特許の場合、中小企業や個人、教育機関による出願であれば、「早期審査制度」を活用でき、この場合、約2カ月前後に審査期間を短縮することも

できます。また、さらに審査期間が短い「スーパー早期審査」という制度もあります。

📝 どちらを活用しても同じメリットがある〜お墨付き表示効果で付加価値UP〜

　近年、「モンドセレクション最高金賞受賞」「グッドデザイン賞受賞」などのような、お墨付き表示をする商品が増えています。これらの表示をすることにより、商品に付加価値が生まれ、売り上げを伸ばす効果があるからです。

　実は、特許と実用新案のどちらを選択した場合においても、出願料を払い、特許庁が定める書類の形式などのような最低限の条件さえ満たしていれば、これと同じような効果を享受することができるのです。

　たとえば、特許出願がなされると、「特許出願中」「PAT. P（パテントペンディング（特許出願中）の略）」と商品に表示できます。また、実用新案登録がなされると、6カ月ほどで登録証が届き「実用新案登録〇〇〇〇〇〇〇号」と商品に表示できます。

　「モンドセレクション」「グッドデザイン賞」の例と、「PAT. P」「実用新案登録〇〇〇〇〇〇〇号」の例が決定的に異なる点としては、前者が品質などの実体的な審査をパスできたものにだけ与えられるのに対して、後者はとりあえず提出書類の様式のような、方式上の審査さえパスすれば付与される点に違いがあります。

　実行力のある権利であるかどうかは、この時点では双方ともまだあやふやなものであり、知的財産権に少々詳しい人であれば、それらの表示がどのような状態のものであるかについては一目瞭然です（実用新案技術評価書により、高評価を得ていないと仮定した場合）。

　それでも、「PAT. P」「実用新案登録〇〇〇〇〇〇〇号」と表示される商品が世の中に多いのは、模倣者に対する牽制と抑止力を持たせるためだけではなく、一般の消費者に対して、思わず買いたくなってしまうという購買意欲によく効く表示として、これらの文言に宣伝上の大きな価値があるからなのです。

　もし、事業化が決定している商品において、購買意欲を刺激する表示としてこれらの文言を利用する目的がある場合は、特許と実用新案のどちらを選択してもよいでしょう。

👉 どちらを活用する場合でも重要なこと～権利侵害に要注意～

　特許と実用新案のどちらを利用するにせよ、先願調査は必ず行い、他の権利を侵害しないことを十分調べることが重要です。

　たとえば特許出願を利用した場合、出願審査請求の期間中、権利化を待たず製造販売を始めていたときに、権利を侵害していることへの警告書が届いてしまうことも考えられます。

　また、実用新案を利用した場合も、無審査であるがゆえに、登録証をもらった時点では、先願の有無や、他人の権利を侵害するものであるかどうかがわかりません。もし、事業化している商品が先願の権利に抵触していた場合、差し止め、損害賠償請求などの対象となってしまいます。

　特に、実際に製造販売を開始するような場合は、他人の権利を侵害して迷惑をかけることのないように、事前の先願調査で十分調査することが大切です。

069 審査請求費用がタダになる減免制度について教えてください

特許庁には、特許と実用新案において、審査請求料や、権利化された後の特許料の減額や免除が受けられる、減免制度（げんめんせいど）があります。これらの制度を有効に使えば、経済的負担を軽減させることが可能です。

要件	特許			実用新案	
	審査請求料	特許料（第1年分から第3年分）	特許料（第4年分から第10年分）	技術評価の請求手数料	登録料（第1年分から第3年分）
減免を受けない場合の通常費用（いずれも1請求項の場合）	12万2,000円	6,900円	14万2,800円	4万3,000円	6,600円

減免制度を利用すると…

生活保護を受けている者	0円（免除）	0円（免除）	7万1,400円（1/2軽減）	0円（免除）	0円（免除）
市町村民税非課税者	0円（免除）	0円（免除）	7万1,400円（1/2軽減）	0円（免除）	0円（免除）
所得税非課税者	6万1,000円（1/2軽減）	3,450円	7万1,400円（1/2軽減）	2万1,500円（1/2軽減）	3年間猶予
事業税非課税の個人事業主	6万1,000円（1/2軽減）	3,450円（1/2軽減）	7万1,400円（1/2軽減）	―	―
事業開始後10年を経過していない個人事業主	6万1,000円（1/2軽減）	3,450円（1/2軽減）	7万1,400円（1/2軽減）	―	―

これらの減免が受けられる対象者は、「所得税非課税者」「事業開始後10年を経過していない個人事業主」などに限定されています。わかりやすくいうと、主婦、学生、年金生活されている方、生活保護を受けている方、フリーターなどの方々が、「資力に乏しい個人」として、減免の対象となる場合があります。

減免制度が受けられる対象であるかどうかについては、出願をする前に特許庁へ確認し、このようなお得な制度を有効に活用しましょう。

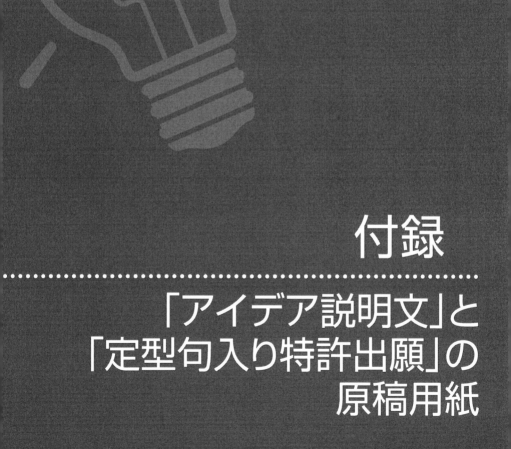

付録

「アイデア説明文」と「定型句入り特許出願」の原稿用紙

「アイデア説明文原稿用紙」利用方法

拡大率140％で片側1ページずつ拡大コピーすると、ちょうどA4サイズ用紙の大きさにすることができます。これらの様式は、コピー、再配布自由です（商用目的での無断転載、複製を除く）。

アイデア説明文　原稿用紙

【アイデアの図面】
アイデアの簡単なイラストを描いて、そのアイデアにとって、重要な部品に、名前と符合をふりましょう。

1【アイデアの名前はなんですか？】
私の考えたアイデアは、「　　　　　　　　　　」です。

2【どのようなアイデアを考えましたか？】
これは、「　　　」ように考えたアイデアです。

アイデア説明文　原稿用紙

【アイデアの図面】

アイデアの簡単なイラストを描いて、そのアイデアにとって、重要な部品に、名前と符合をふりましょう。

1【アイデアの名前はなんですか？】

　私の考えたアイデアは、「_____」です。

2【どのようなアイデアを考えましたか？】

　これは、「_____

_____」ように考えたアイデアです。

3【今までは、どのような不便な状態でしたか？また、似た商品がありましたか？】

今までは、「＿＿＿＿＿＿＿＿＿＿＿＿＿＿＿＿＿＿＿＿＿＿＿＿＿＿＿＿＿＿＿

＿＿＿＿＿＿＿＿＿＿＿＿＿＿＿＿＿＿＿＿＿＿＿＿＿＿＿＿＿＿＿＿」でした。

なお、似ているアイデアを調べてみたら、「＿＿＿＿＿＿＿＿＿＿＿＿＿＿＿

＿＿＿＿＿＿＿＿＿＿＿＿＿＿＿＿＿＿＿＿＿＿＿＿＿＿＿＿＿＿＿＿＿＿＿

＿＿＿＿＿＿＿＿＿＿＿＿＿＿＿＿＿＿＿＿」のようなアイデアがありました。

4【例に挙げた、似た商品の所在（掲載雑誌や、特許情報）】

特許庁に出願されているものである場合は、その文献番号。雑誌等に掲載されている場合の掲載雑誌名は下記のとおりです。

「＿＿＿＿＿＿＿＿＿＿＿＿＿＿＿＿＿＿＿＿＿＿＿＿＿＿＿＿＿＿＿＿＿」

「＿＿＿＿＿＿＿＿＿＿＿＿＿＿＿＿＿＿＿＿＿＿＿＿＿＿＿＿＿＿＿＿＿」

5【不便な状態だった結果、どのような欠点がありましたか？】

これには「＿＿＿＿＿＿＿＿＿＿＿＿＿＿＿＿＿＿＿＿＿＿＿＿＿＿＿＿＿

＿＿＿＿＿＿＿＿＿＿＿＿＿＿＿＿＿＿＿＿＿＿＿＿＿＿＿＿＿＿＿＿＿＿＿

＿＿＿＿＿＿＿＿＿＿＿＿＿＿＿＿＿＿＿＿＿＿＿＿＿＿＿＿＿＿＿＿＿＿＿

＿＿＿＿＿＿＿＿＿＿＿＿＿＿＿＿＿＿＿＿」のような欠点がありました。

6【あなたが考えたアイデアの構造を説明してください。】

「＿＿＿＿＿＿」の「＿＿＿＿＿＿＿」に「＿＿＿＿＿＿」を付け、

「＿＿＿＿＿＿」の「＿＿＿＿＿＿＿」に「＿＿＿＿＿＿」を付け、

「＿＿＿＿＿＿」の「＿＿＿＿＿＿＿」に「＿＿＿＿＿＿」を付け、

「＿＿＿＿＿＿」の「＿＿＿＿＿＿＿」に「＿＿＿＿＿＿」を付けました。

7【そのアイデアにより、どのような効果がうまれましたか？】

この構造にした事により、「_____

_____

_____

_____」のような効果が生まれました。

8【紹介した図面は、どのような状態の図面ですか？】

　　　図面1は「_____」の図です。図面2は「_____」の図です。

　　　図面3は「_____」の図です。図面4は「_____」の図です。

　　　図面5は「_____」の図です。

9【具体的な構成、使い方、他の実施例を教えてください。】

　　　具体的な構成は、「_____

_____

_____」です。

　　　このアイデアの使い方は「_____

_____」のように使います。

　　　他の実施例としては「_____

_____」でも可能です。

10【図面で紹介した、各部分の名前を説明してください】

　　　図面中、1は「_____」、2は「_____」、

　　　　　　3は「_____」、4は「_____」、

　　　　　　5は「_____」です。

「定型句入り特許出願原稿用紙」利用方法

拡大率140％で片側1ページずつ拡大コピーすると、ちょうどA4サイズ用紙の大きさにすることができます。これらの様式は、コピー、再配布自由です（商用目的での無断転載、複製を除く）。

※「発明」を「考案」に変更することで「実用新案登録出願」にも利用可能です。

定型句入り特許出願原稿用紙

【発明の名称】　（　　　　　　　　　　　　　　　　　　　　　）
【技術分野】
　　【０００１】
本発明は、..
....
.................（　　　　　　　　　　）に関するものである。
【背景技術】
　　【０００２】
従来、..
....
....
....だった。
また、..
....
........................が提案されていた。（例えば特許文献1参照）
【先行技術文献】
　　【特許文献】
　　　　【０００３】
　　　　【特許文献1】..
※　【非特許文献】
　　　　【非特許文献1】..
【発明の概要】
【発明が解決しようとする課題】
　　【０００４】
これには次のような欠点があった。
....
....
....
....
本発明は、以上のような欠点をなくすために、なされたものである。

定型句入り特許出願原稿用紙

【発明の名称】（_____）
【技術分野】
　　【０００１】
本発明は、＿＿＿（＿＿＿＿＿＿＿＿＿＿＿＿＿＿＿＿＿＿＿＿＿＿＿＿）に関するものである。
【背景技術】
　　【０００２】

従来、＿＿だった。
　また、＿＿が提案されていた。（例えば特許文献１参照）
【先行技術文献】
　　【特許文献】
　　【０００３】
　　【特許文献１】＿＿＿＿＿＿＿＿＿＿＿＿＿＿
※【非特許文献】
　　【非特許文献１】＿＿＿＿＿＿＿＿＿＿＿＿＿＿
【発明の概要】
【発明が解決しようとする課題】
　　【０００４】
　これには次のような欠点があった。
＿＿
　本発明は、以上のような欠点をなくすために、なされたものである。

【課題を解決するための手段】
　　【０００５】

　　本発明は以上の構成よりなる（　　　　　　　　　　　　）である。
【発明の効果】
　　【０００６】

【図面の簡単な説明】
　　【０００７】
　　【図１】　本発明の（　　　　　　　　　　　　　　　）である。
　　【図２】　本発明の（　　　　　　　　　　　　　　　）である。
　　【図３】　本発明の（　　　　　　　　　　　　　　　）である。
　　【図４】　本発明の（　　　　　　　　　　　　　　　）である。
　　【図５】　本発明の（　　　　　　　　　　　　　　　）である。
【発明を実施するための形態】
　　【０００８】
　　以下、本発明を実施するための形態について説明する。

　　本発明は以上のような構造である。
　　本発明を使用するときには、

　　他の実施例を説明する。

【符号の説明】
　【０００９】
　　１　（……………………………………………………………………………………）
　　２　（……………………………………………………………………………………）
　　３　（……………………………………………………………………………………）
　　４　（……………………………………………………………………………………）
　　５　（……………………………………………………………………………………）

【図面】

あとがき

　本書は「出願書類の書き方」を中心にご紹介してきました。
　しかし、発明家によるアイデアが事業化されていく過程の中で、出願書類を書いて権利対策を行うのは、発明活動全体の中の、あるひとときに行われる過程の1つに過ぎません。
　発明活動には、アイデアを自分のために活かしたり、自分が生み出したアイデアを、商品として世に送り出すことなど、まだまだ楽しくて、やりがいがあることがたくさんあります。
　発明には、人生をかけて携わるだけの価値があります。筆者は、そんな発明の魅力を、少しでも多くの方々に知ってもらい、もっと深く発明を楽しんでいただきたいと思っています。

●アイデアを仕事に活かす
　たとえば世の中には、芸術家、科学者、小説家など、多くの人があこがれるさまざまな仕事があります。
　これらの仕事に共通していることは、「創作表現」「発想」「シナリオ」「技術」など、自分のアイデアを武器にして勝負した結果、栄光の地位を手に入れているのです。
　しかし、アイデアが重要となるのは、皆があこがれる有名人だけのことではありません。最も身近な、一般の会社員にも、同じことがいえます。
　たとえば、企業では、いつも、「もっと簡単に作業ができないか」「もっと早く、物を作ることはできないか」と、社内提案制度を整備して意見を出し合い、よい意見を取り入れながら、効率よく工場を動かして、より多くの利益が生まれるように、毎日改善をしています。
　よいアイデアをたくさん出す社員は、実績となって評価されます。結果、さらに能力を会社発展に活かしてもらうために、人々をまとめ、指導する仕事と地位が新しく与えられ、それに伴い給料が上がっていくきっかけにもなります。
　また、中小企業の社長さんは、アイデアによって自社開発商品を事業化できれば、親事業者からの受注に依存する下請け業から脱することもできます。得意技術を活かした仕事ができるばかりか、親事業者から一方的に買い叩かれるような、地位の優劣から生まれる悩みがなくなることにもつながるのです。

●アイデアで自分を守る

　会社には偉い人、優秀な人がたくさんいます。多くの社員の中に紛れ込んでしまうと、少々のことでは目立ちませんし、成果も認めてもらえません。特に、学歴が低い人や資格がない人にとっては、たまらなく心細いはずです。

　その上、成績の悪い人は給料が減らされたり、早期退職やリストラの対象になる場合もあり、社員はいつも不安や恐怖に怯えています。

　しかし、社内提案制度を利用し、自分の仕事の中で新しいアイデアという作品を見つけることができたらどうでしょう。

　やがて、提案したアイデアから生まれた「権利」や「商品化」という実績ができれば、上司はその功績を認めざるを得ません。

　何よりも、コネもない、学歴も低い、資格もない、そんな弱い立場にあっても、「自分のアイデアが権利になった。商品化された」という事実は、大きな誇りと自信をもたらし、心のよりどころにもなるはずです。

　そしてさらに、これらの実績は、世界に通用する客観的な評価点としても機能します。ある会社内ではまったく評価されなくても、他社や他国、世間一般では大変な評価を受ける場合もあるからです。

　アイデア商品が世間で販売されて、お客様に喜んでいただいていることを実感できれば、たかが1つの会社内で評価されないことなど、客観性のない偏った一評価に過ぎず、どれだけ瑣末なことであるかを実感することでしょう。

　実績は、自分を評価してくれる、よりよい別天地に飛び立つことができる翼のようなものです。職位の上下や幼老、貧富の別のような垣根を越えて、自分という人物の価値を計る「ものさし」としても機能することも、見逃せない魅力の1つです。

●アイデアで自分の発明力を試す

　主婦や学生も、発明の世界と無縁ではありません。

　発明と聞くと、自分にはとてもできそうにないという印象を持たれる方もいることでしょう。しかし、発明にもそれぞれの人に適したレベルの発明テーマがあります。「試作品が自分で作れない」といったような、着手する発明のレベルさえ間違わなければ、発明で成功することは不可能ではありません。

　たとえば、台所で食器を洗っているときに、「もっとこのような形のスポンジがあれば、洗いやすいのに」と気が付くことがあります。

この、ふと疑問を感じたジャンルこそが、大きなヒントです。
　マスコミなどで紹介されている大衆発明家の方々も、自分の実体験や経験が活かせる、日常生活や趣味の分野の発明しか成功させていません。
　主婦が、ノーベル物理学賞を受賞した、赤崎勇氏、天野浩氏、中村修二氏の3人と青色LEDの研究で勝負しようとしても無駄なのと同じように、主婦ならば、台所や掃除洗濯など、自分の不満から生まれた主婦の専門領域で勝負しなければ、家庭用品メーカーの担当者を感動させることはできません。
　アイデアが出れば、後は実践です。自分のアイデアが世の中に通用するか挑戦すれば、チャンスが広がり、発明は何倍も楽しいものになります。
　マスコミなどで紹介されている大衆発明家の方々も、果敢に挑戦した結果、企業に採用されてロイヤリティを得る方や、発明家社長として自分で起業して、頑張っています。
　皆さんまるで、自分が世の中の主人公にでもなったかのように、主体性を持って、心豊かに毎日イキイキと発明に取り組んでいます。
　発明やアイデアに興味を持てば、このように、自分の可能性を広げることもできるのです。

●お世話になった方々へ

　本書執筆は、発明初心者の方々のお役に少しでも立てればという思いから、今までの経験をもとに、取り掛かりました。
　筆者を支え応援してくださった、たくさんの方々との出会いがなければ、本書は決してまとめることなどできませんでした。
　本書企画にあたりご協力いただきました、元特許庁出願課認証官の岩田元吉氏、いわさき特許・商標事務所の弁理士、岩崎博孝氏。
　発明・発想のよいお手本として、商品名、商品画像を文中にて掲載させていただくため、画像提供などのご協力をいただきました企業関係者の皆さま。
　そして、この知的財産権と発明の世界でお世話になりました、全国の発明研究会、発明家の皆様に心より感謝申し上げ、出版の御礼とさせていただきます。

2015年1月吉日

松野　泰明

【参考文献】

◆『はじめて学ぶ知的財産権』中本繁実／著　工学図書

◆『意匠「デザイン」の権利のとり方と出願手続』中本繁実／著　日本法令

◆『エジソンの言葉―ヒラメキのつくりかた』浜田和幸／著　大和書房

◆『快人エジソン―奇才は21世紀に甦る』浜田和幸／著　日本経済新聞社

◆『真珠王からのメッセージ』ミキモト真珠島

【紹介商品】

◆ 骨盤矯正ベルト『肉取物語』
　発明者：津久田喜代枝さん
　有限会社フロンティアツクダ
　http://www.rakuda-ne.com/

◆ 皮むき具『栗の皮むき器』
　発明者：高橋宏三さん
　下村工業株式会社
　http://www.shimomura-kogyo.co.jp/index.html

◆ ぬかみそ用しゃもじ『鉄しゃもじ』
　発明者：池田真由美さん
　株式会社岩鋳(いわちゅう)
　http://www.iwachu.co.jp/

◆ 日本刀型雨傘『かさな』
　発明者：岩立周作さん
　かさな工房刀の人
　http://katananohito.com/index.html

INDEX

記号・英字

©マーク	29
®マーク	27
Fターム	283
IPC	81,283
J-PlatPat	257,271
PAT	23
PAT. P	23
SMマーク	28
TMマーク	27
Word形式	74

あ行

アイデア	18,32
育成者権	20
意見書(特許)	223
意見書(意匠)	239
意見書(商標)	247
意匠法	22
一出願多区分制度	188
役務	26

か行

外観類似	246
回路配置利用権	20
確定日付	305
願書(特許)	68,69,78
願書(実用新案)	122
願書(意匠)	128,147
願書(商標)	180,182
観念類似	246
関連意匠制度	165
記号商標	26
基礎的要件審査	230
拒絶査定(特許)	224
拒絶査定(意匠)	240
拒絶査定(商標)	248
拒絶理由通知(特許)	220
拒絶理由通知(意匠)	238
拒絶理由通知(商標)	247
組物の意匠	177
組物の意匠制度	165
結合商標	26
減免制度	317
権利期間(特許)	228
権利期間(実用新案)	233
権利期間(意匠)	241
権利期間(商標)	249
権利相談	297
工業所有権情報・研修館	257
公証人役場	305
更新登録	249
国際特許分類	81
国内優先権に基づく出願	119

さ行

色彩商標	26
識別ラベル	84
試作品	288
自然法則を利用した技術的思想の創作	23
実施権	228
実体審査(特許)	219
実体審査(意匠)	236
実体審査(商標)	245
実体的の登録要件	232
実用新案技術評価書	233
実用新案登録請求の範囲	122
実用新案法	22
指定役務	186
指定商品	186
自発補正(特許)	215
自発補正(実用新案)	231

INDEX

自発補正(意匠)	236
自発補正(商標)	244
写真	161
出願	200
出願(特許)	213
出願(実用新案)	230
出願(意匠)	234
出願(商標)	243
出願公開(特許)	216
出願公開(商標)	243
出願書類	23
出願審査請求	217
出願の変更	119
出願日(特許)	214
出願日(実用新案)	230
出願日(意匠)	235
出願日(商標)	243
種苗法	20
商号	20
称呼類似	246
商標	25,26
商標権存続期間更新登録申請書	249
商標国際分類表	193
商標の三大効果	25
商標の類似	246
商標法	22
情報提供	217
正面図	130,132
新規性	219
新規性喪失の例外(特許)	219
新規性喪失の例外(意匠)	237
審判(特許)	225
審判(意匠)	241
審判(商標)	251
進歩性	219
図形商標	26

図面(実用新案)	122
図面(特許)	68,70,107
図面(意匠)	128,142,156
設定登録(特許)	226
設定登録(実用新案)	232
設定登録(意匠)	240
設定登録(商標)	249
先願調査	270
先使用権	302
専門用語	285
専用実施権	228
早期公開	216
早期審査制度	220

た行

対称	140
ダウンロード	71,125,181,252
団体商標制度	192
端面図	139
断面図	139
地域団体商標登録制度	192
知的財産権	19
著作権	29
通常実施権	228
底面図	130,138
手続補正(特許)	215
手続補正(実用新案)	231
手続補正(意匠)	236
手続補正(商標)	244
電子化手数料	211
電子出願	71
同一	140
同日出願(特許)	214
同日出願(実用新案)	230
同日出願(意匠)	235
同日出願(商標)	243

登録査定(意匠)……………………239
登録査定(商標)……………………248
登録主義……………………………22
登録商標……………………………27
登録要件(特許)……………………219
登録要件(意匠)……………………236
特許異議の申立て制度……………225
特許印紙……………………………200
特許査定……………………………226
特許事務所……………………264,298
特許情報プラットフォーム…257,271
特許請求の範囲…………………68,69,99
特許庁…………………………71,257
特許法………………………………22
特許無効審判………………………225
特許用語……………………………287

は行

背面図……………………………130,136
発明の日……………………………257
左側面図…………………………130,134
ひな形………………………………162
秘密意匠制度………………………167
費用…………………………………201
費用(特許)…………………………79
費用(実用新案)……………………126
費用(意匠)…………………………148
費用(商標)…………………………183
標章…………………………………26
不正競争防止法……………………20
物品…………………………………24
物品の区分…………………………168
不登録事由(意匠)…………………237
不登録事由(商標)…………………245
不特許事由…………………………220
部分意匠制度………………………166

平面図……………………………130,137
弁理士………………………………264
防護標章制度………………………192
方式審査(特許)……………………214
方式審査(実用新案)………………231
方式審査(意匠)……………………235
方式審査(商標)……………………244
補償金請求権(特許)………………216
補償金請求権(商標)………………243
補正指令(特許)……………………214
補正指令(実用新案)………………231
補正指令(意匠)……………………235
補正指令(商標)……………………244

ま行

右側面図…………………………130,135
見出し項目…………………………52
見本…………………………………162
無方式主義…………………………29
明細書(特許)……………………68,69,87
明細書(実用新案)…………………122
命令補正(特許)……………………215
命令補正(実用新案)………………231
命令補正(意匠)……………………236
命令補正(商標)……………………244
文字商標……………………………26

や行

様式…………………………………71
要約書(特許)……………………68,69,104
要約書(実用新案)…………………122

ら行

立体商標……………………………26
六面図………………………………130

●読者サービス 『発明ライフ・入門』無料進呈!

　アイデア発想から契約まで! アイデア商品化に欠かせない各行程ごとのアドバイスが、イラスト入りで楽しく読める!

　筆者が勤務する、「一般社団法人 発明学会」発行の、発明ガイドブック『発明ライフ・入門(全16ページ、フルカラー、1冊500円)』を、本書をお読みいただいた方への読者サービスとして、無料で進呈致します。

　ご希望の方は、返送用92円切手1枚同封の上、下記までご請求ください。

〒162-0055
東京都新宿区余丁町7-1
一般社団法人 発明学会　『「特許の手続き」の教科書 係　松野宛』まで
※個人情報は当該資料発送以外の用途には使用いたしません。

■著者紹介

松野　泰明（まつの　やすあき）

1976年（昭和51年）宮城県生まれ。帝京大学文学部国文学科卒。
一般社団法人 発明学会 事務局勤務。
特許管理士会、株式会社テクノクリーンを経て現職。
15年以上にわたる約1万件の発明相談経験、多くの有名発明家との交流を持つ。
東京バイオテクノロジー専門学校、東京医薬専門学校、大阪ハイテクノロジー専門学校等の非常勤講師、特別講義の講師の他、全国各地の発明サークルなどでの講演経験多数。
発明・アイデア、知的財産権アドバイザーとして、アイデア発想法や出願書類の書き方、発明の事業化・商品化の指導をして、大衆発明家の育成に努める。

● 本書ご意見ご感想・筆者への発明相談・講義講演依頼等については、下記まで
　一般社団法人 発明学会 松野あて
　〒162-0055　東京都新宿区余丁町7-1発明学会ビル
　TEL：03-5366-8811　FAX：03-5366-8495
　URL：http://www.hatsumei.or.jp/
　E-mail：y-matsuno@hatsumei.or.jp

編集担当：吉成明久／カバーデザイン：秋田勘助

● 特典がいっぱいのWeb読者アンケートのお知らせ
C&R研究所ではWeb読者アンケートを実施しています。アンケートにお答えいただいた方の中から、抽選でステキなプレゼントが当たります。詳しくは次のURLからWeb読者アンケートのページをご覧ください。

C&R研究所のホームページ　http://www.c-r.com/

携帯電話からのご応募は、右のQRコードをご利用ください。

「特許の手続き」の教科書

2015年3月20日　第1刷発行
2017年3月24日　第2刷発行

著　者　松野泰明
発行者　池田武人
発行所　株式会社　シーアンドアール研究所
　　　　新潟県新潟市北区西名目所4083-6（〒950-3122）
　　　　電話　025-259-4293　FAX　025-258-2801

ISBN978-4-86354-772-8 C0032
©Yasuaki Matsuno, 2015

Printed in Japan

本書の一部または全部を著作権法で定める範囲を越えて、株式会社シーアンドアール研究所に無断で複写、複製、転載、データ化、テープ化することを禁じます。